平城京の時代

シリーズ日本古代史④

坂上康俊
Yasutoshi Sakaue

岩波新書
1274

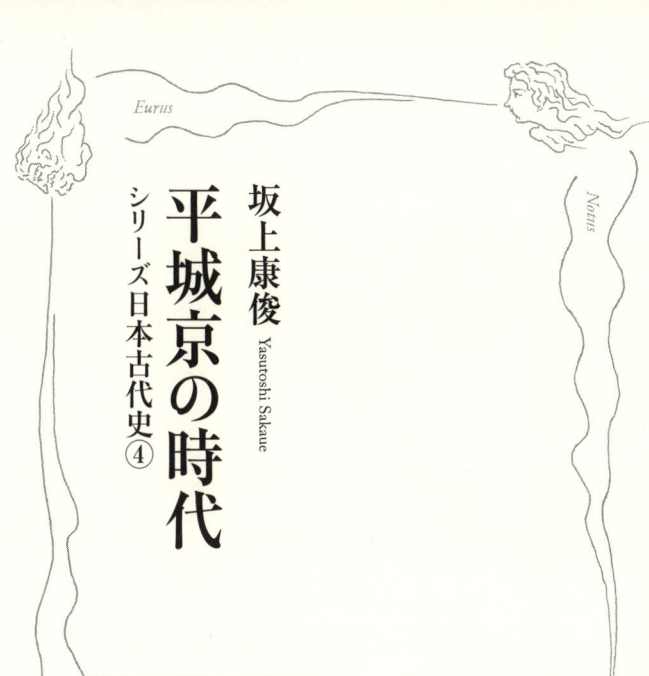

はじめに――平城京の時代はどう見られていたか

一九九八年、「古都奈良の文化財」が世界遺産に登録された。文化遺産としては、法隆寺地域の仏教建造物、姫路城（以上二件は九三年の登録）、古都京都の文化財（九四年）、白川郷《しらかわごう》・五箇《ごか》山《やま》の合掌《がっしょう》造り集落（九五年）、厳島《いつくしま》神社、原爆ドーム（九六年）につぎ、日本で七番目、日光の社寺（九九年）、琉球王国の城《グスク》および関連遺産群（二〇〇〇年）以下に先行する登録である。

これによって平城京跡は、東大寺・唐招提寺《とうしょうだいじ》などとともに、次の世代に残していくべき人類共通の遺産として、世界に認知されたことになる。しかし、八世紀の日本に生きた人々が生み出した文化は、その後の長い時代に、不断に高い評価を受け続けたわけではなかった。

平城《へいぜい》上皇が都を平城京に戻そうとして失敗した薬子《くすこ》の変（平城太上天皇《だいじょうてんのう》の変、八一〇年）以降、平城京の故地は急速に姿を変え、九世紀末に宇多《うだ》上皇が南都に逍遥《しょうよう》した折には、もはや稲田の広がる農村以上のものではなくなっていた。もちろん東大寺・興福寺をはじめとする南都の諸大寺は、教学の中心として、あるいは摂関《せっかん》家の氏寺として、朝廷や摂関家の尊崇を受け続けはしたが、むしろそのことが古都の運命を寺町へと導くことになる。近世、一七世紀に奈良奉行が置かれたとき、その職務は奈良町の民政と寺社の警備、春日大社などの神事の監督、それに京都町奉行と分担しての大和一国の政務を主としており、当然のことながら、平城京あるいは平城京の時代に注意が向けられたわけではなかった。

しかし近世も半ばを過ぎると、平城京の時代を再評価する動きが現れてくる。「集は古万葉、古今」(『枕草子』六八段)と讃えられながらも、細々と命脈を保つのみであった『万葉集』の研究の活性化が口火を切って、『続日本紀《しょくにほんぎ》』の宣命《せんみょう》や『古事記』の研究へと進む国学は、「カラ」を排除した「ヤマト」本来の姿を求め続ける。これらの作品が生み出された時代への関心も徐々に高まった。奈良奉行梶野《かじの》良材《よしき》に随従して古都に移り住んだ穂井田《ほいだ》忠友《ただとも》が、正倉院宝庫の修理に際会し、中の文物の調査に取り組んだのは天保四(一八三三)年のことである。嘉永五(一八五二)年には、北浦定政による平城宮跡の調査もまとめられ(「平城宮大内裏跡坪割之図」)、これが平城京研究の嚆矢《こうし》となった。

明治に入ってからもその初期には、興福寺の五重塔があわや売却されかかったように、平城京の時代が残した遺産は、廃仏毀釈《はいぶつきしゃく》という嵐に揉まれて受難の時を迎える。しかしその一方で、天皇の権威を浸透させるための行事の一つとして「大和行幸」が挙行され(明治一〇(一八七七)年二月)、前々年の奈良博覧会で初めて一般に出陳されて好評を博した「正倉院宝物」が、明治天皇の天覧に供されている。いわば天皇の、ひいては明治政府の権威を確立するために、紀元節・国栖《くず》舞《まい》・神武天皇陵などとセットになって、平城京の時代が回顧されたのであった。

しかし、平城京の時代への関心が一般に広がるのは、むしろ西洋文明に接した人々の評価を契機としており、やがてナショナリズムの高揚の中で、この時代に日本の国家と文化の原点ともいうべき高い評価を与えるようになった。明治一一(一八七八)年に来日したフェノロサは、日本美術に関心を抱き、岡倉天心《おかくらてんしん》とたびたび宝物調査を繰り返すうちに、明治一七(一八八四)年、法隆寺夢殿の扉を開き、それまで秘仏であった救世《ぐぜ》観音に接して衝撃を受ける。

フェノロサが設立に尽力した東京美術学校では、もちろん日本画にも力が入れられたが、明治三三(一九〇〇)年、その西洋画科に入学した青木繁は、明治三六年「黄泉比良坂《よもつひらさか》」で第一回白馬会賞を受賞して一躍脚光を浴びる。その後も青木は、三七年「天平時代」、三八年「大穴《おおな》牟知命《むちのみこと》」、三九年「日本武尊《やまとたけるのみこと》」、四〇年「わだつみのいろこの宮」と、立て続けに日本神話を題材にした作品を発表、日本における浪漫主義を代表する画家となっていく。

絵画ばかりではない。後に「生命の芸術」を主唱するに至った荻原守衛《おぎわらもりえ》(号・碌山《ろくざん》)が、ルーブル美術館で推古朝と奈良時代の仏像に接し、その素朴さと内的生命力に感動したのは、明治四〇(一九〇七)年のことであった。最も強く西洋の影響を受けた分野から、日本回帰と、新しい古典の創造が始まったのであるが、回帰を促した古典が平城京の遺産であったことは、注目されてよいだろう。

もちろん、『歌よみに与ふる書』の連載（明治三一〔一八九八〕年）を通じて、『古今集』を否定、『万葉集』を称揚した正岡子規《まさおかしき》の役割も忘れてはならない。この流れは伊藤左千夫《さちお》、長塚節《たかし》らの『アララギ』に引き継がれ、やがて『万葉集』に傾倒し尽くした巨人、斎藤茂吉を生む。

このようにして、平城京の時代が生み出した遺産には、日本の芸術の古典として、したがって近代日本の芸術の母胎として、高い評価が与えられるようになっていった。その評価の昂《たか》まりの背景に、近代日本国家の国力の増大に対応する、日本文化への自負を見出すことは容易である。和辻哲郎が「日本文化の研究だけは、どんな西洋人が来ても恐ろしくない。この点では世界で一流のものが書ける。さうして日本が世界史上の名物となればなるほど、この研究は不朽の意味を持つ」（大正九〔一九二〇〕年八月二日の書簡。『和辻哲郎全集』二五巻）と書いたのは、東アジアで最初の立憲国家を作り上げ、日清・日露の両戦役に勝利をおさめ、第一次世界大戦の結果、世界五大国の一つになったという自負を国民が抱いた時であった。その和辻が流麗な筆致で古都奈良の美術を謳いあげた『古寺巡礼』は大正八（一九一九）年、斬新な視角から日本の古代文化を論じた『日本古代文化』は、その翌年の刊行である。日本人としての自負が、他のいずれの時代よりも平城京の時代へと彼を導いたのである。

この流れは、亀井勝一郎『大和古寺風物誌』（一九四三年）へと繋がっていくし、戦後『古寺巡礼』全五集（一九六三〜七五年）を撮り続けた土門拳《どもんけん》に、『荻原守衛』（一九七一年）の一冊があるのも、近代日本芸術史の中で平城京の時代が占めている位置と、深いところで関わるものがあろう。二〇世紀を迎える頃から、私財をなげうって平城京故地の顕彰に尽力した棚田嘉十郎《かじゅうろう》は、大正一〇(一九二一)年、失意の内に自死を選んだが、棚田や溝辺《みぞべ》文四郎《ぶんしろう》らの運動が稔《みの》り、その翌年、大極殿《だいごくでん》跡と朝堂院跡とが国の史跡に指定された背景には、澎湃《ほうはい》として沸き起こった平城京の時代への憧憬があった。

歴史学の世界も、この流れと無縁ではあり得ないが、日本人としての自負は、一見矛盾する二つのモメントを生じさせた。一つは、日本人が独立の国民たるを自覚し、日本人らしさを発揮することによって健全な文明を築き上げていった時代としての中世を高く評価する原勝郎『日本中世史』(一九〇六年)らの立場である。彼らから見れば平城京の時代には、日本が中国文化の皮相な模倣に浸っていた時代という低い評価しか与えられないことになる。

もう一つの、坂本太郎『大化改新の研究』(一九三八年)に代表されるような、大化改新を明治維新の先蹤《せんしょう》と位置づけ、これを古代国家の展開上の大きな画期とする見方は、必然的に近代天皇制国家の投影であるかのように律令国家を捉えることになる。大宝律令《たいほうりつりょう》には、成文法時代の完成を告げるものとして、大日本帝国憲法の制定に匹敵するような大きな意義が与えられた。史・資料の残りの良さにも支えられて、平城京の時代は、日本の古代史研究のベースキャンプの役割を負わされることになる。この役割は、第二次世界大戦後にも引き継がれ、たとえ「大化前代」の研究を指向しようが、平安時代の研究を指向しようが、まずは平城京の時代から入るという作法は、今でも古代史学界の主流であると言ってよい。

平城京の時代に高い評価を与えたものに、マルクス主義歴史学を挙げることを忘れてはなるまい。律令体制は、エンゲルスが挙げた国家成立の四つの指標(人民の領域的編成、軍隊・警察などの公的武力、統一的租税、官僚制)を見事に満たし、平城京の時代は、日本古代国家の完成期と位置づけられた。マルクス主義歴史学者として民族と国家を問い続けた石母田正《いしもだしょう》が、『中世的世界の形成』(一九四六年)についで『日本の古代国家』(一九七一年)を世に問うことになるのは、右の二つのモメントを、その時々に真摯に受け止めた結果であると言えよう。残念ながら、この二つの名著の間の整合性が十分に得られないままに終わってしまった背景には、日本近代歴史学の中に埋め込まれた二つのモメントが、元来抱えていた矛盾があると見ることができる。

この二つのモメントは、日本古代史研究の世界の内部においては、通常意識されることはない。しかし、中世日本と東アジアという、時間と空間の両面における二つの異なる世界(その境界をどうとらえるかは、大きな問題であるが)との対比の中で平城京の時代を考えようとすれば、否応なしにこの二つのモメントに立ち返り、自らその評価を問い続けなければならなくなる。

本書はこうした意識を背景にして書かれたものである。

目　次

＊系図は、九九頁および一九七頁を参照のこと

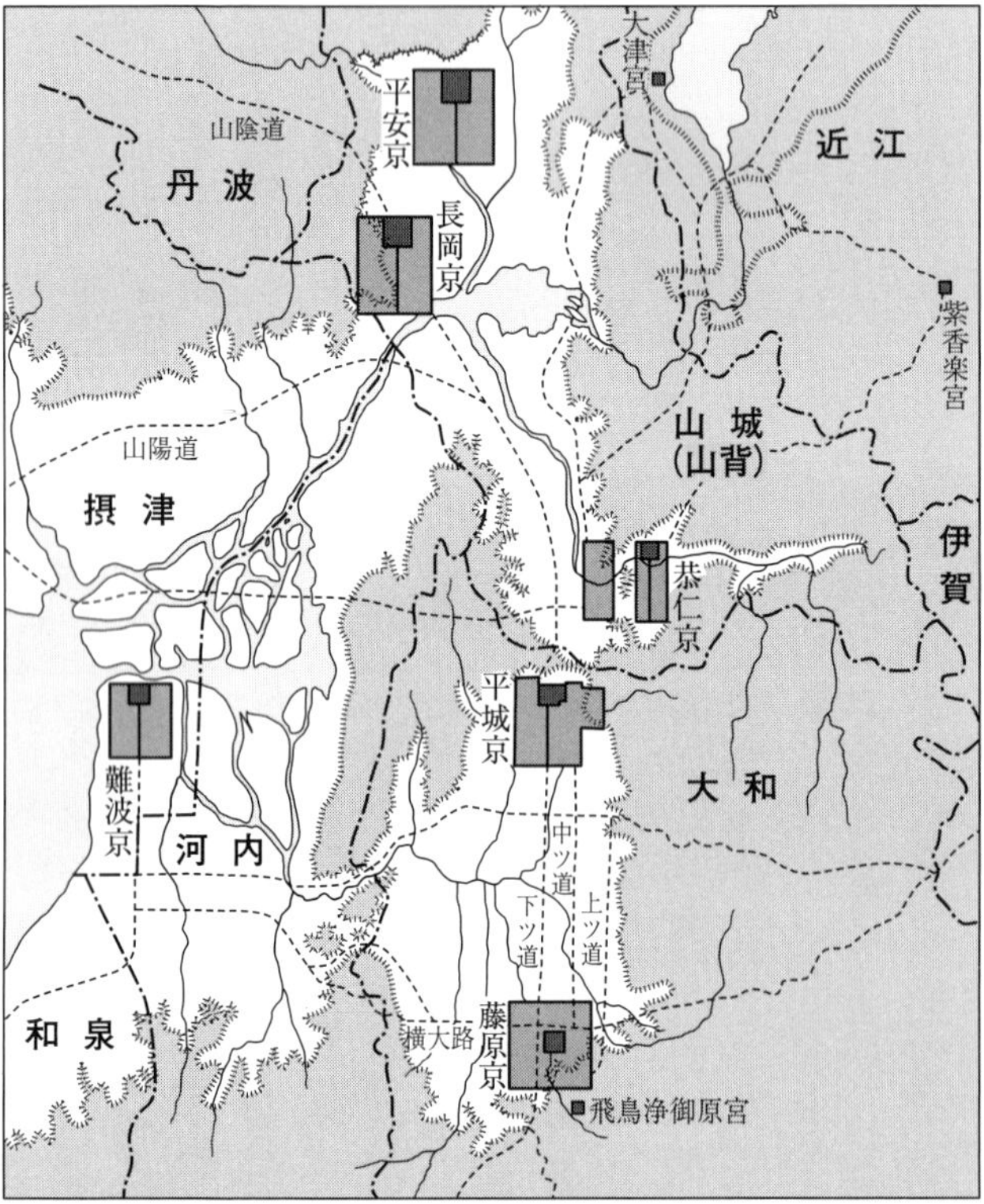

大津宮
平安京
近江
山陰道
丹波
長岡京
紫香楽宮
山城
(山背)
山陽道
摂津
伊賀
恭仁京
平城京
難波京
大和
河内
中ツ道
上ツ道
下ツ道
和泉
藤原京
横大路
飛鳥浄御原宮

古代都城位置図

第一章　律令国家の成立

1　文武天皇の即位

『続日本紀』の始まりから

「平城京の時代」をどこから書き始めよう。

七一〇年の平城遷都は、中学校・高等学校の歴史の教科書が、これをもって飛鳥時代と奈良時代の境にしているように、一つの区切りではある。しかし、そこに至るまでのいきさつを書かなくては、遷都の意義を説明しにくい。また、藤原京の研究が進んだ結果、平城遷都の画期性は、一昔前に比べると、ほんの少しだが小さくなったように思われる。

七〇一年の大宝令《たいほうりょう》の施行（律《りつ》は七〇二年）から始めようか。本格的な律令体制が始まったという意味で、これを大きな画期と言うことができるかもしれない。しかし、その前に施行されていた浄御原令《きよみはらりょう》や、浄御原令制下の国制と比べて、大宝令の施行がどの程度、そしてどういう意味で異なるのかを説明する必要がある。ちょうど西暦の八世紀の始まりでもあるという便宜は、この際措いておこう。

もう一つの候補として、六九七年の文武《もんむ》天皇の即位がある。この区切りは、一般にはあまり縁がないかもしれないが、研究者にはなじみ深い。なぜならば、『日本書紀』をつぐ形で編纂された『続日本紀《しょくにほんぎ》』は、文武天皇の治世から始まっているからである。本書では、この三番目の区切りを用いようと思う。

平城京の時代を中心に扱う本書で、最も頼りにする史料は、『続日本紀』である。日本古代の政府が編纂した主な歴史書は六つあり、これを総称して六国史《りっこくし》というが、『続日本紀』はその二番目にあたる。この書物の編纂過程は複雑だが、最終的には延暦《えんりゃく》一六(七九七)年に完成し、桓武《かんむ》天皇に奏上された。その『続日本紀』は、文武天皇の即位から始まっている。

もっとも、この言い方は逆転したものであって、正しくは、『日本書紀』が持統《じとう》天皇の治世で筆を擱《お》いているために、『続日本紀』は文武天皇の治世から始めたのだというように考えなければならない。『日本書紀』の編纂過程については、天武《てんむ》朝ころから本格化した様子が知られるが、最終的には養老《ようろう》四(七二〇)年に完成、奏上されている。編纂の総裁は舎人親王《とねりしんのう》であり、藤原不比等《ふひと》らが加わっていた。彼らが天地の始まりから説き起こし、日本国の来歴と天皇家の治世とを記し続けたその終点が持統朝であった。つまり、平城京の人々にとって、持統朝までが「歴史時代」なのであって、文武朝以降は、ただちに彼らの「現代」に繫がっている時代と認識されていたことを示している。

もちろん、持統朝と文武朝との間に王朝交替のような事態が生じているわけではない。しかし、いったん持統朝で歴史書をまとめておこうという姿勢、持統朝までを自分たちの時代の「前史」にしておこうという考え方が八世紀前半に主流であったということは、これを認めなければなるまい。結果的には、この考え方も一つの理由となって（他の理由の大きなものとしては、政府の記録とその保管の体制の整備を挙げるべきだろう）、文武朝以降の歴史について我々は、『日本書紀』よりはるかに詳密なデータを手にすることができるようになったのであった。

同時代史料としての宣命

『続日本紀』においては、『日本書紀』とは異なって、まさにその時に読み上げられたと考えてよい告知の文章が、そのままの形で掲載されている場合がある。

その典型的な事例は、「宣命体《せんみょうたい》」と呼ばれる、名詞や動詞を日本語の語順通りに漢字で並べ、その間に助詞・助動詞を漢字の音を借りて記すという方法で記された、天皇の宣言文（宣命）である（後章で触れる外交文書も、本文は、ほぼ原文通りと考えてよいが、こちらは純粋な漢文である）。

『続日本紀』には合計六二通の宣命が掲載されていて、木簡などという同時代史料が出現するとは夢にも思わなかった江戸時代の本居宣長《もとおりのりなが》は、『続日本紀』の宣命を綿密に検討した『続紀歴朝詔詞解《しょっきれきちょうしょうしかい》』を著し、古代日本語復原の基礎作業としたほどであった。今でも、その時々の天皇の心境を赤裸々に表出したものとして、検討の俎上《そじょう》に載せられることが多い。もちろん、これらは極めて政治的な表出ではあろうが。

現在では、七世紀中葉から後半の段階での日本語の表記法が、散文については助詞・助動詞抜きの日本語順漢字表記を基本としていたこと（滋賀県森ノ内遺跡出土木簡などの例）、一方、韻文（和歌）については漢字の音を一字一音で用いる「万葉がな」が用いられていたこと（前期難波《なにわ》宮《みや》跡出土「はるくさ」木簡などの例。図1－1）が明らかになっている。宣命の文章には、中国古典の王命の表現を意識して作られている面が窺え、そうなると宣命体は、中国での詔書の宣読を模倣して儀式用に創り出された、比較的新しい日本語表記法である可能性が大きくなるが、ともあれ宣命が、まさにその時に読み上げられた文章であることは疑いない。

即位宣命の論理

さて、その宣命の、『続日本紀』における初例が、次に掲げる文武天皇の即位宣命である。

①現御神《あきつみかみ》止大八島国《おおやしまぐに》所知《しらしめす》天皇大命《すめらがおおみこと》良麻止詔《のりたまう》大命《おおみこと》乎、集侍《うごなわりはべる》皇子《みこ》等《たち》王等《おおきみたち》百官人等《もものつかさのひとども》、天下公民《あめのしたのおおみたから》諸《もろもろ》聞食《ききたまえ》止詔《のる》。

冒頭部分は右のようになっていて、これが宣命体というものの典型である。ちなみに、止＝と、良＝ら、麻＝ま、乎＝を、である。しかし、これではいかにも読みにくいので、次の段落からは、通常の読み下し文のスタイルで掲げよう。

②高天原《たかまのはら》に事始めて遠天皇祖《とおすめろき》の御世《みよ》、中・今

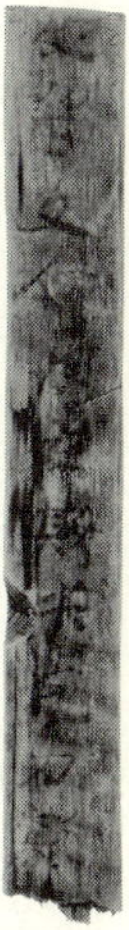

皮留久佐乃皮斯米之刀斯□

図1－1 「はるくさ」木簡

に至るまでに、天皇《すめら》が御子《みこ》のあれ坐《ま》さむいや継々《つぎつぎ》に、大八島国《おおやしまぐに》知らさむ次《つぎて》と、天《あま》つ神の御子ながらも、天《あめ》に坐《ま》す神の依《よさ》し奉《まつ》りし随《まにま》に、この天津日嗣高御座《あまつひつぎたかみくら》の業《わざ》と、現御神《あきつみかみ》と大八島国《おおやしまぐに》知らしめす倭根子天皇命《やまとねこすめらみこと》の、授け賜ひ負《おお》せ賜ふ貴《とうと》き高き広き厚き大命《おおみこと》を受け賜り恐《かしこ》み坐《ま》して、この食国天下《おすくにあめのした》を調《ととの》へ賜ひ平《たい》げ賜ひ、天下の公民《おおみたから》を恵《うつくし》び賜ひ撫《な》で賜はむとなも、神《かむ》ながら思《おもほ》しめさくと詔《の》りたまふ天皇《すめら》が大命《おおみこと》を、諸《もろもろ》聞きたまへと詔《の》る。

③是《ここ》を以て、天皇《すめら》が朝庭《みかど》の敷き賜ひ行《おこな》ひ賜へる百官人《もものつかさのひとども》等、四方《よも》の食国《おすくに》を治《おさ》め奉《まつ》れと任《ま》け賜へる国々の宰《みこともちども》等に至るまでに、国の法《のり》を過ち犯す事なく、明《あか》き浄《きよ》き直《なお》き誠《まこと》の心を以て、御称々《みはかりはか》りて緩《ゆる》び怠る事なく、務《つと》め結《しま》りて仕《つか》へ奉《まつ》れと詔《の》りたまふ大命《おおみこと》を、諸《もろもろ》聞きたまへと詔《の》る。

④故《かれ》、如此《かく》の状《さま》を聞きたまへ悟りて、款《いそ》しく仕へ奉らむ人は、その仕へ奉れらむ状《さま》の随《まにま》に、品々讃《しなじなほ》め賜ひ上げ賜ひ治《おさ》め賜はむ物ぞと詔《の》りたまふ天皇《すめら》が大命《おおみこと》を、諸《もろもろ》聞きたまへと詔《の》る。

文武以前の天皇が、即位の際にこういった宣命を発していたかどうか、それはわからない。そこで、まずはこの宣命が、当時の天皇の自己認識なり、天皇をいただく集団の共通理解なりを示すものとして、これまで分析の対象にされてきたのであった。

①は、「現御神」として日本列島を統治する天皇が、これから親王以下の皇親《こうしん》や百官人《ひゃっかんじん》のみならず天下の公民に以下のように告げるという、全体の前置きであり、②では高天原の時代以

降、歴代の天皇たちが、子々孫々つぎつぎに天つ神の子孫として天の神の委託に応えながら引き継いできた仕事を、このたび引き継ぐことになって、恐縮してはいるが統治に当たろうとする決意が表明され、③では、そういう次第だから中央の官僚以下国司《こくし》たちに至るまでしっかり任務を果たしてもらいたいという呼びかけであり、④では、こういった事情をよく理解して政務に励む者たちには、位階《いかい》の昇叙《しょうじょ》が約束されているという激励の文句と解釈できるだろう。

大要はこのようにまとめられるとしても、注意深く見れば、さまざまな情報が引き出せる。たとえば、これを中国の唐の皇帝の即位宣言(即位詔《そくいしょう》)と比較してみれば、次のような特徴を持っていることがわかる。

第一に、自分自身が「この世に現れた神」という立場を表明していること。唐の皇帝は、天《てん》帝《てい》から統治を委託された天子とは自称するが、自らが「神」であるとは言わない。もっとも、「皇帝」の語義は「煌々《こうこう》たる上帝《じょうてい》」で、宇宙の主宰者である上帝が地上に出現したというものであるから(西嶋定生「皇帝支配の成立」)、両者の違いは意外に小さいのかもしれない。

第二に、神話の時代から子々孫々引き継がれてきた天皇位を引き継ぐということ。中国の皇帝は、天帝の委託(天命)を、皇帝位につく第一の根拠とするという立場をとるので、自分の家系の初代の皇帝の子孫であることをもって、直ちに皇帝になれる根拠とはしない(尾形勇「中国古代における帝位の継承」)。

第三に、唐の皇帝は即位と同時に大赦《たいしゃ》をしたり官僚の品階《ひんかい》を上げたりするが、これは皇帝の徳を示すためであって、文武天皇の即位宣命のように、よく奉仕してくれたら位階を上げようと約束することはしない。

このように文武天皇の即位宣言は、日本の天皇の地位と正統性の根拠が、唐の皇帝とはかなり異なること、そして天皇と臣下との関係も、唐の皇帝と官僚との関係とは異なっていることを我々に示してくれるのである(坂上康俊「古代の法と慣習」)。

太上天皇という地位

もっとも唐の皇帝も、その前代皇帝の遺詔《いしょう》によって柩前《きゅうぜん》で即位したり、あるいは前皇帝の譲位詔《じょういしょう》によって即位するのであって、そういった意味では天命の所在を具体的に指し示す役割を、前皇帝に負わせていたということができる。だから、日本の天皇が前天皇からの引き継ぎというかたちで天皇位に即《つ》くというのは、唐と同様と言えないでもない。

しかし、唐の皇帝が、死去の場合は当然として、譲位した場合も多くは「太上皇」という称号だけ与えられ、天命を承《う》けた新皇帝の即位とともにそれまでの権力を失うのに対し、日本では「太上天皇《だいじょうてんのう》」という地位が、令に定められる地位として規定され、その権能も現天皇と同等であった——少なくともそう理解できる余地が多分にあった——点に大きな違いがある(春名宏昭「太上天皇制の成立」)。その代わりに日本の皇太子は、唐の皇太子がミニ版の国家機構を抱え、皇帝になるための準備期間を過ごしていたのに対して、保育機構に囲われて、無事に育つことのみを期待される存在にされてしまったのであった（坂上康俊「東宮機構と皇太子」）。文武天皇の即位以後、太上天皇と天皇とが並び立つのが常態となり、太上天皇の崩御《ほうぎょ》を待って新天皇が即位することが繰り返されることになる。

太上天皇と現天皇との間では、後章で触れる孝謙《こうけん》上皇と淳仁《じゅんにん》天皇の場合や、さらにその後の平城《へいぜい》上皇と嵯峨《さが》天皇の場合のように緊張が生じることが度々あったが、そのような不安定さを抱え込んだまま太上天皇という地位が定められ、それが初めて適用されたのが、持統天皇の譲位、文武天皇の即位という、今取り上げている時点だった。

これ以前の天皇のうち、確実に譲位した例としては、大化改新《たいかのかいしん》のクーデタ（乙巳《いっし》の変）の結果譲位した皇極《こうぎょく》女帝しかいない。もちろんこれは非常事態の産物である。生前に譲位し、しかしながら権力を持ち続ける地位として太上天皇という地位を設け、それに初めて即いた時の持統上皇の思惑は、自分が生んだ草壁皇子《くさかべのみこ》の、ただ一人の皇子である軽皇子《かるのみこ》（後の文武天皇）への皇位継承を確認し、しかもこれを後見《こうけん》することにあったことは間違いないだろう。

そういう背景を知った上であらためて先の文武即位宣命を読むならば、皇位は前天皇から譲られるものであるという考え方が、果たしてそのまま古来のものだったかという疑いも抱かざるを得ない。確かに『日本書紀』の中では、推古《すいこ》天皇歿後の皇位継承の紛擾《ふんじょう》の時のように、生前の天皇の意思によって次の天皇が立てられるべきだという考えがあったように読める事例が散見する。しかし、それと同時に、臣下の推戴《すいたい》によってこれが承認されるということを明示している記事も多い（吉村武彦「古代の王位継承と群臣」）。ところが、文武の即位宣命では、後者の側面については触れるところがない。つまり、代々の天皇の譲りが強調される結果となり、それだけ皇位継承者指名権とでも言うべきものが天皇に収斂されていると評価することができるだろう。孫への皇位継承という前例のない事態は、この宣命を通して合理化されたのである。

こうして一五歳（以下、年齢はすべて「数《かぞ》え」で示す）の天皇が誕生し、それを持統太上天皇が支えるという態勢ができたのであった。

2 大宝律令の施行

「文物の儀、ここに備はれり」

文武天皇が即位してから五年目の正月一日の記事を、『続日本紀』はやや興奮気味に次のように記している。

大宝元年春正月乙亥《いつがい》の朔《さく》。天皇大極殿《だいごくでん》に御《ぎょ》して朝を受く。其の儀、正門に烏形の幢《どう》を樹《た》て、左に日像・青龍・朱雀の幡《ばん》、右に月像・玄武・白虎の幡。蕃夷《ばんい》の使者、左右に陳列《ちんれつ》す。文物《ぶんぶつ》の儀、是《ここ》に備《そな》はれり。

それまでの元日の記事でも、文武二(六九八)年の元旦のように「天皇大極殿に御して朝を受く。文武百寮及び新羅《しらぎ》の朝貢使《ちょうこうし》、拝賀《はいが》す」という程度の記事はあるが、この時には「その儀は常の如《ごと》し」と素っ気なく結ばれていた。

それに比べると、大宝元(七〇一)年の元旦は、「文物の儀、是に備はれり」と、力の入れようが違う。大極殿の正門左右に幢(一種の旗竿のようなもの)を立て、左の幢には太陽と青龍と朱雀が描かれた幡(のぼりの一種)が、右の幢には月と玄武と白虎が描かれた幡がはためいており、

図 1-2　藤原京大極殿跡．奥(北)は耳成山

群臣のみならず蕃夷の使者(前年に来朝した新羅使であろう)までもが威儀《いぎ》を正して列立、天皇に拝賀したという(図1-2)。この藤原宮正殿《ふじわらきゅうせいでん》で挙行された元日朝賀の式が、誇らかな回想を伴って記録されたのは、この日が、画期的な一年の元旦だったからにほかならない。

そもそもこの年の元日は、「大宝元年」の元旦ではなく、文武天皇治世五年目の元日に過ぎなかった。しかし『続日本

紀』では、正月二三日に執節使《しっせつし》粟田朝臣真人《あわたのあそんまひと》、大使高橋朝臣笠間《たかはしのあそんかさま》以下の遣唐使を任命する記事を掲げた後の三月二一日に、次のような記事を載せている。

対馬島《つしまとう》、金を貢す。建元《けんげん》して大宝元年となす。始めて新令《しんりょう》に依《よ》り、官名《かんめい》・位号《いごう》を改制《かいせい》す。

図1-3　藤原京出土「太宝元年十一月」木簡

この時対馬から貢進された金は偽物だったことが後に判明するが、そういう細工をしてまでめでたい雰囲気を作り出そうとした、その主たる理由は、「新令」、すなわち一般的に「大宝《たいほう》令《りょう》」と呼び慣わされている令の発布を言祝《ことほ》ごうとしたことにある。

この三月二一日に初めて元号を用い、この年を「大宝元年」と呼ぶことにしたが、この元号「大宝」が、対馬の「金」に由来することは言うまでもない。『日本書紀』には、これ以前に「大化」「白雉《はくち》」あるいは「朱鳥《しゅちょう》」という元号が用いられたかのように記されているが、難波宮の隅という政府中枢部においてすら、元号ではなく干支《えと》による年紀表示が用いられていたことが、木簡によって判明している。だから、少なくとも実際に広く使われる日本の元号の初めは、「大宝」であったと言ってよい。「大宝」の元号が記された木簡も出土しており（図1-3）、これ以後日本では途絶えることなく元号が続いている。もちろん年紀を記す際に元号を用いよ、とは、大宝令の（もとは唐令《とうれい》の）規定するところでもあった。

大宝律令の施行

以上の経緯を整理すれば、次のようになる。この年(文武五年)に大宝令を施行しようとした政府は、その元日から、新令の施行を控えるにふさわしい、そして今後の模範となるような威儀を正した朝賀の儀式を挙行した。日本国家の統治システムを法的に整える見通しを得た政府は、「日本」という国家を唐王朝に紹介する目的を持たせた遣唐使の派遣にも着手した。恰《あたか》も好《よ》し、対馬から金が貢上されたので(誰かが仕組んだことは言うまでもない)、「大宝」と建元し、それを契機に大宝令を施行した、と。

もっとも、実際にはこの時に施行されたのは、位階の呼称の変更、官職の変更と人事異動、元号制、服制、位冠《いかん》の廃止(冠《かんむり》ではなく、位記《いき》という辞令を授与する方式への全面移行)といったところである。人事異動の結果、左大臣の多治比真人嶋《たじひのまひとしま》は留任、右大臣には阿倍朝臣御主人《あべのあそんみうし》、大《だい》納言《なごん》には石上朝臣麻呂《いそのかみのあそんまろ》・藤原朝臣不比等・紀《き》朝臣麻呂がそれぞれ昇任して就《つ》いた。従前《じゅうぜん》からの名族《めいぞく》代表といった趣《おもむき》があるが、それまで中納言だった大伴宿禰安麻呂《おおとものすくねやすまろ》は、中納言という官職自体がいったん無くなるのと同時に、公卿《くぎょう》の列から除かれている。

この時、五位以上の諸王は一四人、諸臣は一〇五人いたことも記録されている。三位《さんみ》以上を「貴《き》」、五位以上を「通貴《つうき》」と称するが、両者をあわせて「貴族」というならば、大宝元年当時の貴族は、親王《しんのう》・内親王《ないしんのう》を加えても、わずかに百数十人ということになる(もちろん、家族はその数倍いる)。

四月七日には親王・諸臣・百官たちへの新令《しんりょう》の講習があり、六月一日には、大安寺《だいあんじ》に僧尼を集めて僧尼令《そうにりょう》の講習が開かれるというように、関係者への内容の周知が図られている。これを承けてか、六月八日には「およそ庶務《しょむ》はもっぱら新令によれ」という勅《ちょく》が出され、また七道《しちどう》諸国に対しても「新令に依って政《まつりごと》をなせ」という命令が発せられた。ただし、翌年七月一〇日にも「内外文武官《ないげぶんぶかん》に新令を読習《どくしゅう》させよ」という詔《しょう》が出るという具合に、大宝令による政務運営が軌道に乗り始めるまでには相当の時間がかかったようで、そうこうするうちに、慶雲《けいうん》年間に入ると、実際に施行してみた反省にたっての諸改革が実施される運びとなる。

律の方は大宝二年二月一日に「始めて新律を天下に頒《わか》つ」とあり、また同年一〇月一四日に「律令を天下の諸国に頒下《はんか》す」という記事が見えるので、律令そろった新体制への移行は、若干手間取ったと見てよい。しかし、大宝元年三月からは、中央・地方を問わずさまざまな行政上の改変を命じる記事で溢れており、時の政府が、新令による統治体制の確立を、いかに熱心に追求していったかが、『続日本紀』の紙面からひしひしと伝わってくる。

余談めくが、六国史の中でどれが好みかと古代史の研究者に尋ねてみたら、恐らくその大半が『続日本紀』と答えることだろう。変乱の当事者の肉声が伝わってくるような記述、災害に見舞われての苦悩の様子など、以後の国史ではお目にかかれない緊迫感が、正倉院宝物など現存する多くの同時代の遺品と相俟って、多くのファンを捉え続けている。その『続日本紀』の中でも、白鳳《はくほう》文化の清新の気風を紙面に湛《たた》えたかのような大宝～慶雲年間の記事は、当時の政府首脳が、唐の律令や中国の古典から学び取りながら、いかにして統治者たらんとしていたか、その雰囲気を余すところなく伝えてくれる。免許取り立てで高級車をもらった優等生が、慎重の上にも慎重にドライブに出かけようとしている姿と言えようか。

唐律の継受

大宝律令に盛り込まれたさまざまな規定や、その実施の様子については、後章で折に触れて紹介することとし、ここでは「律令」という法典、あるいは「律令国家」という学術上の概念について、少しばかり述べてみたい。

律令のうちの律は、大まかに言えば刑法に当たる。たとえば、唐の賊盗《ぞくとう》律9謀殺人《ぼうさつじん》条の本文には、

諸《すべ》て人を殺さんと謀《はか》りたる者は、徒《と》三年。すでに傷つけたる者は絞《こう》。すでに殺したるものは斬《ざん》。従ひて加功《かこう》したる者は絞。加功せざる者は流《る》三千里。造意《ぞうい》の者は、行かずと雖《いえど》も仍《なお》首《しゅ》となす。即《も》し従ふ者行かずば、行きたる者より一等を減《げん》ぜよ。

と規定されている。殺人を計画したら、その首犯(主唱者)はそれだけで徒三年、実行に移して傷害を負わせたら縛り首、相手を殺してしまったら打ち首。その場合、従犯(手伝った者)は縛り首。犯行現場に臨《のぞ》んだだけなら流三千里。最も主導的な役割を果たした者は、現場に行かなくても首犯とみなす。もし従犯で現場に臨まなかったら、一等を減じて徒三年とする、という

のがおおよその意味である。

もともとが法律用語なので、厳密に訳すとなると注釈がかなり長くなりそうだが、ともかく、起こりうるさまざまな事態を想定して条文が作られていることは、現代の刑法と同様であると言えよう。一見、罪刑法定主義に見えるが、現代の罪刑法定主義は市民が恣意《しい》的な裁判を受けずにすむため（条文で規定していなければ、刑を科されない）、というのが目的であるのに対して、律の場合は、官僚が忠実に君主の手足として働き、決して恣意的な裁判をしないように、という趣旨で規定されているという違いがある。

中国の戦国時代には律が発達し、すでにグループごとに条文が分けられていたことが、秦《しん》や楚《そ》の故地から出土した竹簡《ちくかん》からわかっている。それが次第に洗練されていった結果、一二編、全五〇〇条から構成される唐の律は、世界史上でも稀な完成度を誇るようになっていた。

そこで、日本で律を編纂した際には、下手に手を加えると犯罪と刑罰とのバランスが崩れかねないので、同姓婚の禁止などといった中国の社会通念に根ざしながら日本では受け入れられなかった条項を削り、一方で天皇の宗教的権威を傷つける犯罪を厳罰化したほかは、一般に若干刑罰を軽くして、ほぼそのまま継受したのであった。

唐令の継受

これに対して、令の継受はやや複雑である。「令」はもともと命令に由来し、すでに漢代には、皇帝の個々の命令が集成されたものが編纂されていた。つまり法典の形をとるようになっていたのである。これを律と同時に編纂するようになったのは、西晋《せいしん》の泰始《たいし》律令に始まり、隋《ずい》の開皇《かいこう》年間に至って、唐と同様に律令と格(律令を修正した条文)・式(律令や格の施行細則)とが同時に編纂されるようになった。

ところで、律は刑法だから、起こりうる事態を細かく分類したうえで刑罰を規定すればよく、それで間に合わなければ類推解釈や判例を用いるという手がある。つまり、基本原則を体系だって規定しやすいのである。だからこそ唐律は、その後、宋・明・清に至るまで参照され続けたのであった。

ところが令の方は、条文どうしが矛盾はしないという意味では、そして同じ用語を基本的に同じ意味で使うという意味では、確かに体系的と言える。実際、たとえば「大納言」という官職について言えば、その相当する位階は官位令《かんいりょう》に、職掌は職員令《しきいんりょう》に、位田・職分田《しきぶんでん》という給与的田地は田令《でんりょう》に、春夏と秋冬の禄《ろく》は禄令《ろくりょう》に、資人《しじん》というボディーガードは軍防令《ぐんぼうりょう》に、文書上での署名のしかたは公式令《くしきりょう》に、といった具合に、某々令というそれぞれの編目《へんもく》の中に、大納言に関連する条文がちりばめられている。同様に、一人の男がいるとすれば、口分田《くぶんでん》をどれだけもらえるかは田令に、調《ちょう》や庸《よう》としてどんな品物を、いつ、どれだけ出すか、あるいは出さずにすむかは賦役令《ぶやくりょう》に、学校に行けるかどうかは学令《がくりょう》に、さらに官僚になれるかどうかは選叙令《せんじょりょう》や軍防令に、といった具合に、ほとんどがんじがらめと言えるくらいに規定に取り囲まれていると言ってよい。法典としての令の体系性が強調されるのも、もっともと言えよう。

しかし実は、日本の令は約一〇〇〇条からなるのに対して、唐の令は約一五〇〇条からなっていた。つまりそれだけ唐令を間引きして日本令を編纂したのである。唐の鹵簿令《ろぼれい》（皇帝の行列の規定）と楽令《がくれい》とは編目ごと省いてしまったし、田令の中の屯田《とんでん》関係の多くの条文のように、一つの編目の中でもまとめて削った条文がある。祠令《しれい》の代わりには神祇令《じんぎりょう》を作り、唐の道僧格《どうそうかく》を変形して僧尼令を作ってもいる。そうした出し入れを総合した結果が、先の数字なのである。つまり、令が体系的だとは言っても、条文は出し入れ可能だし、ごっそり抜いても令は令という言い方も、まんざら不可能とは言えないのである。

律令と律令国家

律令国家というのは、右に述べたような律令を基本にして運営される国家のことをいう学術用語である。一見、簡潔明瞭、疑問の余地のない定義のように見えるが、ことはそう簡単ではない。

かつて、古代東アジア世界には、儒教・仏教・漢字文化・律令の四つの共通の要素があると考えられていた時期があった。日本・新羅・渤海《ぼっかい》・南詔《なんしょう》などといった律令国家群が、本家の唐を取り巻くように存在したと考えられたのである。しかし現在、新羅では唐や日本と同様の体系的な律令法典は、編纂されなかったのではないかという説が有力である。古代朝鮮のことを記した『三国史記《さんごくしき》』などの文献に「律令」「格」「式」という言葉が散見するが、それは体系的律令法典の存在を意味するのではなく、漠然と法令という意味であったり、あるいは数条〜数十条の法令集ではないか、というのである（北村秀人「朝鮮における「律令制」の変質」）。同様のことは渤海・南詔についても言える。

しかし、それでも八世紀の新羅や渤海において、唐の律令に見られるような制度がある程度存在していた証拠があり、特に官名などはその傾向が著しい。では、新羅や渤海は律令国家と言えるのだろうか。

問題は、律令を基本にして運営される国家、という定義自体にも含まれている。いったいどういう国家だというのか。こうなると、律令を要素に分けて説明せざるを得ない。律の方は何度も触れたように簡単である。問題は令の方で、これは一般には、中央集権的官僚制、戸籍・計帳《けいちょう》による個別人身把握、均田《きんでん》制（日本では班田収授《はんでんしゅうじゅ》制）、租調庸《そちょうよう》を中心とする負担体系、良賤《りょうせん》の身分制、府兵制（日本では軍団兵士制）を柱とする支配体制を規定していると説明されることが多い。しかし実は、これらの構成要素は、必ずしも相伴わなければならないものではない。唐では安禄山《あんろくざん》・史思明《ししめい》の乱（七五五〜六三年）以後、籍帳《せきちょう》制度・均田制・租調庸制・府兵制は事実上崩壊し、両税法・募兵制が施行される。むしろ財政的には専売制度の発達の方が重要かもしれない。宋代には奴婢《ぬひ》という法的身分は消える。ところが皇帝の手足としての中央集権的官僚制は、門閥《もんばつ》貴族の没落と科挙《かきょ》の確立によって、唐より宋の方が発達する。

日本でも同様の問題が生じる。果たして班田収授は、八世紀初頭から円滑に行われたのか、疑問無しとしない。一方、軍団兵士制は、ほとんどの地域で八世紀のうちに消滅する。良賤の身分は一〇世紀に入るころには撤廃されたらしいが、そもそも日本の賤は、唐の奴婢とはだいぶ意味合いが違っていて、社会的な階層というよりは、ヤッコ(家の子)であった。このことは、賤を所有している家が絶えたときの日唐の取り扱いの違いが明らかにしてくれる。唐では賤(奴婢)はあくまでも賤のままであるが、日本では解放されて良になるのである(榎本淳一「律令賤民制の構造と特質」)。

また、主人を殺した奴婢が死刑に処されるとき、唐では執行確認の上奏が不可欠だが、日本ではその必要がないとされていることも、日本の奴婢にとって主従関係がいかに大きな意味を持っていたかを示しているだろう。調庸も雑徭《ぞうよう》も負担しない一方で、少ないとはいえ口分田を受け取る奴婢なぞ、国家から見れば無用の存在なのである。八世紀末、延暦八(七八九)年に良と賤の間の子をすべて良とせよという命令が出されたのは、唐のような良賤制が、本質的に日本には合わなかったことの表れである。

班田収授と租調庸の収取の最終的な消滅は一〇世紀だが、それでも書類上はもう少し後まで残る。中央集権的官僚制は、測り方がやっかいである。称号としての位階・官職は近世まで存続する。これは官僚制とは言えないが、ヒエラルヒーという意味では大事だ。官僚制としては変質しながらも、太政官が国政を統御しえたのは一二世紀までか、あるいは以後も公家政権として続くか。だからといって、他の要素を欠くこの時代までを律令国家というわけにはいくまい、というのが要素還元主義的な考え方の導くところだろう。

もう一つ残る説明は、いわば本質主義とでも言うべきもので、軍国体制、貴族制的国制などという用語が思いつく。いずれも隋唐や八世紀日本の国制の、成立と変容の要因を説明するのに適した面を持つが、ではこうした本質を持っていればこれを世界史的に「律令国家」と呼ぶのかといえば、これはいかにも不都合と言わざるを得ないだろう。

以上、複雑なものを複雑に説明しただけに終始したのではないかとおそれるが、律令、律令国家という用語にかかわる問題点を摘記してみた。平城京の時代を律令制という言葉を使って説明するとすればどういうことになるだろうか。これは本書の大きな課題として残し、最後に取り上げることにしよう。

知太政官事の設置

文武朝の順調なすべり出しと大宝律令の施行とを見届けた持統太上天皇は、大宝二（七〇二）年一二月に死去した。享年五八。翌年一二月には飛鳥岡で火葬に付され（天皇の火葬の初例）、その後檜隈大内《ひのくまおおうち》（天武天皇）陵（野口王墓山古墳。奈良県明日香《あすか》村）に合葬された。

政界では、持統太上天皇の死去に伴って、大宝三年正月に知太政官事《ちだいじょうかんじ》という職が置かれ、刑部《おさかべ》親王がこれに任じられたことが目を引く。知太政官事という職がどういう性格のものであったのか、議論が続くが、任命された人物から見てみよう。持統の歿後に刑部親王が、慶雲二(七〇五)年の刑部の死去の後を承けて穂積《ほづみ》親王が任じられ、霊亀《れいき》元(七一五)年に穂積が歿した後はしばらく空席が続くが(時の太政官の首班は左大臣石上麻呂《いそのかみのまろ》、右大臣は藤原不比等)、養老四(七二〇)年に不比等が死去すると直ちに舎人《とねり》親王がこれに任じられ、舎人の歿後は鈴鹿王《すずかおう》がこれを引き継ぐものの、天平一七(七四五)年の王の死去を最後に、これに任じられる者はいなくなる。つまり必ず親王や王といった皇親が任じられたのである。

さらに、持統太上天皇や藤原不比等という、政界を主導していた者の死去に伴って任じられたことも見逃せない。呼称から言えば、「太政官の事を知る」、すなわち、太政官(ここでは、天皇のもとで国政を領導《りょうどう》する最高のスタッフとしての公卿《くぎょう》=議政官《ぎせいかん》を指す)の政務を掌握するというような意味合いになってしまうが、実際には時期が降るにしたがって重みがなくなるように見える。ただ少なくとも、皇親の代表が、臣下が構成する太政官に睨《にら》みを利《き》かせるための地位として設定されたことは間違いないだろう。それ以上の具体的な職務については不明である。

慶雲の改革

こうして迎えた大宝四(七〇四)年五月、「慶雲」が現れたということで改元し、慶雲元年ということになった。古代では、こうした祥瑞《しょうずい》による改元はかなり頻繁に行われる。これによって人心を一新しようという意図に出るものだが、もちろん先の「大宝」と同様の人為的な祥瑞が仕組まれることも、ままあったことは、これから見ることになるだろう。

この慶雲元年には、約三〇年ぶりに派遣された大宝の遣唐使が帰国し、おそらくは唐での見聞を承けて、これまでの律令国家建設の歩みを振り返ることになった。たとえば平城京のプランについては、この時の知見がかなり影響したものと思われるが、これについては、後章で触れよう。

ただ、この頃になると、実際に律令を施行してみて、その矛盾や欠陥も露呈し始めてきた。もちろん律令の法文自体を手直ししようという動きもあり、これがやがて養老律令の編纂につながっていくが、眼前に問題が生じているならば、直ちに勅令を出して解決していく方が望ましい。たとえば慶雲二年四月には、高い地位にある大納言を、規定通り四人も任命するのは容易ではないという理由で二人に減らし、その代わりに中納言三人を設置するという勅を出している。さらに大規模には、慶雲三年二月に「制七条事《せいしちじょうのこと》」といって、太政官に命じて、律令の規定の不備を補わせたり、位階を上げる間隔（同時に一般の官僚の任期でもある）を六年から四年にしたり、歳役《さいえき》の庸を半減するなど、律令の規定を改めることを命じている。

どちらかといえば人々の負担を軽くする方向での修正が多いことから、この改革の背後に、一種の社会不安を見る見方もかつてはあったが、むしろこれは、律令を施行してみて条文間の矛盾や財政収支と人々の負担と関係を調整しようとした、積極的で前向きの施策と捉える見方が今では有力である。

養老律令の性格

こうした流れの中に、大宝律令の改定作業も含まれていた。しかし、おそらくは文武天皇の息子の首《おびと》皇子(後の聖武《しょうむ》天皇)の治世に当たって施行することを元来の目的とし、結果的には養老律令という形で結実するこの作業の終末については、あまりはっきりとしない。平安時代に入り、日本最初の格法典である『弘仁格《こうにんきゃく》』が編纂された時、その序には、養老二(七一八)年に新令が編纂されたと記されている。しかし、天平勝宝《てんぴょうしょうほう》九歳(八月に改元して天平宝字元年、七五七年)の五月に養老律令の施行を命じた時には、「養老年中」の編纂としか『続日本紀』に記されていない。そこで、実際には養老律令の編纂作業は養老五年頃まで、あるいは施行の少し前まで続けられていたのではないか、それを養老四年に歿した藤原不比等の功績に帰すために養老年中、あるいはさらに絞って養老二年という数字が持ち出されたのではないかという説が古くから提出されてきた。

律令の学者として著名な大和長岡《やまとのながおか》が遣唐使の一員として入唐し、帰朝したのが養老二年の末であり、養老令の編纂には開元三(七一五)年に唐で施行された令が参照されたようだから、養老律令が養老二年のうちに完成されたと見るのには無理がある。だから、作業の中心となったと思われる藤原不比等が養老四年に死去したことで、いったんこの作業には区切りがつけられ、養老六年には律令の撰定に従事した学者たちに水田が賜与されたが、細かな改訂作業はその後も続けられたのではないかというのが現在の有力説と言えよう。

ともあれ、長らく筐底《きょうてい》に蔵されていた養老律令は、天平勝宝九歳に施行され、これは明治維新に至るまで公式に停止されることがなかった。

施行の理由は、慶雲三年の改正では四年ごとに位階が上がることになって高位の者が増えてしまう、したがって六年ごとという本来の制度に戻す、ついては、不比等が作っておいた新令があるのでそれを施行するというもので、取って付けたものであることは言うまでもない。単に慶雲三年の改変を旧に戻すとすればすむことだし、養老令に規定のない中納言などの官職は、そのまま存続させていたのだから、矛盾した理由付けと言わざるを得ないのである。養老二年に陸奥国《むつのくに》から分離しながら、神亀《じんき》元(七二四)年ころまでには再併合された石城《いわき》・石背《いわせ》両国が養老令の条文から削除されていないのは、施行に際してあらためて手を入れることをしなかった証の最たるものであろう。改訂作業がいつまで続けられていたかにかかわらず、その作業と現実の法制との間には整合性が欠けた部分が多く、これをそのまま施行したことは間違いない。

3　「外」との交わり――「蕃国」と「夷人雑類」

七世紀の東アジア

このあたりで目を転じて、対外関係を見てみよう。

六六三年、百済復興軍の救援におもむいた倭の水軍は、白村江《はくすきのえ》で唐の水軍に大敗した。やがて高句麗も唐に滅ぼされる（六六八年）。このころ西日本各地では朝鮮式山城を造るなど、防衛体制の整備が図られた。

その後の朝鮮半島では、唐の占領軍と新羅との対立が生じ、新羅による半島統一の動きが加速され、唐は朝鮮半島から撤退を余儀なくされる（六七六年）。唐と対立するようになった新羅は、天武朝から持統朝にかけて、ほとんど毎年のように日本に遣使してくるようになった。特に天武四（六七五）年・持統元（六八七）年・持統九年などは、新羅王子（実否は定かではない）を派遣してきて、「調」を献上している。新羅としては、腹背に敵を設けることは避けなければならず、できるだけ日本との関係を良好にしておきたかったのである。

この間の日本は、天智八（六六九）年に河内鯨《かわちのくじら》を唐に派遣して以来（六七一年帰国?）、遣唐使の派遣をしないままに律令体制への道を歩むことになる。日本では推古三一（六二三）年に帰国した薬師恵《くすしのえ》日《にち》の建言（「大唐国は、法式備定の珍国なり。常に達すべし」）を承けて、直接唐の律令を参照することに努めたほか、百済からも統治システムの委細を学んだと思われるが、独自の律令法典が編纂された可能性の小さい新羅でも唐の法制は十分に参照されていたので、そのあたりの経験を学ぶ意義もあったのだろう、日本からも頻繁に新羅への遣使がなされていた。これ以降の日本政府にとって、新羅が日本に対して低姿勢で臨んでいたこの時期が、一種の「古き良き時代」として想起されることになる。

ところが、新羅と唐との関係は、六九〇年代に入って、一種の安定期を迎える。唐は吐蕃《とばん》(チベット)等との関係に忙殺され、半島情勢には関心が薄くなったのである。そうなると新羅は日本に対して、これまでのような低姿勢外交を続ける必要がなくなる。

このことを日本側で最初に問題にしたのは、持統三(六八九)年五月のことであったが、新羅が次第に対日姿勢を硬化させようとしていたその背後に、東アジア情勢の微妙な変化を読みとったのであろう、約三〇年の沈黙を破って、大宝元(七〇一)年任命、大宝二年出航の遣唐使が派遣されたのであった。

日本国使の登場

その遣唐使派遣の目的は何か。まずは彼らの帰朝報告と、彼らを受け入れた唐政府の記録を見てみよう。彼らがともかくも無事に大陸に到達した時の現地の唐人とのやりとりは、おおよそ左の如くであった(『続日本紀』慶雲元(七〇四)年七月一日条)。

唐人「何処《いずこ》の使人ぞ?」

図 1-4　大明宮麟徳殿遺跡(中国陝西省西安市，1989 年)

日本使「日本国の使人なり。此《これ》は是《こ》れ何《いずれ》の州の界《さかい》ぞ」
唐人「是は大周《だいしゅう》楚州《そしゅう》塩城《えんじょう》県の界なり」
日本使「先には是れ大唐、今は大周と称《なづ》く。国号、何に縁《よ》りてか改め称《なづ》くる?」
唐人「永淳《えいじゅん》二(六八三)年、天皇大帝(高宗)崩じたまひき。皇太后(則天武后)位に登り、称《な》を聖神皇帝と号《い》ひ、国を大周と号《なづ》けり。亟《しばしば》聞かく「海東に大倭国あり。これを君子国と謂《い》ふ。人民豊楽にして、礼儀敦《あつ》く行はる」と。今使人を看《み》るに、儀容大《はなは》だ浄《きよ》し。豈《あ》に信《まこと》ならずや」

これは遣唐使の帰朝報告の一部なので、多少は割引いて考えなければならない。しかし、唐(実際には周)側の史料でも、この時の遣唐使の首席である執節使粟田真人《あわたのまひと》について「好みて経史を読み、文を属《つづ》るを解《かい》す。容止《ようし》閑雅《かんが》なり」(『唐会要《とうかいよう》』巻一〇〇)と、教養もあり態度も立派だと褒めており、時の皇帝武則天《ぶそくてん》(則天武后)は、彼らを大明宮《だいめいきゅう》の麟徳殿《りんとくでん》でもてなしたという(図1-4)。もともと僧としての入唐経験があった彼を遣唐使の首席に任用した日本政府の選択は正しかったと言えよう(佐伯有清「山上氏の出自と性格」)。

この時の遣唐使が、初めて「日本」という国号を中国に伝えた。ただ、かつて唐に朝貢していた「倭《わ》」と、今回登場した「日本」との関係については、極めて曖昧にしか伝えなかったようで、両者の関係について、唐側の史料（『唐会要』巻一〇〇、『旧唐書《くとうじょ》』巻一九九上など）では訝《いぶか》しんでいる。

中国から見た位置づけ

日本側がこういった姿勢を取った理由として、まずは白村江で唐と戦った国という前歴を曖昧にしたかったのではないかということが考えられるが、その点をも含めて、「倭」とは異なる新しい国家「日本」として、唐を中心とする国際交流の舞台に登場しようとしたのではないかと考えておきたい。朝貢はするが冊封《さくほう》を受けないという遣隋使以来の方針を堅持しつつも、自らを、遠い「絶域」にありながら唐皇帝の徳を慕って稀に使節を派遣してくる文明国と位置づけさせようとしたのではないかと思われる。

興味深いのは、このころ日本が唐から受け取った外交文書の様式である。後世に日本側でまとめられた史料には、文武天皇の慶雲二（七〇五）年に唐から受け取った国書の冒頭が「皇帝致書日本国王」であったとしたり（貞治《じょうじ》六（一三六七）年『異国牒状記《いこくちょうじょうき》』）、あるいは大宝の遣唐使の一員でありながら帰国が養老二年に延びた坂合部大分《さかいべのおおきた》に託した国書の冒頭が「皇帝敬致書於日本国王」であったとするもの（近世初期に編まれた『異国日記』に載せる、元永元（一一一八）年に式部大輔菅原在良《すがわらのありよし》が提出した勘文《かんもん》）があり、以後の遣唐使に託された唐皇帝の国書については、様式がわからないことになっている。

これらの史料のうち前者については、慶雲二年に帰国した使節が無いという問題があり、後者については、こういう冒頭句は唐の文書様式に無いという問題があって、そのまま信じるわけにはいかない。むしろ、開元二三（七三五）年に帰国する遣唐使中臣名代《なかとみのなしろ》に託された玄宗《げんそう》皇帝の国書が、「勅日本国王主明楽美御徳《すめらみこと》」（『文苑英華《ぶんえんえいが》』巻四七一）で書き出されているという唐側の史料の方を重視すべきだろう。通常唐帝が新羅王に与える慰労詔書（「皇帝問某（国）王」あるいは「皇帝敬問某（国）王」で始まる文書）よりも軽い、あるいは疎遠な扱いの論事勅書（「勅某（国）王」で始まる文書）を天皇が受け取ったのは、自らの位置づけ方に原因があったが、ともかく東方の「君子国」という評価を得ることには成功したのであった。

遣唐使とは何か

大宝の遣唐使は、次の二点で以降の遣唐使の例を作った（東野治之『遣唐使』）。第一は、朝鮮半島に沿って航行していた従来のルートを避け、五島列島から直接中国大陸に向かう航路を取ったらしいことである（図1－5）。この選択の背景には、新羅と関係なく直接に唐との交渉ルートを確保しようという意向があった。第二は、従来の二隻程度の船ではなく、四隻以上の大型船で出航したことである。大宝の遣唐使については五隻・一六〇人という史料もあるが（『万葉集』巻一、西本願寺本書き入れ）、これは、人数については誤写でなければ水主《かこ》を除いた数と考えればよく、その後の遣唐使が「よつの船」と呼ばれたことは、

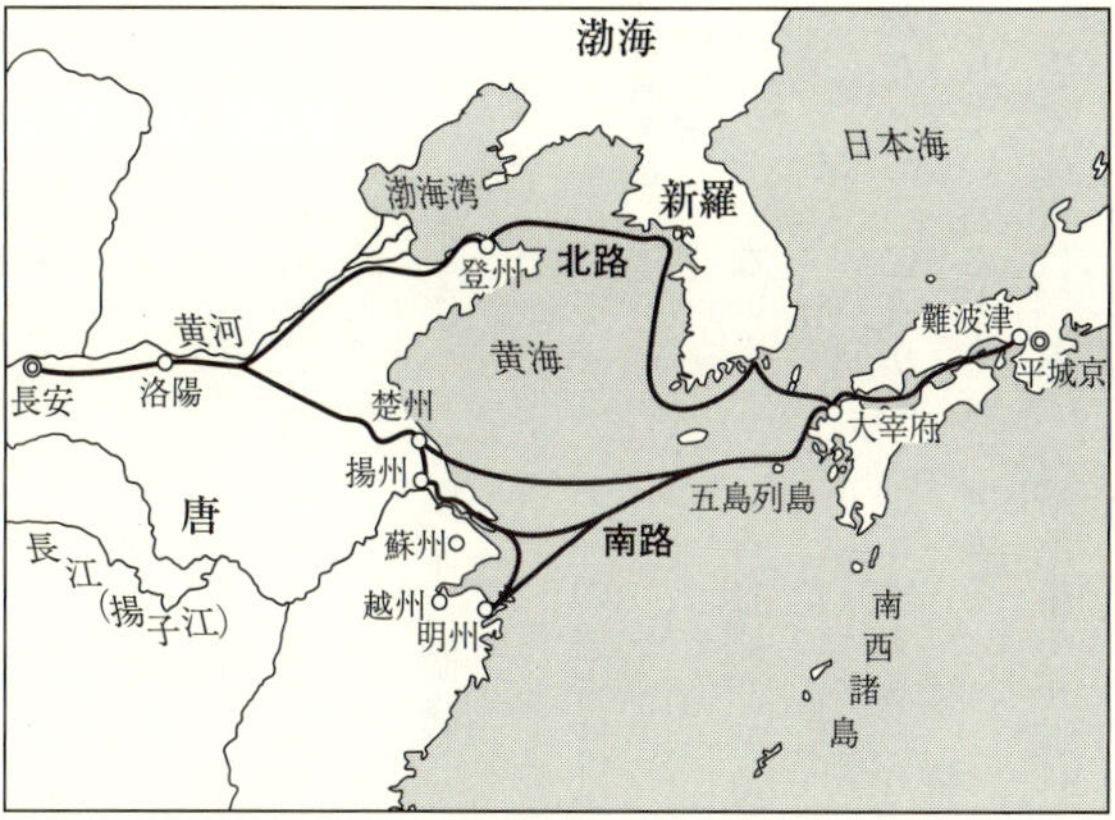

図 1-5　遣唐使の通ったルート

よく知られている。

さて、大宝の遣唐使を通じて国際社会に登場（再登場）した日本は、以後もしばしば遣唐使を派遣する。その派遣の契機については、二〇年という取り決め（年期）があったのではないかという説が有力になりつつあるが（東野治之前掲書、森公章「遣唐使の時期区分と大宝度の遣唐使」）、その数字を記した橘逸勢《たちばなのはやなり》（空海代筆）や維蠲《ゆいけん》の書状は九世紀に下るものであること、かつそれは、今度の機会を逃したら次は遠い先になってしまうことを強調するための文脈で登場する数字であること、及び、中華世界の王・皇帝への通聘《つうへい》の期間を二〇年とする数字には、礼制上の根拠が見出せないことから、二〇年年期説には、まだ若干引っかかるものを感じる。

むしろ、大宝以降に実際に派遣された遣唐使の任命時期についてみれば（迎使・送使は除く）、大宝二年（文武）・霊亀二年（元正）・天平四年（聖武）・天平勝宝二年（孝謙）・宝亀六年（光仁）・延暦二〇年（桓武）・承和元年（仁明）となり、天皇の代替わりごとの挨拶を主眼としていたと考える方が、少なくとも派遣の契機としては穏当ではあるまいか。新羅や渤海のように弔問使・冊封使を受け入れる関係ではないが、しかし天皇が替われば挨拶に出向く、そうした関係を日本は唐との間に結んだのであった。もちろん彼らは朝貢使と自認しており（空海『性霊集《しょうりょうしゅう》』、円仁『入唐求法巡礼行記《にっとうぐほうじゅんれいこうき》』）、日本は唐から見て「蕃国《ばんこく》」の一つであることを明確に認識していた（『続日本紀』天平勝宝六（七五四）年正月三〇日条、『凌雲集《りょううんしゅう》』七二）。

普遍法と帝国法

さて、この大宝の遣唐使は、唐とそっくりの法制度を整えたことを唐に高く評価してもらおうとして、出来たばかりの日本律令（大宝律令）を唐に見せに行ったのではないか、という推測がある。たしかにタイミングとしてはちょうど良いと言えるだろう。また、先にも述べたように唐の条文を大幅に削っているし、また、細かく見れば手を入れたところに疵《きず》があったりはするのだが、日本の律令条文の見かけは唐のそれとそっくりに作られていることも確かである。

唐の律令は、君主の統治権の正統性などといった哲学的な議論に触れず、また、社会習俗の大きな部分を「礼《れい》」に委ねた上で、社会慣習が大きな影響を及ぼす私人間の関係を規定することが少なかった。ひたすら官僚のマニュアルとして作られているといってよい。こうした理由から、日本のような周辺国でも唐律令を作り替えて利用することが容易であったとされている(吉田孝「「律令国家」と「公地公民」」)。確かに律令法には、中央集権国家をこれから作り出そうという者が参照するのに便利な、いわば普遍法とでも言えるような性格がある。

しかし、隋唐の律令法は、天から統治を委託された皇帝(天子)が、徳治主義をもって天下を統治するための法、すなわち帝国法でもあった。唐の律令は、こうした前提で作られており、たとえば詔勅という言葉は皇帝専用のものであったし、元号の規定は皇帝が時間を支配することの象徴であった(ともに公式令《こうしきれい》)。

皇帝が支配する空間には同心円的に価値が付与され、郡県に分けられて官僚が派遣される支配地を「中国《ちゅうごく》」と呼び、その周辺に羈縻《きび》政策といって、官僚を派遣せずに現地の有力者の支配を温存する地域を置くことがあり、さらに外蕃《げばん》と呼ばれる、皇帝に朝貢してくる諸国があり、さらにその外側には、国家の態《てい》を成さない人々がいることにしていた(華夷《かい》秩序)。

日本の律令は、いま述べた点まで含めて唐のそれとそっくりに作られている。天皇は皇帝・天子とも呼ばれ(儀制令《ぎせいりょう》)、元号を制定し(公式令《くしきりょう》)、詔勅を出す様式や手続きが盛り込まれている(公式令)。平安時代のことではあるが、日本の年号を記した文書を唐の官憲に見せても、またそこに「勅」という言葉が書き込まれていても、とりたてて問題にされた形跡が見えず、この点は唐との関係を重視して六五〇年に独自の元号を取りやめ、王の命令を基本的に「教《きょう》」とした新羅とは扱いが異なっていたようである（坂上康俊「大宝律令制定前後における日中間の情報伝播」）。これは、「遠い絶域《ぜっいき》にありながら唐皇帝の徳を慕って稀に使節を派遣してくる文明国」という先に述べた立場の恩恵からくる自由さなのだろう。

ただ律令という法典においては、大きな問題として、外国のことをどう表現するかということがあり、大宝令ではこれをすべて、唐と同様に「外蕃」呼ばわりしていた。つまり唐も「外蕃」に入るということになる。これでは唐の皇帝に示すわけにはいかない。

しかし、唐には披露できなくても、天皇、すなわち皇帝の支配する国家としての日本国の体裁は、唐のものを引き写した律令の規定のように整えようとしたし、国内のみならず周辺地域・諸国にも、天皇を中心とする華夷秩序の存在を認めさせたかった。ここで問題になってくるのが、日本列島の周辺地域、特に西南端と東北地方の人々、また歴史的にさまざまな軋轢《あつれき》を生じてきた隣国の新羅、さらには後に登場する渤海の位置づけであった。

新羅との交渉

ここではまず、新羅との関係について触れよう。天武・持統朝に日本に対して比較的低姿勢で臨んできた新羅は、文武朝に入って大宝律令が施行されたり、大宝の遣唐使が派遣された後も、しばらくはこれまでと同様の使節を送ってきた。たとえば大宝元（七〇一）年正月や慶雲三（七〇六）年正月には、元日に藤原宮で行われた朝賀に参列している。また、慶雲二年、養老三年、及び神亀三年の新羅使は「調《つき》」を貢じてもいる。日本側の史料に拠る限りでは、新羅は日本側の要請にある程度応えようとしているのであって、大宝令施行当時の日本の要求に適《かな》うように、諸蕃《しょばん》の位置に自らを置いていたことが窺われる。

その直接の契機として、このころ頻繁に派遣された遣新羅使（文武四年、大宝三年、慶雲元年に任命され、それぞれ同年か翌年には帰国している。『三国史記』新羅本紀聖徳《せいとく》王二（七〇三）年には「日本国使至る。総《すべ》て二百四人」とある）による大宝令の披露と正月朝賀参列への慫慂《しょうよう》を推測することもできるし（濱田耕策「聖徳王代の政治と外交」）、また、六九八年の渤海の建国直後に、唐が新羅より渤海を重視し、その結果新羅が日本に対して融和的な姿勢を示し続けた可能性も取りざたされている（古畑徹「日渤交渉開始期の東アジア情勢」）。

和銅二（七〇九）年来日の新羅使は、藤原宮の朝堂での饗宴《きょうえん》の後に、右大臣藤原不比等が特別に会見しており、養老七（七二三）年の新羅使は右大臣の長屋《ながや》王《おう》が、神亀三（七二六）年の新羅使も、左大臣に昇進していた長屋王が、自邸に招いて饗宴を催しているなど、日本側はこのころの新羅の姿勢を歓迎し、友好関係を維持しようとしていた。この関係に変化が訪れるのは、北東アジアの一角に成立した渤海という国家との関係をめぐって、新羅・日本・唐が複雑な動きを展開するようになってからのことである。

一方、日本列島の内部は、どのように編成されていただろうか。大宝律令が施行されるまでには、五畿七道《ごきしちどう》という広域行政区画が出来上がっていたが(次章参照)、西《さい》海道《かいどう》と東山道《とうさんどう》の末端の部分には、やや特殊な扱いをうける人々が住んでいた。隼人《はやと》と蝦夷《えみし》である。

対隼人政策の展開

まずは隼人について。七世紀後半の九州島は、これを北東から南西に横切る九州山地で二つに分けると、その北西側は当初「筑紫《ちくし》」「肥《ひ》」「豊《とよ》」の三国に分けられていた。天武朝の国境調査事業を経て、最終的には庚寅年籍《こういんねんじゃく》(六九〇年)において、その三国が筑前《ちくぜん》・筑後《ちくご》・肥前《ひぜん》・肥《ひ》後《ご》・豊前《ぶぜん》・豊後《ぶんご》の六国に分けられる(図1-6)。

これに対して九州島の東南側一帯は、この時期を一貫して「日向国《ひゅうが》」と呼ばれていた。このうち、後の薩摩《さつま》(奈良時代には「薩麻」と表記されていたが、本書では「薩摩」に統一する)・大隅《おおすみ》両国に当たる地域に住んでいた人々は、おおよそ天武朝頃から「隼人」と呼ばれるようになる。「隼人訳語《はやとのおさ》」という通訳の職も置かれたので、隼人の言葉には多少独自性があったようである。しかし、大隅半島には墳長一五四メートルという九州でも三番目の墳丘規模を持つ前方後円墳があることから見て、彼らが他の地域と極端に異なる文化を持っていたとは考えがたい。実際、天武一四(六八五)年には、隼人の有力者大隅直《おおすみのあたい》に大隅忌寸《いみき》の姓《せい》を与えているほどで、隼人を特別視するようになるのは、律令制の施行に伴う現象と言ってもよいくらいなのである。

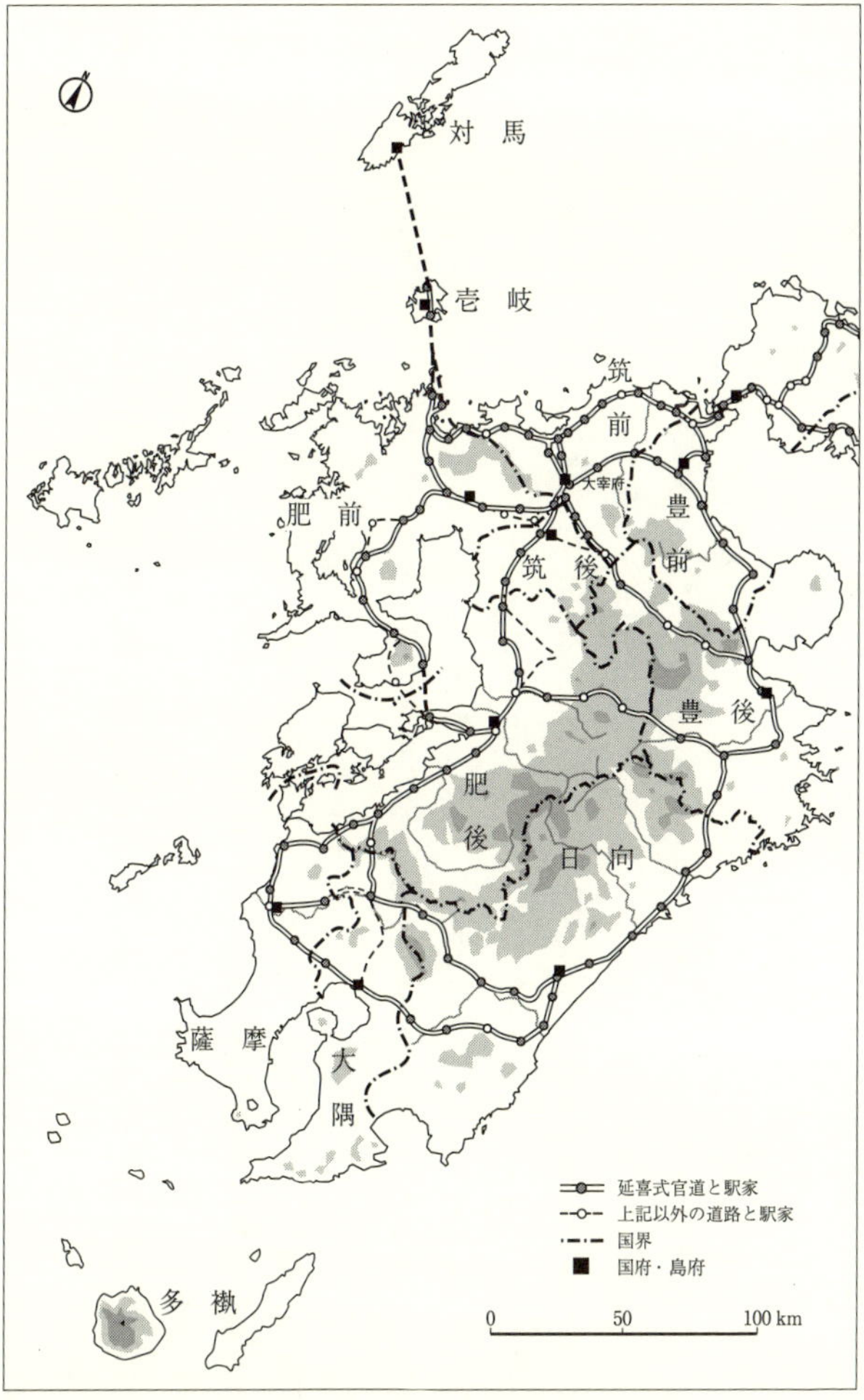
対馬
壱岐
筑前
大宰府
豊前
肥前
筑後
豊後
肥後
日向
薩摩
大隅
多褹
延喜式官道と駅家
上記以外の道路と駅家
国界
国府・島府
0
50
100 km

図 1-6　古代九州地図

文武三（六九九）年、後の呼称を用いれば薩摩地方の薩摩郡と頴娃《えい》郡、及び大隅地方の肝属《きもつき》郡にあたる地域にいた豪族たち、つまり隼人が、肥後国の人々をも巻き込んで、朝廷が派遣した南方視察の使節（覓国使《べっこくし》）を脅迫するという事件が起こった。さらに大宝二（七〇二）年には、薩摩・多褹《たね》で反乱が起こったので、大宰府が兵を派遣して征討し、ここにようやく「戸《こ》を校《こう》し吏《り》を置く」（『続日本紀』）ことが行われた。逆に言えば、大宝令の施行直前の段階では、薩摩・多褹（及び大隅）地方の人々は、評《ひょう》（後の郡《ぐん》）には編成されていたかもしれないが、まだ戸籍には登録されていなかったわけである。

大宝二年の反乱の結果、隼人たちも一応は戸籍に載せられ、また日向国の薩摩地方は薩摩国として独立することになった。やや遅れて和銅六（七一三）年四月には、日向国から四つの郡を割いて大隅国が作られる。ところが、養老四（七二〇）年には、隼人によって大隅国守《おおすみのくにのかみ》が殺害され、これを契機に大規模な反乱が起こった。この時には大伴旅人《おおとものたびと》が征隼人持節大将軍《せいはやとじせつだいしょうぐん》として派遣され、鎮圧に当たっている。隼人の大規模な反乱としては、これが最後のものとなった。

薩摩国では、その国府《こくふ》が置かれていた高城《たかき》郡（現・薩摩川内《せんだい》市）とその隣の出水《いずみ》郡とは、肥後からの移民によって成り立っていたのに対し、それ以外の一一郡は「隼人《はやと》郡」と呼ばれる隼人（阿多《あた》隼人、のち薩摩隼人）の居住地であった（天平八（七三六）年「薩摩国正税帳《しょうぜいちょう》」）。こういった事情は大隅国でも同様だったようで、豊前国の地名を用いたらしい桑原《くわばら》郡に国府が置かれ（現・

霧島市）、それ以外のほとんどの郡は、大隅隼人の居住地として、薩摩同様「隼人郡」とされていたと思われる。

両国では延暦一九（八〇〇）年まで班田収授が行われなかったが、それでも非「隼人郡」では調庸を負担していた。これに対し「隼人郡」の成人男子は、和銅元（七〇八）年以降、調庸を出す代わりに、その一部（両国で数百人）が都に「貢上《こうじょう》」されることになった。霊亀二（七一六）年以降はこれが六年交替となる。そもそも隼人の朝貢は、その初見が天武一一（六八二）年であることが示すように、律令制以前から行われていたが、これを定例化し、あらためて一般の公民とは異なる立場での天皇・朝廷への服属が強調されることになったのであった。都では隼人司という官司の管理のもと、さまざまな雑役《ざつえき》に従事し、天皇に「土風《どふう》の歌舞《かぶ》」を披露したり、また元日の朝賀の儀に参列したりといった、服属儀礼を繰り返させられたのである。

対蝦夷政策の展開

一方、東北地方の人々はどのような処遇を受けたのだろうか。大宝令が施行された当時、現在の福島・宮城・山形・秋田・岩手・青森の東北六県は、「陸《む》奥国《つのくに》」と呼ばれていた（和銅五（七一二）年、出《で》羽国《わのくに》が設置される。図1－7）。この広大な地域を統治するための国府は、現在の仙台市（郡山《こおりやま》遺跡第Ⅱ期官衙遺構）に置かれていたらしい。

陸奥国の住民構成は複雑である。おおよそ新潟・米沢・仙台あたりより北方に居住していた人々は、八世紀初頭には国家の支配に十分には組み込まれておらず、政府は、「未《いま》だ王化《おうけ》に染《したが》はず」(『日本書紀』景行四〇年)という理由で、彼らを一括して「蝦夷《えみし》」と呼んでいた。「蝦夷訳《えみしのお》語《さ》」という役職が文献に見え、また、東北地方には後のアイヌ語で解釈できる地名が多く残っていることや、狩猟を生業とするという面から見て、彼らが他の地域の人々とは多少異なる文

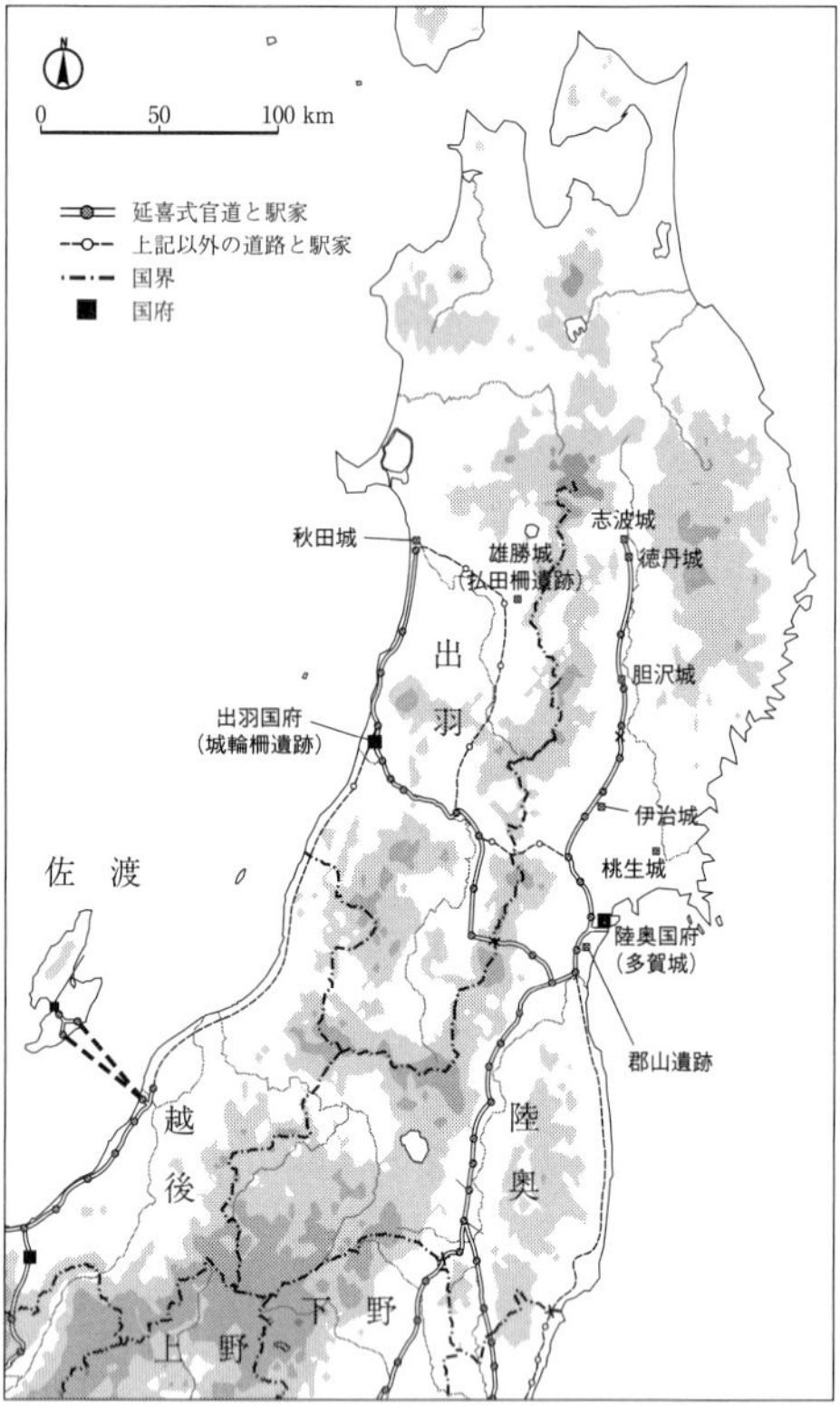

図 1-7　古代東北地方地図

化を持っていたことは間違いないだろう。もちろん彼らの中でも、南方では早くに古墳文化の浸透があり、北方では北海道と擦文《さつもん》文化を共有するなど、地域的な違いはかなり大きかったと思われる。

こうした蝦夷たちの中には、政府に服属の意を表した人々がいたが、彼らは戸籍には登録されなかったので、当然、郡―里といった律令制的な支配単位（次章参照）には組み込まれず、ただ、居住地に応じて「村《むら》」単位で把握されていた。服属した蝦夷たちの代表は、多賀城《たがじょう》（七二四年〜）・秋田城（七三三年〜）等の城柵《じょうさく》（築地《ついじ》塀《べい》や材木塀で囲まれた官衙《かんが》で、行政的機能は、一般の諸国の国府・郡家《ぐうけ》に共通する）に駐在する国司に対して朝貢し、また力役《りきえき》を提供しつづけ、その反対給付として饗宴や禄物《ろくもつ》支給に預かった。それだけでなく彼らは、原則として毎年京に出向いて朝貢し、元日朝賀その他に参列して、服属儀礼を披露した。

入京しての朝貢・服属儀礼の披露という慣例は、隼人の朝貢と同様に天武朝に遡り、宝亀《ほうき》五（七七四）年に入京しての朝貢を停止し、国司への朝貢のみですませるように改められるまで続く。国司や、天皇を頂点とする都の貴族たちは、朝貢や交易を通じて馬・鷹《たか》・毛皮・昆布《こんぶ》などの北方の特産品を手に入れたが、延暦年間には、勝手に蝦夷と交易して、鉄や綿（真綿《まわた》）などの戦略物資を提供するかわりに馬を得ようとする者もいたという（『類聚三代格』巻一九）。

一方、先にあげた新潟・米沢・仙台を結ぶ線より南側には、すでに大化前代には国造《くにのみやつこ》が置

表 1-1　南九州と東北地方の動向

	南九州の動向	東北地方の動向
天武朝	隼人の朝貢開始	蝦夷の朝貢開始
文武 3(699)	覓国使を脅迫	
大宝 2(702)	反乱, 戸籍の作成, 薩摩国を設置(肥後から移民か)	
和銅元(708)		越後国に出羽郡を設ける
和銅 2(709)		東国・北陸 10 国の兵士を動員して, 陸奥・越後の蝦夷を攻撃.「出羽柵」(所在地不明)が初めて史料に見える
和銅 5(712)		出羽国を設置
和銅 6(713)	隼人の反乱? 大隅国を設置	
和銅 7(714)	大隅国に豊前から 200 戸を移す	出羽国に尾張・信濃・上野・越後から 200 戸を柵戸として移す
霊亀元(715)		陸奥国に東国 6 国の富民 1000 戸を移す
霊亀 2(716)		出羽国に信濃等 4 国の百姓 400 戸を移す
養老 4(720)	隼人の反乱, 大隅国守を殺害, 政府軍を動員して制圧	陸奥国蝦夷の反乱, 按察使を殺害, 東国 9 国の兵士を動員して制圧
神亀元(724)		陸奥の海道蝦夷の反乱, 大掾を殺害, 坂東 9 国の兵士 3 万を動員, 多賀柵(多賀城)の完成
宝亀 5(774)		蝦夷の入京しての朝貢を停止
宝亀11(780)		伊治呰麻呂の反乱, 按擦使を殺害, 坂東の軍士数万を動員
延暦20(801)	隼人の朝貢を停止	

かれており、八世紀初頭には国郡里制が施行されていたという意味で、一般の諸国と同様の地域であった。八世紀を通じた政府の基本方針は、北方の蝦夷の居住地域に城柵を設け、北方の城柵の周りには、主として坂東諸国から移住させた人々（「柵戸《さくこ》」）を置き、彼らを編成する形での国郡制施行地域を拡大していくというものであった。

柵戸の住民は、一般の地域と同様に戸籍に登載され、移住後一定の期間を経たならば、一般の公民同様に租調庸・雑徭《ぞうよう》・公出挙《くすいこ》その他の負担に応じ、兵士に選ばれれば陸奥国内の軍団に勤務したのである。ただ、これだけでは軍事力として頼りないので、養老六（七二二）～神亀元（七二四）年ころ、東国の兵に食料を支給しつつ陸奥国で数年間交替無しで勤務させる鎮兵《ちんぺい》という特殊な軍士を設け、これを鎮守府《ちんじゅふ》に統括させることにした。

隼人・蝦夷の位置づけ

隼人や、服属した蝦夷のような立場の人々は、律令の規定の中では「夷人雑類《いじんざつるい》」に相当する。

およそ辺遠《へんえん》の国の夷人雑類有らむ所にして調役を輸《いだ》すべくんば、事に随《したが》って斟料《しんりょう》せよ。必ずしも華夏《かか》に同じくせず。（賦役令《ぶやくりょう》10夷人雑類条）

ここでいう「華夏」は、時に「中国」とも表現されて日本のことを指す。一方「夷人雑類」という字句について、天平一〇（七三八）年成立の大宝令の注釈書（古記《こき》）は、毛人《もうじん》（蝦夷）や隼人を例として挙げている。

先に掲げた年表（表1－1）によれば、八世紀前半、特に和銅・養老年間の南九州と東北地方の動向には、顕著な並行現象があることが認められるだろう。これは、両地域に対する政府の施策が、移住政策を通じた国郡制施行範囲の拡大、隼人や蝦夷に対する「朝貢」の強制など、さまざまな面で共通性を持っており、したがってこれに対する現地の反応も、共通するものになったためと考えられる（鈴木拓也『蝦夷と東北戦争』）。

一応の支配の安定を見たのは南九州の方が早かったため、養老令（先述したように、基本的には養老年間に成立）では、陸奥・出羽・越後の国守《くにのかみ》の職掌には、一般の国守の職掌に加えて「饗給《きょうきゅう》」（帰順《きじゅん》した蝦夷に食を饗し禄を給すること）のほかに、「征討」「斥候《せっこう》」といった、国守自らが軍事指揮に当たれるように攻撃的な字句が並べられたのに対し、壱岐《いき》・対馬《つしま》・日向・薩摩・大隅の島守《しまのかみ》・国守のそれは「鎮捍《ちんかん》」「防守《ぼうしゅ》」「蕃客《ばんかく》」「帰化《きか》」と、治安維持や外国人への対応に重点が置かれたものになっている（職員令《しきいんりょう》70大国条）。

しかし、天平五（七三三）年の多褹島（現在の種子島・屋久島を中心とする、国と並ぶ行政単位）には、まだ姓《せい》（ウジナ＋カバネ）を付けられていない人々が大勢いた。また、隼人たちは一応戸籍に登録されてはいても、他の諸国では郡ごとに何日もかかる手実《しゅじつ》（戸籍や計帳のもとになる戸ごとの戸《こ》口《こう》明細）の徴収が、薩摩一国を一日で終了しているというありようから判断すれば（天平八〔七三六〕年「薩摩国正税帳」）、現地有力者の自己申告程度のものだったようである。天平勝宝七〔七五五)歳の大隅では、浮浪人《ふろうにん》(まだ戸籍に載ったことのない隼人であろう)に菱刈郡《ひしかり》を作らせているし、天平神護《てんぴょうじんご》二(七六六)年六月の段階で、日向・大隅・薩摩にはまだ柵戸が存在していた。これらのことからみて、隼人の戸籍への登録、国郡制への編成は、八世紀を通じて政府の懸案であり続けたと見てよい(永山修一『隼人と古代日本』)。

東北地方はさらに奥深く、八世紀の後半には、帰順した蝦夷である俘囚《ふしゅう》たちを戸籍に登録し、一般の公民同様に「調庸の民」とする施策を展開していったが、政府未掌握の人々が大勢残っていたことは間違いない。また、陸奥国に養老四(七二〇)年の反乱前後に設定された「黒川《くろかわ》以北十郡」(大崎平野)は、総計三二郷(一郷は五〇戸)からなる微細な郡であり(一〇世紀の『和名類聚抄』による)、これは、大隅国では一九郷で五郡を、薩摩国では二五郷で一三郡を構成するといったように、やはり微細な郡が多いこと(八世紀前半の「律書残篇《りつしょざんぺん》」による)と共通している。まさに「分割せよ、統治せよ」「夷《い》を以て夷を制す」が実行されたのである。こういった点から見て、隼人・蝦夷を支配下におさめるのに、八世紀を通じて困難があり続けたことは否めない。

しかし、最後の反乱からはるか後の延暦二〇(八〇一)年六月にようやく隼人の朝貢が停止され、同二四年に在京期間満了の隼人の帰郷が命じられるまで隼人の「朝貢」が続けられたこと、また、すでに宝亀五(七七四)年には蝦夷の入京・朝貢が停止されていたにもかかわらず、宝亀九年に思いがけず唐の使者が来日した時には、わざわざ蝦夷を陸奥・出羽から京に呼び寄せて出迎えに参列させたことを想起すれば、日本の辺遠部にも「夷人雑類」がいて、彼らが天皇の徳を慕って定期的に朝貢してくるという姿を維持し、日本が唐と同じような華夷秩序に編成されていることを示すことに、一つの重要な目的が置かれていたためであるという考え方も、十分に成立するだろう(石上英一「古代国家と対外関係」)。実際、平安時代に入っても、畿内周辺に移住させられた隼人と蝦夷の子孫が、元日朝賀、白馬節会《あおうまのせちえ》、豊明節会《とよあかりのせちえ》に参加させられ、王権への服属を演出させられ続けたのであった。

では「夷人雑類」ではない一般の公民は、どのように編成されたのだろうか。これを次章で見ていこう。

第二章　国家と社会の仕組み

1　軍国体制の基盤

日本と唐の国勢

はじめに国勢の話をしよう。八世紀前半、養老～天平頃の状況を記した「律書残篇《りつしょざんぺん》」という史料には、当時の日本には五五五の郡があると記されている。「国造本紀《こくぞうほんぎ》」(『先代旧事本紀《せんだいくじほんぎ》』巻一〇)という史料に載っている国造《くにのみやつこ》の数は、序文では一四四、実際には一二〇余、『隋書《ずいしょ》』倭国《わこく》伝が伝える七世紀初頭の「軍尼《くに》」の数は一二〇であった。『常陸国風土記《ひたちのくにふどき》』などによれば、七世紀半ばの孝徳《こうとく》朝に、クニが分割されて評《ひょう》が作られたという。これがさらに分割されて後の大宝令制下の郡《ぐん》になった。地域によって多少は事情が異なるだろうが、国造のクニから郡になっていくまでのおおよその分割の程度は、右に挙げた概数から窺うことができる。

国勢を考える際に重要なのは、郡の下の行政単位である里《り》(霊亀三年以降は「郷《ごう》」。鎌田元一《かまだもとかず》「郷里制の施行と霊亀元年式」)で、「律書残篇」では全国の里(郷)数を四〇一二とする。これらの里の多くは五〇戸で編成されていたと考えてよい。一里の人口は、現存の大宝年間・養老年間の戸籍によれば、平均して一〇〇〇人強だから(鎌田元一「日本古代の人口について」)、一戸の人口は平均すれば二〇人強ということになる。里の平均人口に全国の里数を乗じ、これに平城京の人口（以前は一〇万人程度とされていたが、最近ではそれより少なく、四～五万人程度と見られている。北村優季《まさき》「京戸について」）を加えれば、当時の日本の政府掌握人口が、四百数十万と算出できる（坂上康俊「奈良平安時代人口データの再検討」）。

七五五年（天宝《てんぽう》一四載《さい》）、すなわち唐の最盛期、かつ安禄山《あんろくざん》の乱が勃発したとき、唐政府の掌握していた戸数は八九一万四七〇九戸、戸口は五二九一万九三〇九人と記録されている（『通《つ》典《てん》』食貨《しょくか》七）。日本政府が掌握していた総人口も都の人口も、当時の唐と長安の一〇分の一よりやや少なめと言えよう。一方、一戸の平均戸口数は、唐のそれが六人程度であるのとは大きく異なる。これは、「戸」というものの性質が、古代日本と唐、ないし唐を含む前近代中国とで異なっていたからである。

戸と家族

大宝二（七〇二）年の「御野《みの》（美濃）国戸籍」（図2－1）では、正丁《せいてい》四人を抱えこむ戸を、上・中・下の三等級のうちの「中政戸《ちゅうせいこ》」としている。つまり、これが標準というわけである。正丁というのは二一～六〇歳の健康な男子であり、四人の正丁に加えて、その妻子・両親その他を含み込むような戸を作ると、その戸の戸口数は、自ずから二〇人強になる。同年の筑前国嶋《ちくぜんのくにしま》（志摩《しま》）郡川辺《かわのべ》里の戸籍（図2－2）には、たまたま郡司の長官（大領《だいりょう》）である肥君猪《ひのきみのい》手《て》の戸の記載が残っており、その戸だけで一二四人の戸口を抱えているが（奴《ぬ》一五人、婢《ひ》二二人

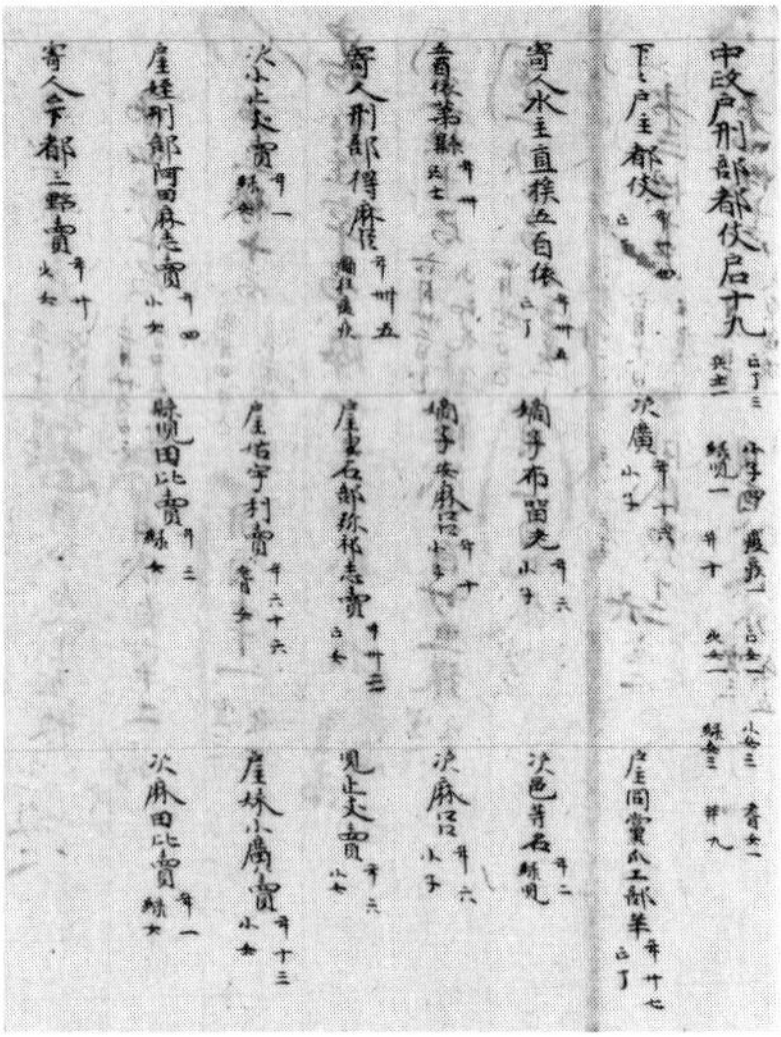

図2-1　御野(美濃)国戸籍の一部(寄人の正丁1人, 兵士1人を合わせて中政戸を作っている)

を含む)、それでも里の正丁数、ひいては里内人口は、標準の里とさほど変わらない。

以上を総合すれば、律令国家はなるべく一戸四正丁の戸を作ろうとしたが、あまりにも機械的に戸を作ることには無理があるので、戸内の正丁数に関しては多少の違いを認め(だからこそ正丁数によって三等級の戸《こ》等《とう》制がある)、それでも一里内の正丁数は全国的に約二〇〇人強になるようにした、ということになる(佐々木恵介「律令里制の特質について」)。

このことは、現実に生活する単位である家族や集落と、戸籍上の戸や里との間にズレが生じることを意味する。戸籍上の戸が必ずしも現実の生活を反映していないのではないかということは、乳児が母親と別れて記載されていたり、当時、結婚・離婚の区切りが明確でないにもかかわらず夫婦の同籍が多いことなどから、明治時代から問題とされてきた。奴婢《ぬひ》を持っている

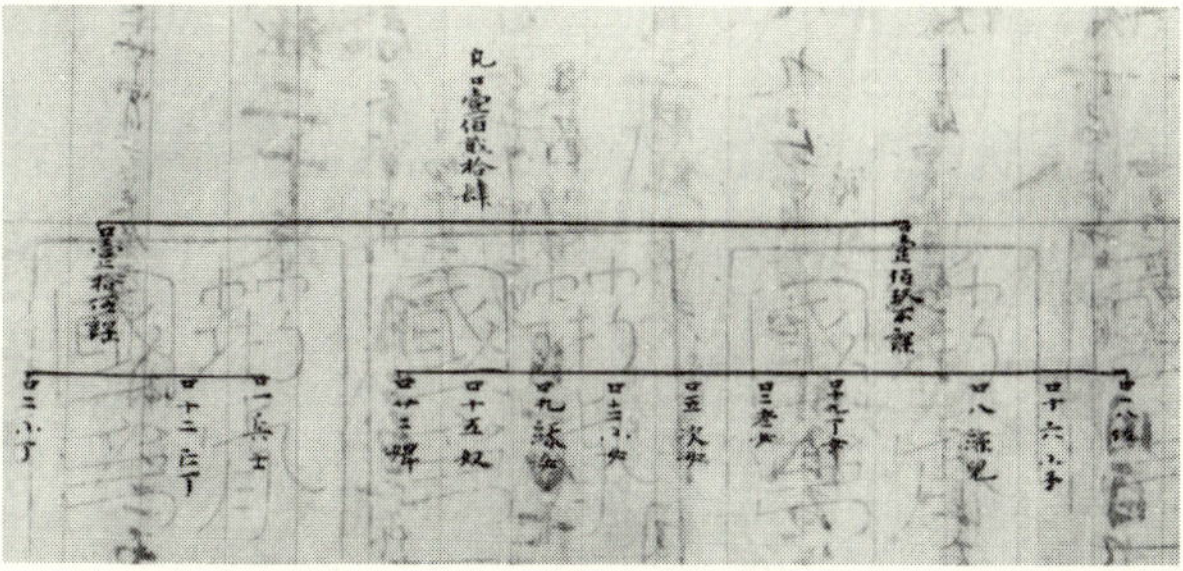

図 2-2　筑前国嶋(志摩)郡川辺里戸籍の肥君猪手の戸の戸口集計部分

ような家族をも「寄口《きこう》」「寄人《きにん》」として他の家族の戸籍に入れ、それによって戸内の正丁が四人程度になるようにするといった機械的な操作は、戸籍が必ずしも実際の家族生活を反映していないことの象徴と言えるだろう。

もっとも、だからといって実生活の状況とかけ離れすぎると、六年ごとに作られる戸籍を支配の根幹に据え、これを基礎に毎年の調庸《ちょうよう》の徴収台帳である計帳《けいちょう》を作ることが困難になる。最近発掘された大規模な集落の遺跡では、おおよそ五、六人が生活する竪穴《たてあな》住居数軒、つまり二〇人前後のかたまりが、基礎的な単位として見出せるようだとされており(阿部義平「律令期集落の復元」)、戸籍の記載が全くの人工物ではないことを示しているのかもしれない。

里と集落

一方、五〇戸集めた里の方は、個別の事情によってさまざまな景観を呈することではあろうが、おそらくは自然に存在する二、三の集落を含み込んだものとみられ、その中でも中心的な集落の名を取って里の名としたものと考えられている(吉田孝「律令時代の氏族・家族・集落」)。こうした里において、先に述べたような全国的な基準が設定されているとすると、出生や死亡に伴う人口の増減によっては、里の周辺部が微妙に伸縮することにならざるを得ない。つまり本人は移動していないのに所属する里が変わってしまいかねないのである。もっとも大宝二年の美濃国の半布里《はにふのさと》のように五八戸からなる里もあるので、そのあたりの加減というものは、ケースバイケースとも言える。

いま述べてきたような戸や里は、律令国家の国政運営の中で、さまざまな変容を被ることになるが、ともあれ八世紀初頭の段階では、戸を、それができなければ里をできるだけ全国共通の計数基準としたい、という方針を政府が強く意識していたのであった。それは、次に述べるように、政府による人の動員、ひいては物資の徴発の計算基準が、戸と里にあったからである。

人の動員と戸・里

律令の中には、兵士を徴発する基準について、「同じ戸の内に、三丁毎《ごと》に一丁を取れ」(軍防令《ぐんぼうりょう》3兵士《へいし》簡点《かんてん》条)という規定がある。これでは正丁の三分の一を兵士とするという意味になりかねないが、先ほど見た大宝二年の美濃国戸籍に見られるように、実際には、四人の正丁からなる標準的な一戸から兵士一人という原則で徴兵されていたようである。つまり一里からは五〇人の兵士ということになる。別の条文には、

およそ軍団《ぐんだん》の大毅《だいき》は一千人を領《りょう》せよ。少毅《しょうき》は副領《ふくりょう》せよ。校尉《こうい》は二百人。旅帥《りょすい》は一百人。隊《たい》正《せい》は五十人。

(軍防令1軍団大毅条)

とあるので、数字の上から見れば、一里から出た兵士が一隊を構成し、それを積み重ねて軍団を編成することができることになる。近代の日本陸軍において、原籍地において徴兵された兵士が連隊を構成するのと、似ていなくもない。

一里という単位からは、都で三年間（養老六〔七二二〕年以降の制度）雑役《ざつえき》に従事する仕丁《じちょう》と、その付き添いとして炊事などに従う廝丁《しちょう》各一人も徴発される。もっとも大和《やまと》（この国名は、倭→大倭→大養徳→大和と変化するが、以下、原則的に大和に統一する）・河内《かわち》・摂津《せっつ》・山背《やましろ》・和泉《いずみ》の諸国（五畿内《ごきない》）の計四〇〇里ほどおよび左右京《さうきょう》からは、仕丁・廝丁や、兵士から選ばれて都で警備に当たる衛士《えじ》が取られないし、西海道の四〇〇里ほどから出てくる仕丁たちは、大宰府での雑役に従事する。だから、先の里（郷）数を用いた概数でいえば、戸籍に兵士と記されている者の総数は約二〇万人、都に集まる仕丁・廝丁の数は六五〇〇人ほど、そういう計算になる。

旧陸軍の編成では、平時は一万人で一師団《しだん》、戦時には動員されて二万五〇〇〇人で一師団とするという。律令制下の兵士は、通常一つの軍団に一〇〇〇人が所属し、一〇〇人ずつがそれぞれ一〇日出勤して訓練を受けたり警備につくことを繰り返していた。つまり、年に一〇日×三回＝年間三〇日の兵士役という義務を負っていたが、逆に言えば、それ以外の日々は口分田《くぶんでん》の耕作等に従事できたのであった。したがって単純な比較はできないが、仮に戸籍に記載された兵士を戦時の動員可能兵力と見ることができるならば、奈良時代の動員可能兵力総数は、旧日本陸軍の八個師団（戦時）程度になってしまう。明治二一（一八八八）年に、それまでの鎮台《ちんだい》を廃止して六個師団を置いているので、数的にはこれを上まわるものと言える。

しかも、奈良時代から明治中期までの間に、人口はほぼ一〇倍に増えている。一般民に訓練を施して一人前の兵士に育てあげる奈良時代の軍団兵士制は、家族労働力が奪われるという意味で、人々にとってかなり重い負担になったし、兵士の徭役《ようえき》（雑徭《ぞうよう》と庸《よう》）が免除されるという意味で、国家財政にも負担となったであろうことが容易に想像できる。律令国家というものは、そういう軍国体制であった。無理がないはずがないが、その無理をしなければならないと、そう為政者が考えた時に作られた国家だったということである。

ちなみに、唐では一〇〇戸で一里《り》、五〇〇戸で一郷《きょう》とされていたが、この数字は実際にはほとんど無視されていたらしい（中村治兵衛「唐代の郷」）。唐の郷里は、次に述べる折衝府《せっしょうふ》の配置から見ても兵制とは無関係と言え、戸籍の「戸」は、父系でつながり同居共財の者、すなわち、かまどと家計をともにする者を、国家が登録する際の表現なのであった（滋賀秀三『中国家族法の原理』）。稀には儒教的な倫理が働いて、祖先を同じくする者たちが大家族を維持していたり、逆に戸の規模によって増減する戸税《こぜい》等を減らそうとして、戸を分割して小さく見せかけようとする作為が行われることもあったが、日本よりは自然に近い家族を戸として戸籍に登録していたと言えよう。

指名された兵士が訓練を受ける軍団が、全国にどれだけ設定されたのか、その全体像はわからない。ただ一つ確実に言えるのは、全国にほぼ満遍《まんべん》なく置かれたということだろう。この点は、軍団兵士制の範となったと思われる唐の府《ふ》兵制《へいせい》における折衝府の配置とは、顕著な違いを見出すことができる。唐では、折衝府を長安《ちょうあん》の周辺を取り囲むように配置し、正丁の中で兵士に指名された者がそこで訓練を受け、その兵士たちの中から都での衛府《えいふ》(左右《さう》十二衛《えい》と東宮《とうぐう》六率府《そっぷ》)の勤務に行かされる者、辺境での防備に就く者(防人《ぼうじん》)が出されるという仕組みになっていた。首都と辺境の防備に特化されたシステムと言えよう。

軍団兵士制の特質

これに対して日本全国に満遍なく置かれた軍団では、これも全国満遍なくほぼ一戸から一人の原則で選ばれた兵士たちが訓練を受ける。兵士の中には国衙《こくが》や正倉《しょうそう》などの警備の任務に就く者も選ばれる。兵士の名簿は国司の管理下におかれ、それをさらに中央の兵部省《ひょうぶしょう》が把握している。したがっていったん反乱などの事態が生じれば、中央から派遣された将軍のもと、諸国の軍団兵士が動員されて鎮圧に動くのである。

軍団での訓練では、身の回りの武具や食料自弁で集まった兵士たちを、鼓《つづみ》や鉦《かね》に合わせた集団的軍事指揮に従うようにさせることに重点が置かれた(下向井《しもむかい》龍彦「日本律令軍制の基本構造」)。平原での正規軍同士の決戦を想定するものである。天平一二(七四〇)年の藤原広嗣《ふじわらのひろつぐ》の乱の際、広嗣が動員した西海道《さいかいどう》の軍団兵士を、たまたま軍団廃止中だったとは言え、従来のシステムを

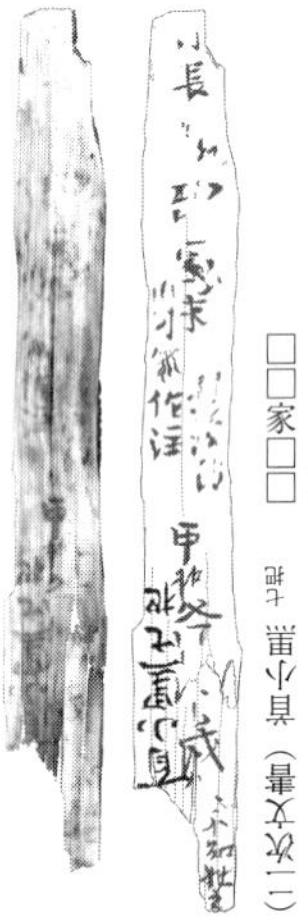

図 2–3　佐賀県唐津市中原遺跡出土「甲斐」防人木簡

利用して動員したと思われる兵士を率いた大将軍大野東人《おおののあずまんど》が打ち破ったのは、軍団兵士制の有効性（と危険性）を示していると言えるだろう。

しかし、軍団の配置が都と辺境の防衛に特化していないという日本の特徴を重視すれば、決して諸国の治安維持を蔑《ないがしろ》にするわけではないが、唐・新羅の侵攻を危惧していた時期に成立した軍団制が、防備にせよ外征にせよ、対外的な緊張に備えることをこそ、その第一の目的としていたと認めてよいだろう。百済《くだら》復興軍と連合して新羅・唐連合軍と戦った白村江《はくすきのえ》での敗戦（六六三年）以来の緊張の大きさが、先に述べた動員可能兵士数に現れているのである。

東国と防人・鎮兵

こういった軍団兵士制の仕組みの中で、特殊な重みを持たされた地域に東国《とうごく》があった。というのは、壱岐《いき》・対馬《つしま》その他北部九州の沿岸部に配置された防人《さきもり》の出身地は、本来東国に限られていたし（図2－3）、また東北地方の蝦夷《えみし》の居住地に柵戸《さくこ》を展開し、国郡制の施行地域を拡大していく際に設けられた鎮兵《ちんぺい》の動員も、東国、特に坂東《ばんどう》諸国からだったからである。大宰府《だざいふ》管内《かんない》（西海道諸国島）の正丁が、白村江の戦いやその後の朝鮮式山城の造営等で疲弊していたこと、元来この地域の住民は朝鮮半島との繋がりが強かったこと、また勤務地が出身地に近いと逃亡しやすいことなどといった複合的な要因が背景にあって、東国出身の防人が北部九州に配置されたとみられる。これらに加えて、律令体制以前から、東国は大和朝廷の軍事的な基盤であったことも、背景の一つにあるだろう。

ところが東北地方の緊張が増大し、神亀《じんき》元(七二四)年ころに鎮守府《ちんじゅふ》と鎮兵が設定され、東国の兵士が鎮兵として動員されるようになると、天平一〇(七三八)年には、東国からの防人二二〇〇人余が一斉に帰郷させられ、西海道の兵士が防人になることとされた。その後、天平一八年には陸奥国の鎮兵は全廃され、恐らくはこれと同時、遅くとも大伴家持《おおとものやかもち》が難波津で防人たちの歌を採取した天平勝宝七(七五五)歳までには、東国出身の筑紫防人が復活する。東国出身の防人は、天平宝字元(七五七)年には再び廃止されるが、同年には陸奥の鎮兵三〇〇〇人が復活している。この人数は、廃止された東国出身防人の人数に近い(鈴木拓也『蝦夷と東北戦争』)。こういった一連の経緯を見れば、律令国家は東国兵士という人的資源を西に北にフルに使い回したことがわかるだろう。

2　租調庸の本質とは

軍国体制を維持するためには、一戸から一人、あるいは一里から五〇人の兵士がスムーズに徴発できるように、戸の、つまりは公民の生活を安定させ、政府掌握の人口を少なくとも維持、できれば増加させなければならない。このための基盤として政府が用意したものとして第一に挙げなければならないのが、班田収授《はんでんしゅうじゅ》の制度であった。これに勧農《かんのう》・救恤《きゅうじゅつ》のためのさまざまな制度を組み合わせて、公民の生活を保証し、兵士その他の人的動員を実現するとともに、国家運営のための諸経費を調達しようとしたのである。

班田収授の目的と仕組み

班田収授の制度というのは、六年ごとの(元年)一一月から翌年(二年)五月までに作られる戸籍(元年籍)に基づいて、その年(二年)の一〇月に国司・京職《きょうしき》が田を班給するための帳簿を作り、これを翌年(三年)の正月までに太政官《だいじょうかん》に届けて班田の許可をもらい、その年(三年)の一一月から翌年(四年)の二月末までという農閑期に班田するという制度である。このサイクルは、浄御原令《きよみはらりょう》に依拠した持統四(六九〇)年九月の命令に基づく庚寅年籍《こういんねんじゃく》の作成と、それに基づいた班田(持統六年九月に四畿内《きない》に班田大夫等が派遣された)以降、八世紀前半には基本的に守られたと考えてよい。

里《り》を郷《ごう》と改め、郷の下に新たに里を設ける郷里制《ごうりせい》の施行（霊亀三〔七一七〕年）の影響を受けた養老五（七二一）年の造籍《ぞうせき》と、郷里制の廃止された天平一二（七四〇）年の造籍とが、本来の間隔よりも一年延びたので班田も一年遅れ、また天平一八年の造籍以後は、恐らくは墾田永年私財法《こんでんえいねんしざいほう》の発令（天平一五〔七四三〕年）の影響を受けて、造籍二年後ではなく三年後に（先の例で言えば、四年の一一月から班田が始まる）、延暦年間に入るとさらに四年後に、六年後にと延びていき、ついに延暦二〇（八〇一）年には、班田は一紀《いっき》（一二年）に一度とされる。

班田のための帳簿が毎回国司・京職から太政官に届けられ、それを検査するというのは日本独自の制度であり、それだけ中央政府が土地を確実に支配しようとしていたことを示すが、恐らくはこれが一因となって煩雑さが増し、班田の間隔が空いていったのであった（三谷芳幸「律令国家と校班田」）。

班田収授制度のモデルとなった唐の均田《きんでん》制では、毎年、退田《たいでん》（土地を国家に返すこと）と給田が行われた。ただしこちらは、基本的には租調庸を負担する課丁《かてい》に土地を支給する制度であり、そういう意味で唐の均田制は税制と直結したものであった。これに対して日本では、二度戸籍に登載された者すべてに水田が支給され、そのまま一生の間保有することができるという点が、唐と異なる。

男子に二段《たん》(後世は「反」と表記するようになる)、女子はその三分の二(一段一二〇歩)、奴《ぬ》(男性の私賤民《しせんみん》)・婢《ひ》(女性の私賤民)には、それぞれ良民《りょうみん》男女の三分の一という口分田の班給面積は、大宝二年の西海道の戸籍に記された受田面積が、それよりやや少なめであるなど、地域的な事情で多少の増減はあったが、一応は満たされていたようである。

女性や奴婢には調庸が課せられないのだから、口分田の支給基準は、租《そ》や公出挙《くすいこ》を除く税制とは対応していない。さまざまな負担を課せられることにはなるものの、公民の生活基盤の保証を、当初は第一の目的としたと言えるのである。

ただし、こういった班田収授制度を実現するには、さまざまな条件が必要であった。

条里制

その最たるものは、班給しやすいように整理された水田と、精緻な土地の把握システムである。前者は条里《じょうり》制という日本独特の形をとって実現し、後者は当初は田籍《でんせき》という帳簿、後にはこれに加えて田図《でんず》という図面を用いることで処理された。

一九五〇年代後半に始まるいわゆる高度経済成長以前、北海道・沖縄を除く日本の至るところで、一辺約一〇九メートルの水田の区画が見られた。この区画は、ちょうど一町《ちょう》四方(これを面積の単位でも「町《ちょう》」と呼ぶ)＝一〇段《たん》に当たる。方一町は、通常一段ないしそれ以下の面積の区画に分けられていた(図2－4)。

近代の地表面に残されていたこういった区画が、いったいいつの耕地整備事業の結果なのかは、厳密にはわからないところの方が多い。しかし、九世紀末の洪水で埋もれた長野県千曲《ちくま》市の水田遺構（更埴《こうしょく》条里）や、八世紀末の洪水で埋もれた福岡市下月隈《しもつきぐま》遺跡の水田遺構、一二世紀の浅間山《あさまやま》の噴火で生じた火山灰に覆われた群馬県高崎市の水田遺構（日高遺跡）など、奈良・平安時代の水田遺構が各地で発掘・確認され、一辺約一〇九メートルの区画は明らかに古代の事業の成果であることが判明した。もっとも、古代の地表面に残されていた区画と近代の地表面に刻された区画とは、よく合致する場合もあれば（高崎市や福岡市）、少しずれていることもあり（千曲市）、また、古代の水田一枚の区画は、水平面を作るのが難しかったことが原因であろう、一段をさらに小さく区切っていること

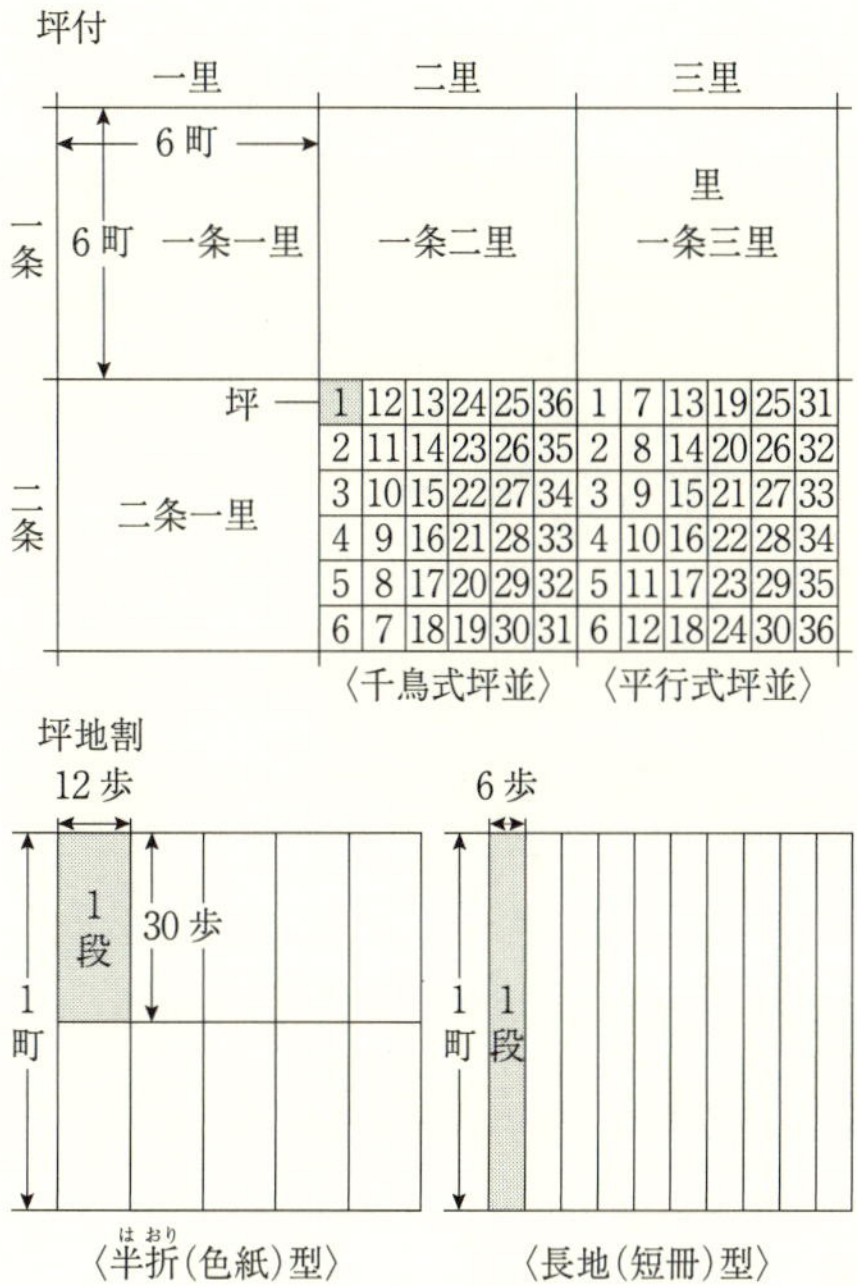

図2-4　条里制

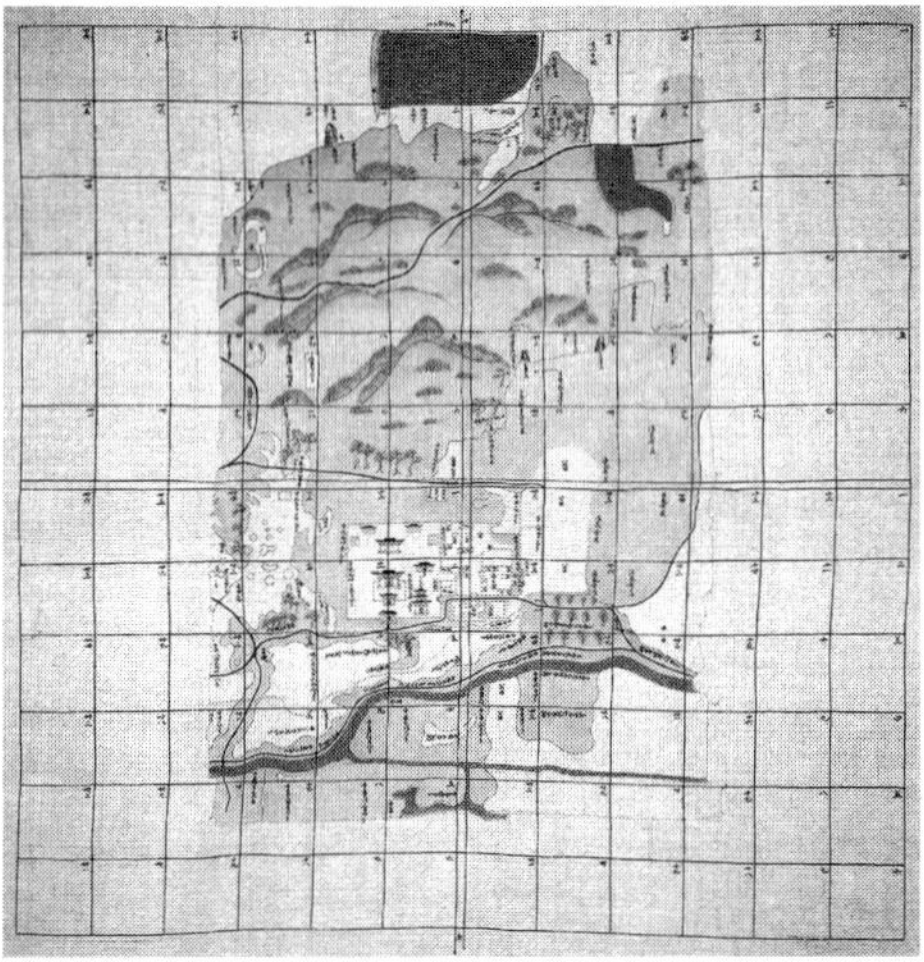

図2-5　大和国額田寺伽藍並条里図（復原複製）

が多い。それにしても、それぞれの区画に満遍なく水を注ぎ込み、必要に応じて排水するように水稲耕作地を作り上げるのは、容易なことではなかっただろう。

方一町という区画は、一〇等分すれば一段となるので、班田収授を実施するには極めて都合がよい。したがって先の事業の主体は律令国家と考えてよいように思うが、具体的にいつごろ施行されたのかは、史料が乏しくてはっきりしない。ただ平野部では、方一町の区画をタテ・ヨコに六つずつ並べた大区画を作り、それをまたタテ・ヨコに連ねるという方式で土地の位置を示すという方法が採られていたことは、奈良・平安時代の古文書《こもんじょ》や荘園絵図《しょうえんえず》その他の史料ではっきりしている（図2-5）。その際、今述べた大区画（面積で三六町）の位置を「〇条（もしくは図）〇里」と表し、その中の方一町の区画には、一から三六までの番号をふって「〇の坪」と呼んだので、こういう土地の区画法と位置表示の仕組みを「条里制」と呼ぶ。

こうした区画のライン（畦畔《けいはん》・あぜ）の方向は、郡ごとに異なっていることが多いが、基本的に官道に平行ないし垂直に走っていることがわかっている。官道の敷設工事は、その軍事的な性格から言っても、七世紀後半の律令国家の成立期にふさわしい。したがって、少なくとも土地区画の計画としての条里制は、七世紀後半以降に案出されたものであり、実際にその区画に従って水田が造成されたり、区画しなおされたりしたのも、七世紀末から八世紀にかけてのことと考えられる。条里制は、まさに班田収授を実施するのに最適の土地区画を用意したものと評価されるのである。

田籍と田図

ただ、本当に土地を把握する条件が整備されたのは、八世紀の半ば、天平年間の後半に下るのではないかという考え方が有力である。そもそも令の規定には、田籍（田の帳簿）らしいものはあっても（田令《でんりょう》3口分《くぶん》条に「具《つぶ》さに町段《ちょうたん》及び四至《しいし》を録《ろく》せよ」とある）、田図というものは想定されていない。戸（戸主）ごとの口分田の所在を、一筆《いっぴつ》ごとに面積とともに四至で、つまり「東はどこまで、西は……」と、四方の境界を記すことで表示し、これを帳簿に記載するのは、トルファンの唐代の墓から出土した戸籍（唐の戸籍には、必ず口分田などの給田面積が記される）のほか、退田《たいでん》（返還する土地）・欠田《けんでん》（未だ支給されていない土地）・給田等の帳簿と共通しており、唐での土地の登録方式を取り入れたものであるが、唐では口分田などの土地の所有・保有状況を示す地図は、規定も実物も発見されていない。

しかし、日本のように条里制が施行されたならば、図面(田図)と帳簿(田籍)のセットで掌握する方が、はるかにわかりやすく間違いがない。そこで、遅くとも天平元(七二九)年・天平七年の班田の際には、田図が作られるようになった(天平神護三(七六九)年二月二八日民部省牒案《みんぶしょうちょうあん》。『東南院文書《とうなんいんもんじょ》』)。もっとも、天平一〇(七三八)年にできた大宝令の注釈書(古記《こき》)は、「田文《たぶみ》」にしか触れていないので(田令23班田条)、田図という仕組みは、条里地割の施行の程度ともからんで、天平前半以前には、未完成の状態だったのだろう。

しかし天平後半以降は、田籍よりも田図の方が、政府が土地を把握するための手段として重視されるようになっていった(鎌田元一「律令制的土地制度と田籍・田図」)。特に天平一四年・天平勝宝七(七五五)歳・宝亀四(七七三)年・延暦五(七八六)年の四回の班田図は、墾田永年私財法(天平一五(七四三)年)の施行・停止・再施行の前後の様相が記録されているので、「四《し》証図《しょうず》」としてのちのちまで重視されることになる。

租と初穂

口分田等の田には原則的に「租」が課せられた。「租」という言葉は、もともと中国では、祖先などの祭祀に供する穀物のことを指すらしい(宮崎市定「古代中国賦税制度」)。

租は、唐では課《か》丁《てい》一人に対して粟《あわ》二石という基準で課せられたが、日本では田の面積に応じて、段あたり一・五束《そく》が課せられた。その税率は収穫の三パーセントと、かなり低額であったと一般には思われているようである。しかし、実は田には四つの等級があり、上田《じょうでん》なら確かに段あたり五〇束の収穫が見込めるから収穫の三パーセントに過ぎないけれども、中田《ちゅうでん》は四〇束、下田《げでん》は三〇束、下々田《げげでん》は一五束が段あたりの基準収穫高とされているので、運が悪ければ収穫の一割を納めることになる。それでも江戸時代の五公五民、四公六民に比べれば、ずいぶん低い税率と言えるだろう。なお、口分田を人に貸した場合には、口分田の持ち主ではなく、借りて耕作する人が租を負担する。だから租は、土地の所有者にかかる地代《ちだい》とは言えず、耕作の成果の一部を捧げるという性格のものであることになる。

ここで注目すべきは、一段の水田に蒔《ま》かれる種籾《たねもみ》の量が二束程度だったということである（天平二〔七三〇〕年「大倭国正税帳《やまとのくにしょうぜいちょう》」）。ここから窺えるのは、元来日本の「租」は、収穫のうちから翌年の種籾の分を別に確保しておくものだったのではないか、ということである。日本では、集められた租は、唐のように中央政府に運ばれて諸経費・食料等に充てられることがなく、基本的に国郡の正倉に蓄《たくわ》えられた。最近、板壁だったり校倉《あぜくら》だったりとさまざまな意匠ではあるものの、各地の遺跡で正倉が復原展示されているのをご存じの方もあろう（図2-6）。あれは一棟がそのまま巨大な米櫃《こめびつ》のようになっていて、中には穀《こく》（籾殻《もみがら》が付いた状態の米粒）が満杯になるまで積まれていったのである。貯め込まれる穀の出所の一つが租であった。

貯め込まれた穀は、平安時代になると中央の官僚の給与として持ち去られるようになるが、奈良時代には、飢饉等の際に天皇からの賜り物として一部が放出されるだけであった。この状態が三〇年も続けば、ほぼ一年の収穫に相当する備蓄ができたはずであり、実際、大宝令を施行して三〇年経った天平初期(七二九年〜)には、それだけの穀の備蓄があったことが確かめられている。

こういう特徴から判断すれば、租はもともと、収穫を感謝して神に初穂《はつほ》として捧げられた後に、翌春の種籾として保存されていたものが、律令制の施行に伴って、備荒用という名目で貯め込まれることになったものと推測できる。この段階までは、租は、これを納めた人々のために有効利用されるという理屈が通用するかと思うが、問題はその先にあった。和銅元(七〇八)年閏八月、正倉が稲穀で満杯になると封をして「不動倉《ふどうそう》」とし、その倉のカギを中央に進上せよとの命令が出された。名目は備荒用だが、租を納めた人々にとっては、実際には手が出せなくなってしまったのである(渡辺晃宏「律令国家の稲穀蓄積の成立と展開」)。

図2-6　復原された正倉(埼玉県深谷市の中宿古代倉庫群).武蔵国榛沢郡衙跡

公出挙制の始まり

では、種籾の方はどのようにして用意されたのか。ここに重要な役割を担わされるようになったのが公出挙《くすいこ》である。これは春（二月ころ）と夏（五月ころ）の二度、諸国が人々に穎稲《えいとう》（穂首《ほくびが》刈りにした稲束《いねたば》）を貸し出し、秋には五割の利息を付けて返却させる制度、いわば官営の高利貸しである。このうち利息分が諸国の経費に充てられ、元本《がんぽん》の方は翌年また貸し出されることになる。春の貸し出しは明らかに種籾として用いるものであるが、夏の方は端境期《はざかいき》の食料としては少なすぎるので、田植えの際の賄《まかな》いにでも用いられたのではないかとされている。

公出挙の利率は、時期によって五割の時（たとえば天平時代）と、三割の時があり、五割の時は死亡者が借りた分を返済する義務がなく、三割の時は、借りて死亡した人の分は周囲の者が返済することになっていた。財政運営の面から言えば、三割の方が見通しが利くので、平安時代になると三割に固定された。

この制度の起源もはっきりしないが、最近、七世紀の百済でも五割の利子を取る公出挙が行われていたらしいことが判明し、また八世紀の唐の西州《せいしゅう》（トルファン）でも、官が春に粟《あわ》を貸し出し、五割の利息とともに秋に返却させる制度が運営されていたことがわかった（大津透「唐西州高昌県粟出挙帳断簡について」）。

このほかに唐では、公廨本銭《こうかいほんせん》といって、諸官庁が財源を持っており、これを下請けの高利貸し（公廨戸《こうかいこ》）に預けて利息分を徴収し、それを各官庁の年間経費に充てるという制度も運営されていた。これは季節には関係ないし、人々の生活維持などというものとは関係がない。しかし、何に用いるかという点についてみれば、日本の公出挙も全く同じ趣旨で運営されていることが注目される。西州ではこれに加えて粟の出挙も行われていたわけであるが、西州だから粟を回転させていたのであって、江南《こうなん》なら稲を用いていた可能性が大きく、ますます日本の公出挙にそっくりになる。

今まで日本の公出挙の起源は、租の起源とともに、共同体内部で運用されていた再生産維持の方策の一つと見なされてきた。確かにもともとそういったものがあった可能性はあるだろう。しかし、公出挙に諸国の財源を頼ると決めた途端に、毎年一定量以上の穎稲《えいとう》を貸し付けざるを得なくなるのは目に見えているし、実際、強制的な割り当てとなり、一〇世紀には利息相当分だけを取り立てるようになる（村井康彦「公出挙制の変質過程」）。こうしてみると、律令国家の地方財政システムの一環としての公出挙は、唐やそれ以前の中国の制度を、百済経由かもしれないが日本で採用し、ここに租から奪われた種籾の機能を、当初は実質上、後には名目上含み込ませた、諸国の財源確保策と見て構わないように思われる。

公出挙の負担は、当初は必要に応じて貸し出すという面が残っていたようで、一律の基準はなかったらしい。ただ、すでに天平年間には、国衙にとって租の収入と公出挙による収入とがほぼ拮抗していたことがわかっている。平安時代には段あたり三〜五束以上の本稲を貸し出せという基準が示されるようになったが、当時の利息は三割だから、利稲《りとう》は段あたり〇・九〜一・五束以上となるので、この時代でも、ほぼ租と同じ負担だったことがわかる。

ミツギモノと力役

一方、中央政府の財源は、主として調庸に求められた。

中国での語義としては、調は「調達」といった熟語からも連想されるように、もともとは必要な物資を調えることを指し、遅くとも三国時代の魏《ぎ》のころには、「徴発」という意味で用いられるようになった（滋賀秀三「「課役」の意味及び沿革」。図2-7参照）。

図2-7　トルファン出土の調布墨書銘（中央に「田元卿調布一端」とある）

しかし日本では、「調」という漢字には、古来「ツキ」という訓《くん》が振られている。「ミツギモノ」（御調物）の意味である。下から上への献上品に、「調」という文字をあてたと見てよい。このことに対応して、日本の調の品目には、繊維製品の他に、実にさまざまな食料品や雑貨類が含まれていた（図2-8、9）。

これらの調は都に運ばれ、天皇からの賜り物として官人たちへの季禄その他の禄物《ろくもつ》（給与）に充てられたり、そ

土左国吾川郡桑原郷戸主日奉部夜恵調絁壹疋長六丈 広一尺九寸

天平勝宝七歳十月主当 国司史生大初位上田辺史祖父 郡司擬少領无位秦勝国方

図2-8　正倉院に残された調布の墨書銘

安房国安房郡公余郷長尾里 戸主大伴部忍麻呂 大友部黒泰 鰒調陸斤 陸拾弐条 天平七年十月

図2-9　安房国のアワビの調木簡

の他の諸経費・食料に充当されるが、それに先だって一部は、荷前《のざき》(初穂)として、伊勢神宮をはじめとする全国の官社や陵墓に献上された。むしろ天皇を経由させての諸神・皇祖へのミツギモノに、調の本質があったとする見解もある(大津透「貢納と祭祀」)。

　では、庸の方はどうか。中国での「庸」の語義は、「雇《やと》う」、あるいは「雇い賃」(功賃《こうちん》)であり、唐の人々の負担の一つとしての庸は、成人男子を年間二〇日の力役《りきえき》(これを「歳役《さいえき》」という)に徴発するのが原則で、実際にはそれが、たとえば地理的な事情で不可能であったり、あるいは当面不必要な場合に、必要に応じて人を雇う際の雇い賃になるように、繊維製品を提出させるという仕組みであった。

これに対して日本では、庸に「チカラシロ」(力代)という訓が振られていた。一見すると同じような趣旨に見えるが、実情はかなり異なる。なぜかと言えば、どうも日本では原則的に成人男子全員から物品としての庸を徴発するように考えられていたらしいし、また、諸国から集められた庸は、まず采女《うねめ》・兵衛《ひょうえ》・衛士《えじ》・仕丁《じちょう》・厮丁《しちょう》といった、地方から上京させられて、後宮での下働き、宮廷の護衛や都での警備、政府諸官庁での雑役などに当たる人々への仕送りに充当するという、唐にはない規定が設けられているからである(賦役令《ぶやくりょう》5計帳《けいちょう》条)。

前者の特徴からは、日本では成人男子を一定期間ただで働かせることができる状況ではなかったのではないか(人々が困窮していてただ働きに耐えられないか、あるいは政府の権力が弱いか、理由はさまざまに考えられるが)という想像が生まれる。一方、後者の特徴からは、采女や兵衛が、律令制下では郡司《ぐんじ》の子女や兄弟・姉妹を差し出すように規定されていたこと、またそれらはもともと国造《くにのみやつこ》などの地方豪族が大王への服属の証《あかし》として差し出していた人質に由来することを考え合わせれば、地方から出て都で働く人々のための仕送りを第一の名分として作られた制度という理解が生じる。

実際に庸は、布ばかりでなく、米・塩・綿(真綿《まわた》)の形で集められ、都に運ばれて先述の人々

図2−10　平城宮跡出土の庸米の付け札

に支給されたのであった（図2−10）。つまり日本の庸には、唐と同様の功賃の原資《もとで》という意義に加えて、「仕送り」の原資という意義も込められていたのであった（青木和夫「雇役制の成立」）。

なお、采女・兵衛と並んで仕送りを受ける衛士は、諸国の軍団兵士の中から選ばれ、都での街頭警備に就くことが規定されていた。しかし、軍団兵士制が廃止されていた時期にも衛士は存続している。だから衛士は、実際には軍団とは別の母体から選出されていた可能性があり、兵衛などと共通の性格を持つものではないかという意見が有力である（橋本裕「衛士制の運用をめぐって」）。

現実には、たとえば都では、平城京の造営その他で、どうしても労働力が必要な場合がある。地方でも河川の改修や使者の送迎などに人手が必要になる。そういう場合、前者については雇《こ》役《えき》という制度が編み出され、先に集めておいた諸国からの庸布《ようふ》を功賃として提供することで人手を確保した。ただし、労働に対する対価は支払われるものの、徴発は強制的だったようである。後者については、年間六〇日まで国司が成人男子を徴発できる雑徭《ぞうよう》で賄われたのであった。

以上に見てきたように、日本の律令財政は、諸国の財政を公出挙《くすいこ》の運用で賄い、中央政府の財政を調庸で賄うという仕組みであった。

ただ、このように一般的に言ってしまうと、抜け落ちてしまう重要な論点がある。

国家財政の運営

その第一は、このような財政の仕組みについては、地域による違いがあることであり、第二は財政運営には時期による特徴が見出せることである。

まず空間的な問題から。調庸が中央政府に送られない地域、あるいは送り方が特殊な地域があった。それは京《きょう》(左《さ》・右京《うきょう》)・畿内《きない》(大和・河内・山背・摂津・和泉)と大宰府管内《だざいふかんない》(西海道)、及び陸奥国《むつのくに》である。京と畿内の諸国に本貫《ほんがん》(本籍地)を持つ人々には庸が課されない。また調も、諸国に比べて半分の布を、後には銭《ぜに》を出させており、これらには地域の特産物という性質が希薄である。このことをどう考えるかについては、本章第4節で述べることにする。

大宰府管内と陸奥国とは、ともに軍管区とも呼ぶべき共通の様相を見せる。まず大宰府管内について言えば、ここの調庸は大宰府に留め置かれた。大宰府という役所は、中央の一省よりはるかに大きな規模を持つので、人件費その他の運営経費が相当にかかる。その上、外国使節の接待・滞在の費用や、後には交易の際に支払う代価として、ある程度の蓄積がなければならない。それに加えて、軍備にも費用がかかる。こういった理由で管内諸国からの調庸は、大宰府に基本的に留め置かれ、管理・運用されたのであった。

豊前国宇佐郡調黒綿壱伯屯四両屯　神亀四年

図2－11　平城宮で出土した西海道からの調綿木簡

ある程度財政的な目途《めど》が立ったのであろう、天平元(七二九)年からは、毎年一〇万屯《とん》の綿(真綿)が都に船で運ばれるようになり(図2－11)、神護景雲《じんごけいうん》三(七六九)年にはこれが二〇万屯に増やされた。しかしそれでは綿を好む新羅《しらぎ》との交易に支障が出たのであろう、延暦二(七八三)年には再び一〇万屯に戻された。

しらぬひ　筑紫《ちくし》の綿《わた》は　身に付けて　いまだは着ねど　暖《あたた》けく見ゆ

(『万葉集』巻三、三三六番)

という沙弥満誓《しゃみまんせい》(笠麻呂《かさのまろ》)の歌から判断すれば、筑紫の綿は相当上質のものだったらしい。

いっぽう陸奥国では、もともとは他の国々と同様に調庸を都に運んでいたようであるが、養老四(七二〇)年の蝦夷《えみし》の反乱をきっかけに、養老六年には調庸が大幅に減免され、これ以後二〇年以上にわたって、国内の課丁が出す調庸は、軍事費や蝦夷への饗宴、禄《ろく》の支給のために、国内に留め置かれたのであった。ただし、実際に蝦夷との戦争が起こると、兵に支給する食料だけでも陸奥国内での備蓄では足りないので、坂東諸国から米などを運ばせたりせざるを得なかった(鈴木拓也『蝦夷と東北戦争』)。

通史的に見た場合の財政政策の大きな変化は、そもそも日本が律令国家という軍国体制を採用した理由とも言える国際的な環境の変化によって起こるし、征夷などの軍事や、平城京・宮、また東大寺その他の造営、さらには天平九(七三七)年の疫病の大流行などといった自然災害によっても、かなり大きな財政収支の波が生まれていたはずである。その具体的な様相については次章以下で述べることにしよう。

3　郡司という立場

里長の位置づけ

律令国家の末端の行政単位である里《り》が五〇戸、約一〇〇〇人強の人々からなることは前に述べた。その人々に与えられた生活の基盤と、その代わりに課せられた負担についても、その大まかなところを説明した。その里を束《たば》ねるのは里長《りちょう》(霊亀三年以降は郷長《ごうちょう》)であるが、日本古代の里長については、どの程度の力を里内の人々に振るい得たのか微妙なものがある。

山上憶良《やまのうえのおくら》の「貧窮問答歌《ひんきゅうもんどうか》」(『万葉集』巻五、八九二番)には、「鞭《しもと》執る里長《さとおさ》が声は」と、鞭《むち》を振るいながら徴税にやってくる里長の姿が描かれており、かつてはこれが当時の里長の姿を活《かっ》写《しゃ》したものと見られていた。しかし、敦煌《とんこう》から発見された王梵志《おうぼんし》という人の詩集に、憶良の歌の文句と似たような表現が発見されたことから、遣唐使の一員として渡唐した経験を持ち、漢文学に親しんでいた憶良は、唐での表現を模倣しているのではないかという疑いが強くなった（菊池英夫「山上憶良と敦煌遺書」）。そうした目でみれば、「父母《ちちはは》は」「妻子《めこ》どもは」と、三世代同居の家族生活を営んでいる描写も、当時の日本としてはやや特殊に見えてくる。

史料に現れる郷長の例に、養老五（七二一）年下総国葛飾郡大嶋郷《しもうさのくにかつしかのこおりおおしまのさと》の孔王部志己夫《あなほべのしこぶ》がいるが、彼は戸主ではなかったことも（戸主は弟がつとめていた）、里長の権力を弱く見るのに力を貸した。郡の大領（長官）の肥君猪手《ひのきみのいて》は、立派に戸主をつとめているからである。

そうした見方に反論がないわけではないが、少なくとも唐の里正《りせい》に比べれば、日本の里長は影が薄い。ここで唐の地方行政単位と日本のそれとを対照させておこう。

【唐】　中央政府（尚書省《しょうしょしょう》）――州《しゅう》――県《けん》――郷《きょう》――里《り》（一〇〇戸）

【日本】　中央政府（太政官《だいじょうかん》）――国《こく》――郡《ぐん》――里《り》（五〇戸）

唐では里ごとに里正がいるが、郷には独自の役人がいない。郷とは五人の里正による共同の管理の単位であった。したがって実質的には県の官吏と里正との間で、戸籍・計帳を作ったり、均田制・租調庸制の運営をはじめとするさまざまな行政上のやりとりが交わされた。県令《けんれい》以下の県の官吏は、本籍地での任用が避けられていたから（ただし、県の役所には現地出身の下役人が大勢いたが）、唐の地方行政の中では里正の働きが大きく期待されていたと言える。先述のように実際の唐の郷里の規模にはかなりのバラツキがあるが、これは、既存の勢力圏なり集落なりを温存し、そのまま郷里を設定することが珍しくなかったためなのだろう。

これに対して日本の里は、全国一律になるように機械的に編成した徴税区にすぎない。唐では郷ごとに戸籍が作られ、日本では里ごとに作られるといったように、一見唐の郷里と日本の里とが対応するように見える。しかし、その戸籍の作成に当たって日本では、現地の人が任用される郡司の果たす役割が大きかったし、条里の方向が郡ごとに異なっていたことに象徴されるように、日本古代の地方行政の単位としては郡が大きな意味を持ち、したがって里に編成された人々を支配しつつ律令国家を下から支える者としての郡司が、極めて重要な役割を担わされたのであった。

国司と郡司

唐では刺史《しし》以下の州の官吏や、県令以下の県の官吏は、中央から派遣される。これに対して日本では、州に相当する国の官吏である国司は、基本的に中央から派遣されるが、律令の条文上では唐の県に相当させられることの多い郡の役人である郡司は、その郡内の有力者が任じられるものであった。

中央から派遣される国司には、当然任期がある。大宝令では任期を六年と想定していたが、慶雲三(七〇六)年の改革以降は、基本的に任期は四年となった(ただし、養老令の施行に伴って六年となり、のち再び四年にもどる。平安時代に入ると西海道の国司だけは五年の任期となる)。しかも、一国に派遣される国司は、大国でも守《かみ》一人・介《すけ》一人・掾《じょう》二人・目《さかん》二人の四等官《しとうかん》と史生《ししょう》三人の計九人だけである。

彼らは国府《こくふ》の中に設けられた館《たち》に住み、国庁《こくちょう》に通って儀式や政務を執行し、時には国内を巡行して公《く》出挙《すいこ》稲《とう》の割り当てや戸籍・計帳の取りまとめなどに従事する。そして、交替で大帳《だいちょう》使、貢調《こうちょう》使、朝集《ちょうしゅう》使、税帳《ぜいちょう》使になって（「四度使《よどのつかい》」と総称される）、都に計帳（大帳）、調帳と調庸、考選文《こうせんもん》（国司や郡司の勤務評定《きんむひょうてい》）や計会帳《けいかいちょう》（その国の一年間の文書のやりとりの目録）、正税帳（国ごとの毎年の収支の帳簿）を持っていき、中央政府の審査を受けなければならない。

これはこれで厄介なうえに、任国での業務をこなすことは、先に挙げた陣容では容易なことではなかっただろう。実際、大宝令が施行される少し前に国司が任国に常駐するようになるのであって、それ以前はまさに「クニノミコトモチ」として、必要に応じて中央から派遣される役人に過ぎなかった。それが基本的に任国に常駐するようになったからと言って、一気に彼らだけで任国内を掌握できるわけがないのである。

郡司になる者

そう考えることで、あらためて重要性がわかってくるのが郡司である。郡司も一六里以上二〇里以下からなる大郡なら大領《だいりょう》・少領《しょうりょう》・主政《しゅせい》三人・主帳《しゅちょう》三人の四等官がいることになっているが、二、三里しかない小郡だと領と主帳各一人しかいない。

このうち重要なのは大領・少領（大《だい》・上《じょう》・中《ちゅう》・下《げ》郡《ぐん》の場合。小郡では領一人のみ）と呼ばれるクラス(郡領《ぐんりょう》)で、これには大化前代の国造《くにのみやつこ》の系譜を引く者、あるいは改新後の孝徳朝に評《ひょう》の役人に取り立てられた者たちの子孫が任じられることになっていた。つまり勢力を張っている郡の郡領に世襲的に任じられるのであり、任期は定められていないので、終身官ということもできる。

ただ、一般的には三等以上の近い親族が同時に郡司になれなかったし、世襲といっても子々孫々直系で引き継ぐのではなく、一族内のかなり広い範囲で継承されていた。そもそも大きな郡を一人で、あるいは一族で押さえきれるものでもなかった。また、時代が降るにしたがって、有力者の家系が分かれてもいった。そういうわけで、実際には郡内にいくつかの有力な家系があり、これらが交替で郡領となり、せいぜい数年で郡領の地位を順送りにしていたらしいことがわかっている(須原祥二「八世紀の郡司制度と在地」)。

郡領に欠員が生じると、国司の推薦を受けた候補者が上京し、式部省《しきぶしょう》で試練《しれん》を受け、太政官、さらには天皇による確認を経て任命されることになっていた。国司・式部省のどちらに実質的な候補決定権があったかは時期によって変化するが、このように任命の際に試練を受けるのは、天皇に奏上《そうじょう》されて任命が決定される官職(これを「奏任《そうにん》」といい、議政官や八省の卿クラスより下の官吏のほとんどが含まれる)の中では郡領のみであり、この制度は規定上は一〇世紀の『延喜式』まで引き継がれている。

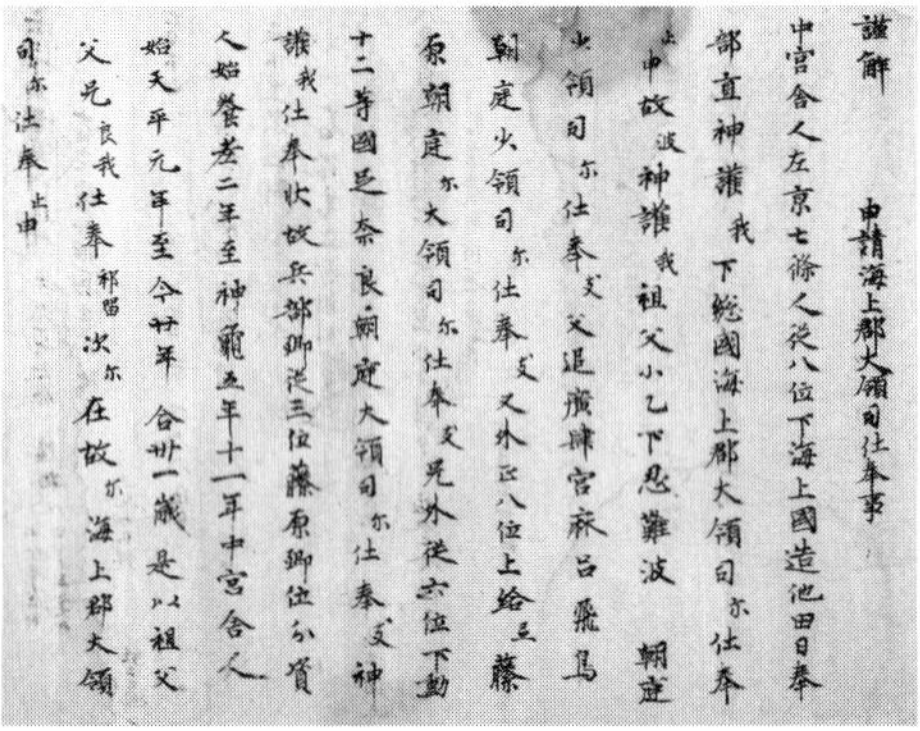
謹解　申請海上郡大領司仕奉事
中宮舎人左京七條人従八位下海上國造他田日奉
部直神護我下総國海上郡大領司尓仕奉
止申故波神護我祖父小乙下忍難波　朝庭
少領司尓仕奉支父追廣肆宮麻呂飛鳥
朝庭少領司尓仕奉支又外正八位上給並藤
原朝庭尓大領司尓仕奉支兄外従六位下勲
十二等國足奈良朝庭大領司尓仕奉支神
護我仕奉状故兵部卿従三位藤原卿位分資
人始養老二年至神亀五年十一年中宮舎人
始天平元年至今廿年合卅一歳是以祖父
父兄良我仕奉祁留次尓在故尓海上郡大領
司尓仕奉止申

図 2–12 「他田日奉部直神護解」

さてその試練の中身だが、太政官の権限で任じられる主政・主帳は書《しょ》・算《さん》の能力が問われたが、郡領については、その「譜第《ふだい》」、すなわち祖先から候補者に到るまでの郡領の経験歴の暗唱であった。いわば天皇への奉仕の歴史を再確認させられたことになる。

正倉院文書《しょうそういんもんじょ》の中に「他田日奉部直神護解《おさだひまつりべのあたいじんごのげ》」というのが残っており、その中で神護は下総国海上郡《しもうさのくにうなかみ》の大領を希望して以下のように記している（図2－12）。

謹《つつし》みて解《げ》し申し請《こ》ふ海上郡《うなかみ》の大領の司《つかさ》に仕《つか》へ奉《まつ》らむこと

中宮舎人《ちゅうぐうどねり》左京七条の人従八位下《じゅはちいのげ》海上国造《うなかみくにのみやつこ》他田日奉部直神護が下総国海上郡の大領の司に仕へ奉らむと申す故《ゆえ》は、神護が祖父小乙下忍《しょうおつげしのぶ》は、（孝徳）難波朝庭に少領の司に仕へ奉りき。父追広肆宮麻呂《ついこうしみやまろ》は、（天武）飛鳥朝庭に少領の司に仕へ奉りき。また外正八位上《げしょうはちいのじょう》を給はりて（持統・文武）藤原朝庭に大領の司に仕へ奉りき。兄外従六位下勲《げじゅろくいのげくん》十二等国足《くにたり》は、（元明・元正・聖武）奈良朝庭に大領の司に仕へ奉りき。神護が仕へ奉れる状は、故兵部卿従三位《こひょうぶきょうじゅさんみ》藤原卿（藤原麻呂）

の位《い》分資《ぶんし》人《じん》として、養老二年（七一八）より始めて神亀五年（七二八）に至る十一年、中宮舎人《ちゅうぐうどねり》として天平元年（七二九）より始めて今に至る二十年、合せて三十一歳。是を以て祖父・父・兄らが仕へ奉りける次《ついで》に在る故《ゆえ》に、海上郡の大領の司に仕え奉らむと申す。（『大日本古文書』三）

この解《げ》（上に対して提出される文書）が誰に宛てられたものかは明らかでないが、おそらくこれと大同小異の内容が、試練の際に「譜第」として言い募られたことであろう。

国府と郡家

国司が政務や儀式を執行する国庁は、後に述べる中央政府の朝堂院や、太政官・八省その他多くの官庁と同様に、庭を取り囲んで南に開くコの字型の建物配置を持っていた。この点は大宰府政庁《せいちょう》や多《た》賀城《がじょう》の中心建物も同様である。国庁や館《たち》が置かれ、国政に関連する役所や工房がまとまっている地域は国府と呼ばれる。かつては大国・中国などといった国のランクに応じて国府の面積に違いがあったという説が行われていたこともあったが、発掘調査の結果からはそういった様相は窺えない。国庁は大きな溝や築地《ついじ》塀《べい》などで囲まれていたが、国府を囲む施設は特にないことが多い。

これに対して郡司の拠点は郡家《ぐうけ》と呼ばれていた。そのうち執務する空間である郡庁《ぐんちょう》は、溝や塀に囲まれ、一応は規則的な建物配置を持っていたが、国庁ほどに整ったものではなく、平面プランは変化に富んでいた。

郡庁のそばには正倉が置かれるのが普通である（図2－13）。国庁は、移転することはあるに

図2-13　下高橋官衙遺跡の正倉の柱穴跡（福岡県大刀洗町）．推定筑後国御原郡衙跡

しても、同時には一国に一カ所だけしかないが、郡家に関しては、正倉とその管理施設などが、郡家とは別の場所にも設けられることがあったようで、これを現在「郡家《ぐうけ》別院《べついん》」と称している。これは税の納入の便宜のためだけでなく、有力者の勢力範囲に由来する可能性もある。

国庁の発掘事例を見ると、若干の例外を除けば八世紀半ば程度までしか遡らないのに対して、郡家の方は八世紀前半以前に遡るものもかなりあるという特徴がある（山中敏史「古代地方官衙の成立と展開」）。これは、郡司の勢力が国司によって奪われていく、逆に言えば国司の、ひいては律令政府の力が本格的に地方に及ぶのは八世紀半ば以降であるということと合致すると評価することも可能であるが、ではそれまで国司はどこでどのように執務していたのか、疑問も残されている。

4　京と五畿七道——政治の区画

五畿七道

これまで、全国の地方行政の区画と、その区画の中をどういった人々が治めていたかについて見てくる間に、西海道(大宰府管内)以外については、特に大きな区画について説明を加えなかったし、「畿内」についても特段の注釈を加えなかった。しかし、西海道は当時の七つの「道」の一つであったし、七道に含まれない「畿内」も、律令国家の本質を考える際に重要な概念である。また日本では国と並立するものとして左右京が設定されてもいる。そこで本節では、こういった行政区画を設けた意義について考えてみよう。

『日本書紀』には、崇神《すじん》天皇(第一〇代天皇)の時代のこととして、北陸に大彦命《おおびこのみこと》、東海に武渟川別《たけぬなかわわけ》、西道に吉備津彦《きびつひこ》、丹波に丹波道主《たにわのみちぬし》の四人を派遣したと記されている。いわゆる四道将軍《しどうしょうぐん》であるが、この記事自体には裏付けとなる史料がなく伝説と言ってよい(埼玉県稲荷山《いなりやま》古墳出土鉄剣の銘に見えるオオヒコは興味深いが)。

しかし大化改新の詔(六四六年)には、東は伊賀《いが》の名墾《なばり》(名張)の横河、南は紀伊の兄山《せのやま》、西は播磨の赤石《あかし》(明石)の櫛淵《くしぶち》、北は近江の狭々波《さざなみ》の合坂山《おうさかやま》(逢坂山)を境として、その内側を「畿内国」とするという規定がある。これはまず間違いなく七世紀半ばの規定で、右に挙げた四つの地点は、都から地方への主要な交通路の上にあった。

やがて東アジアの軍事的な緊張に対処し、中央集権的な全国統治のための通信・交通網を整備するために、都から全国に向けての幹線道路（古代官道《かんどう》）が整えられ、この事業と並行して、天武朝には国境の確定作業が進められた。その結果、先の「畿内国」は倭《やまと》（のち大倭、大養徳、そして大和）、摂津《せっつ》、河内《かわち》、山背《やましろ》（のち山城）の四国に分割され（四畿内《しきない》）、さらに河内国から和泉国が分立して（七五七年）、ここに五畿内《ごきない》が成立した。

いっぽう畿内に入らなかった諸国は、「畿内（きない・うちつくに）」に対して「外国（げこく・とつくに）」、あるいは「四方国《よものくに》」と総称され、都から放射状に出て行く東海道、東山道、北陸道、山陰道、山陽道、南海道、及び西海道という七つの官道に沿う、七つの行政区画（「七道《しちどう》」）に組み込まれた。実際には官道は枝分かれしたり循環したりしないと全国を結ぶことができないが、ともあれ畿外の国々はいずれかの「道《どう》」に所属し、中央政府が出す公文書は、原則的に「道」ごとに作られて逓送《ていそう》された。また官道に置かれた駅《えき》（駅家《うまや》）には、三〇里（約一六キロメートル）ごとに乗馬が配置されて、外交使節や往来する国司などの公使は、これを利用することができた。もちろん、調庸を都に運ぶために徴発された成人男子たち（運脚《うんきゃく》）も、貢調使となった国司や郡司に引率されて、こういった官道を往来したはずである。

このように地方を「道」に分ける方式は、日本で初めて行われたのではもちろんなく、唐でも十道制《じゅうどうせい》が布かれており、都の長安がある雍州《ようしゅう》(開元元〔七一三〕年に京兆府《けいちょうふ》と改称)が関内道《かんないどう》に、東都洛陽《らくよう》のある洛州《らくしゅう》(同年に河南府《かなんふ》と改称)が河南道に属するというように、全国の州は一〇の「道」のいずれかに属していた。ただ、唐の「道」は、都からの道路そのものとの関連は稀薄で、最初から地方官の監察などのための行政区画という色彩が濃い。日本の方がより即物的ということができるだろう。

京と京戸

日本と唐の行政区画を比較して見出せるさらに大きな違いは、「京」と「畿内」にある。唐の都長安は、やや東西に長い方形をした巨大な城郭都市である。しかし、この城郭都市の郭内だけを治める行政機構は存在しない。そもそも中国では、漢代くらいまで人間は城郭の中にしか住んでおらず、ここから郊外に農作業に出かけていた。秦による統一以前の中国は、都市国家の時代とすら言われており、景観的には統一後もそう変わらなかったのである(宮崎市定『宮崎市定全集1　中国史』)。魏晋南北朝時代にようやく城郭外にも人々が集まり住むようになり、これが「村」と呼ばれるようになった(宮崎市定「中国における村制の成立」)。

こうした由来があるので、長安・洛陽のような巨大な城郭都市でも、揚州《ようしゅう》・沙州《さしゅう》のような州治が置かれた地方城郭都市でも、あるいは交河《こうか》県のような県城でも構造は同じであり、城郭とその周りの郊野《こうや》に当たる部分は、同一の機関に治められていたのであった。より具体的には、雍州を改称した京兆府の管轄下には、万年《まんねん》・長安・咸陽《かんよう》・醴泉《れいせん》など計二三の県があり(天宝年間の数字。『旧唐書《くとうじょ》』地理志)、このうち万年・長安の二県が、長安城とその周辺を東西に分割して治めていたのであった(愛宕元《おたぎはじめ》「両京郷里村考」)。そして城内・城外を問わずに、県の下には郷《きょう》—里《り》が設定されており、城内ではこれに重ねて、高い壁に囲まれた四角い坊《ぼう》の区画が設定されていた。つまり、城内に住む人は、戸籍上は○○県○○郷○○里に所属すると同時に、○○坊の住民でもあったのである(坂上康俊「唐代の都市における郷里と坊の関係について」)。

城郭都市という伝統がなく、作ろうともしなかった日本では、もっと単純な仕組みを採用した。大和国の中に藤原京・平城京といった都を作りながら、都(京域《きょういき》)の中を治める左右《さう》の京職《きょうしき》と、京域の外を治める大和国とは互いに管轄が重ならないようにし、大和国では他の諸国と同様に国—郡—里の制度を布き、国司・郡司・里長が置かれたのに対し、京域内では京—条—坊という制度を作り、左右の京職・坊令《ぼうれい》(のち条令《じょうれい》)・坊長《ぼうちょう》を置いたのである。京域内の住民は、条坊制という碁盤目のような区画をそのまま戸籍上の本貫とした。つまり、大和国の住人は大和国○○郡○○里という本貫(本籍地)を持つのに対し、京域内の住民は左(もしくは右)京○条○坊を本貫としたのである。

今、「京域内の住民」という表現をしたが、これは実は逆転した言い方である。むしろ京に住むべき人間を限定して彼らを「京戸《きょうこ》」とし、彼らの戸籍を京内の条坊に貼り付けたといった方が正しい。なぜなら「京職の庚午年籍《こうごねんじゃく》」という言葉が平安時代に見えることから(『続日本後紀』承和《じょうわ》六(八三九)年七月二三日条、『同』承和一〇年正月一五日条)、天智朝の六七〇年という、近江に大津宮《おおつのみや》はあったものの条坊制を持った京域が設定されたとは思えない時期に、すでに「京戸」と呼ばれる人々が登録されていたことがわかるからである(吉川真司「律令体制の形成」)。

その「京戸」は、そののち飛鳥浄御原宮《あすかきよみはらのみや》の時代になると、庚寅年籍《こういんねんじゃく》(六九〇年)にも継続して登録され、藤原京が造営されてそこに遷都する際には(六九四年)、京内に宅地を班給されて文字通りの「京戸」となり、そして平城京や長岡京、さらには平安京への遷都の際にも、そのまま京内に戸籍を持ち続け、宅地を班給されたはずである。

このように、日本古代の京の住民は、特に京に戸籍を持つ住民は、そこが京になる前から住んでいた人や、京ができたから集まってきた人というのではなく、七世紀の七〇年代に近江で登録され、いくたびもの遷都を越えて子々孫々登録され続けた人々なのである。その中には、もちろん下級官人層も大勢いたが、有力貴族の大半が含まれていたことは間違いない。

畿内制

その有力貴族たちは、もともとは大和や河内などの畿内各地に基盤を持って続いてきた豪族たちの子孫であった。ただ、これも逆転した言い方であり、大王が宮を構え、大王を支えてきた豪族たちが勢力基盤としてきた地域を、大化改新の際に「畿内国」として設定し、それが後の「畿内」(四畿内・五畿内)になったというのが正しい。

「畿内」という言葉も、もちろん中国に古来からあり、唐代の史料にも見えている(大津透

「中国における畿内制」)。ただ唐代の畿内というのは、京兆府の管轄下の県のうちの万年・長安の両県を「赤県《せきけん》」、華清池《かせいち》がある昭応県《しょうおう》など周辺の七県を「次赤県《じせきけん》」、さらに周辺にある咸陽などの一四県を「畿県《きけん》」とした、その全体を指していた(『元和郡県図志《げんなぐんけんずし》』)。つまり京兆府の管轄域が「畿内」であった。これに東都洛陽を抱える河南府、北都太原を抱える太原府の管轄の県が加わる。ただ唐の畿内には、そこから戸籍をよそに移すことを制限するという以上の規定は見られない。この制限の目的は、首都の防衛や土木工事のための労働力を維持することにあり、税制上の特別措置はない。

　これに対して日本の畿内では、京とともに調は半減し、しかも当時の貨幣に当たる布(のち銭)のみが徴収され、庸は全免されている。これは天皇のお膝元ということで優遇措置が取られたとも、京・畿内の人々は雇役という形で実際の労働に徴発されることが多かったから、それを慮《おもんばか》ってとも解釈できないではない。しかし、こういった事情は唐でも同じであったはずなのに、唐では一切そのような減免措置が見られないのは不思議である。

　ここで参考になるのが、前述した日本の調庸の特徴である。日本の調は、かつて国造が服属の証《あかし》として大王に献上していたミツギモノの後身であり、日本の庸は、これも国造が服属の証として大王に奉仕させてきた人々への仕送りの後身という面を持っていた。そうであるならば、京と畿内諸国からは、国造の服属の証が提出されなかったことになる。

なぜそれでよいのか。畿内にも国造はいないではないが、彼らの影は限りなく薄い。それもそのはずで、畿内の有力豪族たちは、大王を推戴して朝廷を構成し、それを支える立場に自らの身を置いたのであって、彼らは大王と婚姻関係を重ねてその後ろ盾となったり、あるいは軍事や祭祀などの専門職として大王に奉仕する道を選んだのであった。この時期の大王を、大津透は比喩的に「畿内の国造」と表現しているが、その「畿内の国造」への諸国の国造からの服属の証の後身が、天皇への調庸の進上であったとすれば、天皇のお膝元からはこれが進上されないのは当然ということになろう(大津透「律令国家と畿内」)。

ずっと後世の『延喜式』には、計帳の様式の規定に続けて、左のような不思議な規定があり、左右京・六十六カ国・二島からなる全国の人と調庸物の総計は、天皇のみが知り得たことがわかる。

凡《およ》そ京畿内諸道惣《すべ》て七十国の人・物の惣数《そうすう》は、勅《ちょく》有るに非《あら》ざるよりは、たやすく勘申《かんしん》せざれ。ただし十国已下《いか》ならば、官宣《かんせん》に依《よ》りて勘《かんが》へよ。

唐の貴族官僚たちが租調庸の収支の数字を知り、これについて議論していたのとは異なり、畿内の有力豪族の後身である日本の貴族官僚は、天皇の許可がなければ、調庸の量を議論の対象にしてはならないのである。彼らは調庸の中から、天皇によって季禄・位禄などの俸禄を割き取って下賜されるのを待つ存在に過ぎなかった。調庸が「畿内の国造」に対する服属の証の後身である以上、貴族官僚たちが口を出しうる物ではなかったのである（坂上康俊「奈良平安時代人口データの再検討」）。

官僚制の仕組み

かつて大和朝廷を構成していた豪族たちは、それぞれの勢力基盤、経済的基盤を畿内の各地にある程度保ちながらも、七世紀を通じて次第に大王の宮の近辺への集住が求められるようになり、やがて京戸に登録されて京域内に宅地が与えられるようになった。他方で彼らには、冠位《かんい》十二階に起源を持つ位階が授けられ、やがて位階とそれに相当する官職の一覧表とも言うべき官位令《かんいりょう》が制定されて官位相当制《かんいそうとうせい》が確立すると、ピラミッド状に体系的に組み立てられた律令官僚制の中に身を置くことになった。

官僚機構の頂点には太政官が位置した。大宝令の規定では、太政官は、太政大臣《だいじょうだいじん》（通常は任命されない）一人、左右大臣《さうだいじん》各一人、大納言《だいなごん》四人からなる議政官《ぎせいかん》（公卿《くぎょう》）と、その下の事務機構と言うべき左右弁官局《さうべんかんきょく》・少納言局《しょうなごんきょく》（外記局《げききょく》）から構成される。早くも慶雲二（七〇五）年には、大納言の地位が高すぎて任命に不便であるという理由で、大納言の定員を削って中納言を置いたことはすでに述べた。また、皇親が任じられる知太政官事という役職が設けられたことがあり、大臣クラスの議政官として国政に関与したらしいことも前述した。さらに後には、唐の宰相にならって参議も、議政官の末席に加えられた（虎尾達哉「参議制の成立」）。

議政官たちは、天皇が詔書を出す際に署名して同意の意を示し、また官僚機構から天皇に奏上される案件の事前審査を行い、時には自ら主体的に天皇に提案したり、軽微なことであれば天皇の決裁を受けることなく自ら命令を出したりすることもできた。

議政官には、奈良時代の半ば頃まで、有力な氏族から一人ずつ選ばれる慣例になっていたようである（阿部武彦「古代族長継承の問題について」）。これが初めて破られたのは、先に参議になっていた藤原房前《ふささき》に加えて、兄の武智麻呂《むちまろ》が参議に任じられた時であり、天平時代前半には、不比等《ふひと》の四人の息子（武智麻呂、房前、宇合、麻呂）が議政官に並ぶことになる。こういった藤原氏の勢力拡大に押されるように、巨勢《こせ》・石川《いしかわ》（もと蘇我《そが》）などといった名族が没落していき、多《た》治比《じひ》・大伴《おおとも》・石上《いそのかみ》（もと物部《もののべ》）もその後を追っていく。

二官・八省・五衛府《えふ》・一台と称されることがある在京諸司《ざいきょうしょし》（中央政府）の官僚は、職員令《しきいんりょう》に見える定員をもとに計算すれば、四等官《しとうかん》（長官・次官・判官《はんがん》・主典《さかん》）などの官位相当規定のある官に任じられていたのが約五〇〇人、その下に置かれた史生・使部たち以下がおおよそ五〇〇〇人程度であったとされているが、もちろん時代が降るにつれて官僚の数は増えていった。

彼らのうち三位《さんみ》以上の位階を持つ者が「貴」、五位以上が「通貴」とされ、これが貴族ということになり、前章で触れたように、大宝初年には一一九人と数えられている（親王を除く）。下級官僚が孜々《しし》として務め、天皇の許可を受けて五位のラインを突破していくのが容易でないのは、

このころの　我《あ》が恋力《こいぢから》記し集め　功に申さば　五位の冠《かがふり》

という戯《ざ》れ歌が、『万葉集』(巻一六、三八五八番)に収められていることからも了解されるだろう。

最も下の位階である少初位下《しょうそいのげ》から、五位に上がる直前の正六位上《しょうろくいのじょう》までは一五階ある。四年間毎年「中上《ちゅうのじょう》」(九等評価で上から四番目)の勤務評定を重ねたとして、その結果上がるのは三階だけだから、二〇年かかって正六位上にたどり着く計算になる。大宝令の施行直後はなかなか「中上」も貰えなかったことが、木簡の削りくずから明らかになっているし(寺崎保広「考課木簡の再検討」)、またそもそも令の規定では六年勤めて位階が上がることになっていたから(慶雲三年に四年となったことは先述した)、これでは三〜四〇年かかってようやく五位に手が届く次第となる。

もちろん貴族の子孫には蔭位《おんい》の制度が適用されるので、彼らは末端から這《は》い上がる必要はない。貴族の子弟たちは、まずは官僚見習いとして内舎人《うどねり》・大舎人《おおどねり》などに任じられ、その後急速に昇進して五位の線を突破し、各官庁の次官・長官を歴任、トップクラスはその後議政官に昇る。そのころの官庁では、四等官制とはいっても唐のように決裁の文書に各人がサインすることで責任を明確にするという仕組みではなく、主典(書記官)が読み上げるのを皆で聞き、場合によっては議論し、最後は長官が口頭決裁するということで「共知」という名目を得ていたらしい(吉川真司「奈良時代の宣」)。その長官には、通常は貴族の子弟しかなれなかったから、結局官僚世界の中の階層性は再生産され続け、下積みは一生決裁などとは無縁に過ごすことになる（佐藤全敏「正倉院文書からみた令制官司の四等官制」）。

こういった中央政府の官僚たちは、下毛野氏や吉備氏などの少数の例外を除いて、畿内の出身者で占められていた。彼らはまた、国司などの地方官として赴任もする。大化から大宝までの年月をかけて、臨時に派遣されていた国司が常駐になり、律令制の施行後はいっそう郡司たちの勢力・権威を奪い取っていく。長い目でこの過程を見れば、律令国家の成立とは、天皇を頂く畿内豪族らによる全国支配の達成という評価も可能となる（関晃「律令国家の展開」）。

第三章　平城遷都

1　中継ぎ女帝の即位

八世紀の時期区分

政治や社会の状況、国際情勢などの変化をもとに、大括りに平城京の時代の歴史を説明しようとするならば、天平時代が大きな分水嶺《ぶんすいれい》になるだろう。その天平時代をさらに分け、あえて地図上に峠を書き込もうとするならば、それは天平年間の半ば、天平七(七三五)年に「王城国《おうじょうこく》」と名乗ってきた新羅《しらぎ》国からの使者を強制的に帰国させた事件と、天平九年の疫病大流行とになると思うが、今はそこまで踏み込まない。

この峠に到るまでの道のりは、唐帝国をお手本に仰ぎながら、設計図でもありマニュアルでもあるように作ってみた日本の律令に従って、これを忠実に実施しようとするのが政策の基調であった。その過程を通じて、東アジア世界のパワー・ゲームの中で、ある程度の国際的緊張を強いられつつも、中央政府の力が地方社会の深部へと徐々に及んでいったのである。この間は、基本的に人口が増加し、したがって税収も増加、それと並行して条里制などの社会基盤が整備されていく、右肩上がりの時代であった。

これに対して天平後半以降の政策基調は、国際関係の変化と地方社会の変質、それに皇位継承の混迷が影響して、それまでとは異なる様相を強いられることになり、これまでの経験を踏まえて、自らの道を開いていかなければならなくなった。地図を頼りに懸命に目の前に見えている峠への道を登ってきたら、眼前に現れたのは美田の広がる王道楽土ではなく、起伏に富み、見通しのきかない高原だったのである。必ずしも荒野というわけではなかったが。

女帝の時代

さて、唐の律令を参照しながらも、日本での論理を組み込んで作り上げた律令体制は、まずは順調に運営され始めた。大きな誤算だったのは、この体制を慶賀をもって導入した文武《もんむ》天皇が、父の草壁皇子《くさかべのみこ》（享年二八）から蒲柳《ほりゅう》の質を受け継いだのか、慶雲四（七〇七）年六月に二五歳の若さで死去したことである。大宝元（七〇一）年に文武と藤原宮子《みやこ》との間に生まれた首皇子《おびとのみこ》（後の聖武《しょうむ》天皇）は、まだわずか七歳に過ぎなかった。ちなみに宮子の妹で、後に聖武天皇の皇后になる藤原安宿媛《あすかべひめ》（光明子《こうみょうし》）も同じ歳である。

急遽、文武の母、天智の娘、持統の妹で草壁皇子のキサキであった阿閇皇女《あへのひめみこ》が即位する。こうして即位した元明《げんめい》天皇と、次の元正《げんしょう》天皇（文武の姉）とは、ともに女帝である。推古《すいこ》女帝以来、皇位継承が円滑に運びそうにない時に、女帝が中継ぎとして立てられる慣例があった。当初は天皇（大王）のキサキが立てられており（推古・皇極《こうぎょく》〔斉明《さいめい》〕・持統）、元明の場合も故・皇太子のキサキということで、これに準じて考えられる。

『万葉集』（巻一、七六・七七番）には、次のような気がかりな歌のやりとりが収められている。

和銅元（七〇八）年戊申《ぼしん》
（元明）天皇の御製
ますらをの　鞆《とも》の音すなり　もののふの　大臣《おおまえつきみ》　楯《たて》立つらしも
御名部皇女《みなべのひめみこ》の和《こた》へ奉《まつ》る御歌《みうた》
我が大君《おおきみ》　物な思ほし　皇神《すめがみ》の　副《そ》へて賜《たま》へる　我がなけなくに

この二つの歌が、いかなる場面でかわされたのか、それは明らかではないが、持統天皇が即位式を挙行した際に石上《いそのかみの》（物部）麻呂《まろ》が大盾《おおだて》を立てたことが『日本書紀』に見えているので、それと同様の儀式が営まれようとしている時ではないかと推測されている。それにしても、元明天皇の不安そうな様子、それに答える同母の姉の励ましようは異様である。

元明即位当時、天武天皇の皇子（文武の伯父・叔父たち）で存命中の者には、穂積《ほづみ》親王（母は蘇我《そがの》赤兄《あかえ》の娘）、長《なが》親王（母は天智の娘・大江皇女《おおえのひめみこ》）、舎人《とねり》親王*（母は天智の娘・新田部皇女《にいたべのひめみこ》）、新田部《にいたべ》親王*（母は藤原鎌足《かまたり》の娘・五百重娘《いおえのいらつめ》）がいた。さらに壬申《じんしん》の乱で大活躍し、後に太政大臣に任じられ、後皇子尊《のちのみこのみこと》とまで呼ばれた故・高市皇子《たけちのみこ》の息子の長屋《ながや》王*（母は天智の娘・御名部皇女）もいる。（*を付けたのは、元正即位時にも存命の者）

おおよそ七世紀に入る頃から、天皇（大王）家では族内婚化が進み、舒明《じょめい》・皇極（斉明）・孝《こう》徳《とく》・天智・天武・文武といった歴代天皇の母は、みな皇族出身者であった。こうした中で、藤

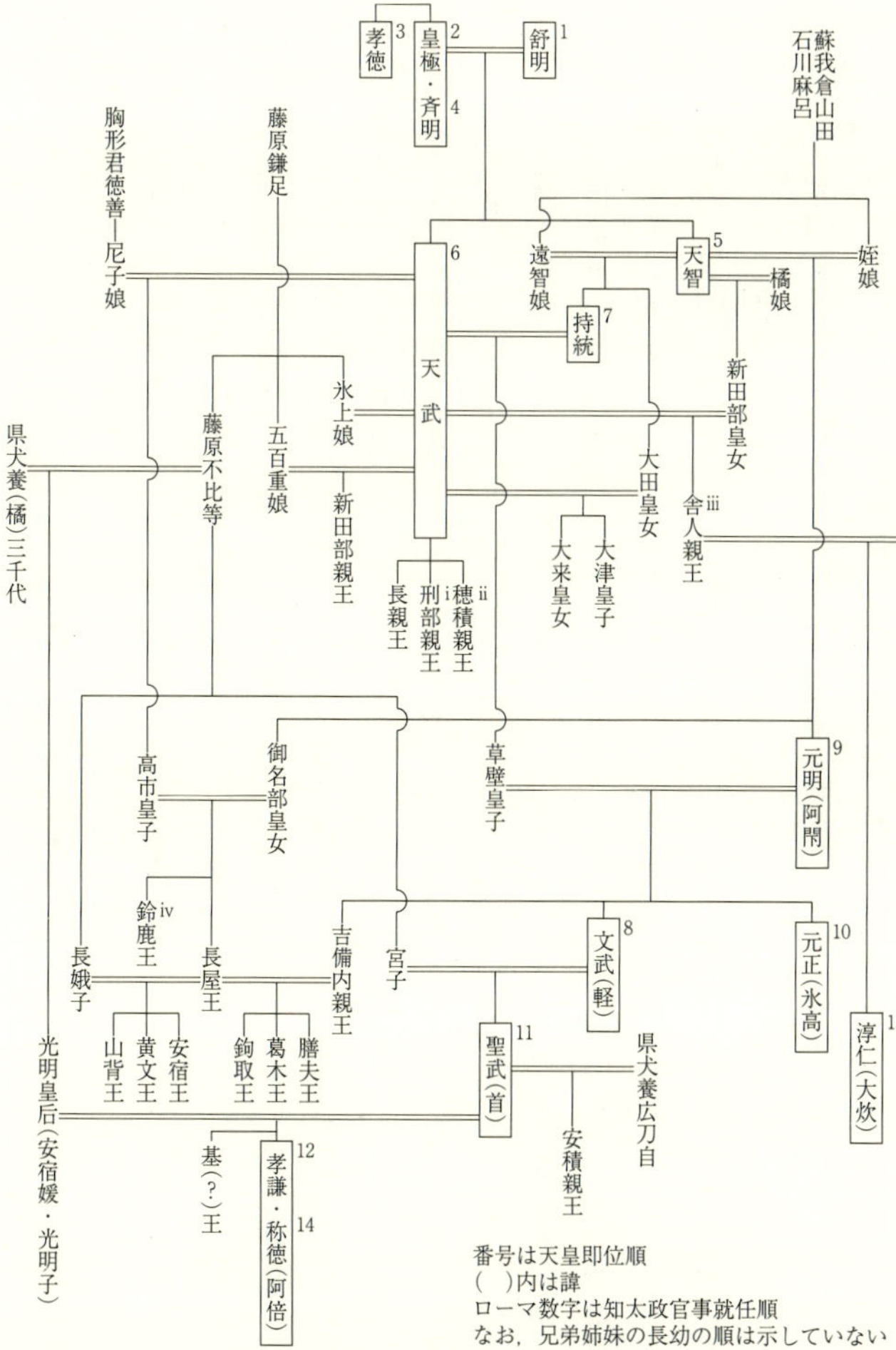

舒明 1
皇極・斉明 2 4
孝徳 3
蘇我倉山田石川麻呂
天智 5
天武 6
持統 7
文武(軽) 8
元明(阿閇) 9
元正(氷高) 10
聖武(首) 11
孝謙・称徳(阿倍) 12 14
淳仁(大炊) 13
遠智娘
姪娘
橘娘
新田部皇女
大田皇女
舎人親王 iii
当麻山背
大津皇子
大来皇女
長親王
刑部親王 i
穂積親王 ii
胸形君徳善—尼子娘
藤原鎌足
氷上娘
五百重娘
新田部親王
藤原不比等
県犬養(橘)三千代
高市皇子
御名部皇女
草壁皇子
鈴鹿王 iv
長屋王
長娥子
吉備内親王
宮子
山背王
黄文王
安宿王
鉤取王
葛木王
膳夫王
光明皇后(安宿媛・光明子)
基(?)王
県犬養広刀自
安積親王
番号は天皇即位順
( )内は諱
ローマ数字は知太政官事就任順
なお，兄弟姉妹の長幼の順は示していない

図 3-1 天皇家略系図

原宮子が生んだ首皇子の即位を実現させるには、先に挙げた有力な親王・諸王たちの存在が気にならざるを得ない。彼らもいわゆる「吉野《よしの》の盟約《めいやく》」で草壁への、そして軽《かる》(文武)への皇位継承という路線までは納得していただろうが、果たして首《おびと》(聖武)までをもそのまま認めていただろうか。そこで慶雲四(七〇七)年七月の元明天皇即位の際には、次に触れる「不改常典《ふかいのじょうてん》」を持ち出して元明即位の正統性を強調し、一方でその直後には授刀舎人寮《じゅとうとねりりょう》という、文字通り帯剣してボディーガードの役割を果たす武官を設け、警戒を厳重にした。こういう緊迫した状態が、先の歌を生み出したのである。

　これらの諸皇子を処遇することも一つの目的として、持統太上天皇が没した直後の大宝三(七〇三)年正月には刑部《おさかべ》親王が知太政官事《ちだいじょうかんじ》に任命され、以降、穂積親王、舎人親王、鈴鹿王《すずかおう》と、断続的に任命される(一二一～一二二頁参照)。皮肉にも、先の歌の贈答では元明を励ました御名部皇女の息子・長屋王が、この先首皇子の最大のライバルと見なされていくのだが、草壁皇子の娘・吉備内親王《きびないしんのう》(元正・文武の妹)を妻とした彼は、慶雲元(七〇四)年には無位《むい》から一挙に正四位《しょうしいの》上《じょう》を授けられ、元明・元正両女帝の治世下で順調に昇進し、藤原不比等《ふひと》が養老四(七二〇)年に死去すると、従二位《じゅにい》右大臣として政界のトップに立った。

不改常典

　元明天皇即位の際の宣命《せんみょう》に、「不改常典」が初めて登場した。

かけまくも威《かしこ》き藤原宮御宇倭根子天皇(持統天皇)、丁酉の八月に、この食国天下《おすくにあめのした》の業《わざ》を日並知皇太子（草壁皇子）の嫡子、今御宇つる天皇（文武天皇）に授け賜《たま》ひて並び坐《いま》して、この天下《あめのした》を治《おさ》め賜ひ諧《ととの》へ賜ひき。是《これ》は、かけまくも威《かしこ》き近江大津宮御宇大倭根子天皇（天智天皇）の、天地《あめつち》と共に長く日月《ひつき》と共に遠く不改常典と立て賜ひ敷き賜へる法《のり》を、受け賜り坐《ま》して行ひ賜ふ事と衆《もろもろ》受け賜はりて、恐《かしこ》み仕奉《つかえまつ》りつらくと詔《の》りたまふ命《おおみこと》を衆《もろもろ》聞きたまへと宣《の》る。

（中略。息子である文武の譲位の意志を受け入れて、即位することを述べる）

故《かれ》、ここをもって親王《みこたち》を始めて王《おおきみたち》臣《おみたち》・百官人《もものつかさのひとども》等の、浄《きよ》き明《あか》き心を以《もっ》て、弥務《いやつと》めに弥《いや》結《しま》りにあななひ奉《まつ》り輔佐《たす》け奉らむ事に依りてし、この食国天下《おすくにあめのした》の政事《まつりごと》は、平《たひら》けく長《なが》く在らむとなも念《おもお》し坐《いま》す。また天地《あめつち》と共に長く遠く不改常典と立て賜へる食国法《おすくにののり》も、傾《かたぶ》く事無く動《うご》く事無く渡り去《ゆ》かむとなも念《おもお》しめさくと詔《の》りたまふ命《おおみこと》を衆《もろもろ》聞きたまへと宣《の》る。

「不改常典」とは何なのか、議論はさまざまに行われているが、少なくとも天智天皇の権威を全面に押し出して、その定めた「常典《つねののり》」の遵守《じゅんしゅ》を誓い、また呼びかけていることは確かである。したがってこの即位という場面では、蘇我《そが》氏本宗家《ほんそうけ》を倒した乙巳《いっし》の変（六四五年）以来、いわゆる近江令《おうみりょう》（その内実がどの程度のものであったかは、今は問わない）を制定、律令国家建設への指針を示した者として、新王朝の創始者にふさわしい「天命開別天皇《あめみことひらかすわけのすめらみこと》」という諡号《しごう》を贈られた天智天皇を想起させ、その権威にすがることで皇位継承を正当化しようとしたものであったことは間違いあるまい。

すでに文武三年一〇月に天智陵の修造が命じられているように、当時の皇統は、天武系であることを強く意識していたわけではなく、そういう意識が強く打ち出されたのは、むしろこれから七、八〇年後の光仁《こうにん》・桓武《かんむ》両天皇の時代であった。中大兄皇子《なかのおおえ》(後の天智天皇)が主導してクーデタを断行し、大化改新《たいかのかいしん》以降の国家建設に邁進《まいしん》したという物語が、最終的にまとめられて『日本書紀』に収められたのは元正天皇の時代、養老四(七二〇)年であり、その編纂《へんさん》総裁には舎人《とねり》親王が就《つ》いている。彼らの時代の体制(レジーム)を創ったのは天智であるということは、いわば自明の共通認識となっていたと言えよう。天智の定めたものとされた「不改常典」にも、彼らのこういった意識が表明されており、皇位継承のたびに想起させられていたのである。

2　平城京と平城宮

藤原京と平城京

女帝即位自体は中継ぎ的なものであっても、その時々の施策までもが中途半端なものだったわけでは決してない。平城遷都、和同開珎《わどうかいちん》の発行、『古事記』『日本書紀』の完成、また養老令《ようろうりょう》の編纂といった国家事業は、その始まりはともかくとして、すべて元明・元正両女帝の時代の出来事であった。

和銅元(七〇八)年二月一五日、元明天皇は「方今《ほうこん》、平城《へいじょう》の地は、四禽《しきん》、図《と》に叶《かな》ひ、三山《さんざん》、鎮《ちん》と、遷都とを命じた。すでに文武天皇在世中の慶雲四(七〇七)年二月に「諸王臣《しょおうしん》五位以上に詔して、遷都の事を議せしむ」とあることから、このころには藤原京を廃して新しい都城を造ろうとする動きがあったことがわかる。

平城遷都の動機として最も考えやすいのは、大宝の遣唐使の見聞であり、その帰朝報告である。そう考える理由の第一は、藤原京の平面プランと平城京の平面プランとの違いにある。藤原京は、京域の中央に天皇の居所である内裏《だいり》と、大極殿《だいごくでん》及び朝堂《ちょうどう》が配置されていたが、これは中国の古典の一つ『周礼《しゅらい》』の考工記《こうこうき》に範《はん》を取ったものであった。『周礼』は、実際には戦国時代末期に編まれたらしいが、周《しゅう》の宰相《さいしょう》で孔子《こうし》が理想的な政治家と崇《あが》めた周公旦《しゅうこうたん》の著作と仮託《かたく》され、後世まで影響を与え続けた。隋《ずい》が簒奪《さんだつ》した王朝の北周や、武則天《ぶそくてん》(則天武后《そくてんぶこう》)の周は、特に官制《かんせい》の面で、いずれも『周礼』をモデルとしている。

日本では、六七〇年以降の遣唐使中断中に藤原京造営を推進したが、その時には中国の古典の『周礼』を教科書としておけば間違いないと考えたのだろう。ところが三〇年ぶりの遣唐使が唐の長安に行ってみると、長安城の平面プランは、北側中央部に皇帝の居所(宮城《きゅうじょう》)と官庁街(皇城《こうじょう》)を設けたもので(図3-2)、天命《てんめい》思想のもと、都でも天子《てんし》が中心にいるべきだとする王制時代の『周礼』に拠ったものではなく、同じく天子ではあるが、皇帝を天空の回転の中心

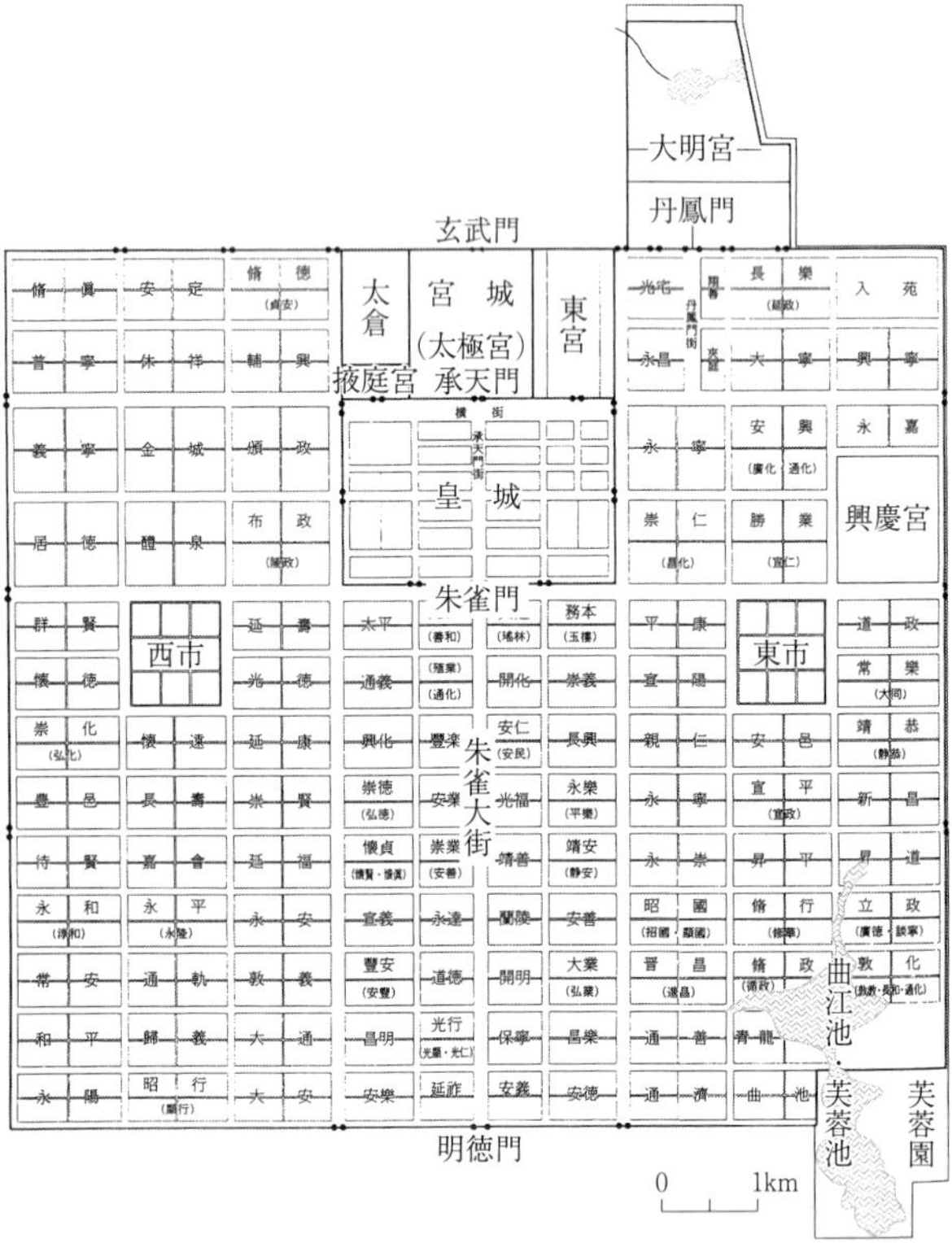
大明宮
丹鳳門
玄武門
太倉
宮城
(太極宮)
東宮
掖庭宮
承天門
皇城
興慶宮
朱雀門
西市
東市
朱雀大街
曲江池
芙蓉池
芙蓉園
明徳門
0
1km

図 3-2　唐・長安城の復原

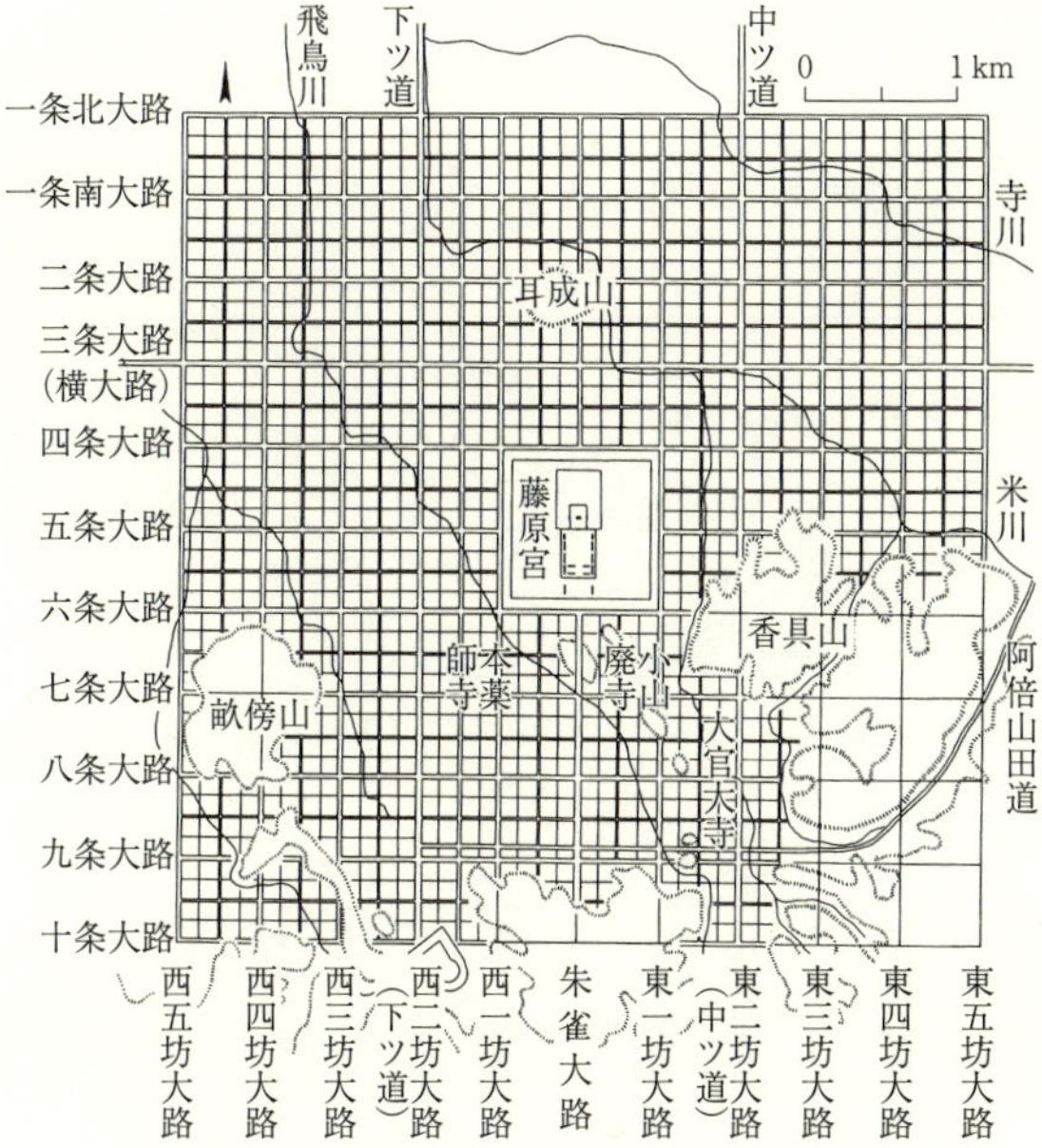

図 3-3　藤原京の復原(一部の条坊は模式図，条坊呼称は便宜的に平城京に準じる)

である北極星になぞらえる思想が、いっそう強まっていたのである(妹尾達彦『長安の都市計画』)。

ただ、これだけならば長安城が大興城《だいこうじょう》と呼ばれていた隋の時代から倭国の人々には知られていたはずで、それを承知の上で『周礼』を範に藤原京を作ったはずであった。しかし、現実に国際都市長安城の繁栄ぶりを目の当たりにしてみると、やはり同型の平面プランへの憧《あこが》れが生じるのはやむを得ない。これに後述するような儀礼《ぎれい》空間の設営の必

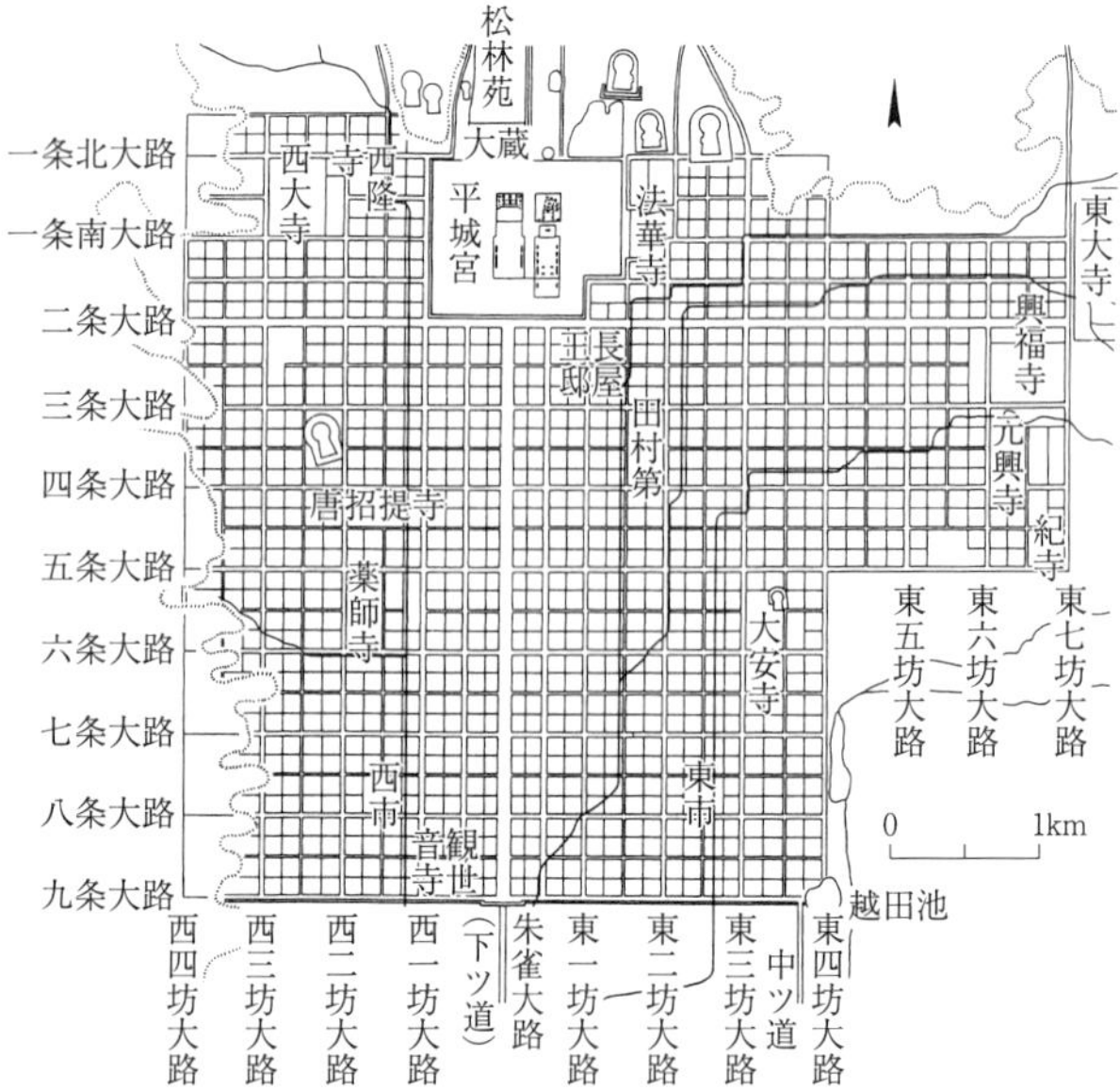

図3-4　平城京の復原

要性が加わった。こういった必要を、藤原宮《ふじわらきゅう》の敷地内で満たすのは無理である。さらに藤原京域には畝傍《うねび》・耳成《みみなし》・香具《かぐ》の大和三山《やまとさんざん》が含み込まれており、起伏があって風趣には富むが、広々とした空間というわけにはいかない。儀礼空間としての朱雀大路《すざくおおじ》も、南の方では丘陵に乗り上げてしまう。それにそもそも藤原京域は南東側が高く北西側が低いので、京中の排水が宮の側を流れていくという問題に加え、天皇が低地にいて、仰ぎ見るように南面するというのは、いかにも不都合であった(図3-3)。

こういった諸問題を一気に解決

しようとしたのが和銅三(七一〇)年の平城遷都である。新しく宮が置かれた場所は、北方から延びてきた数本の丘陵と谷からなる地形をならして造成されている。京域全体も南に向かって緩やかに傾斜しており、広々とした立地が得られたのであった(図3-4、5)。同年三月一〇日、元明天皇は新築成った東区の正殿《せいでん》(「大安殿」? 第二次大極殿)に移り、中央区の正殿(第一次大極殿)としては、藤原宮の大極殿が移築されることになった。和銅八(七一五)年正月になってようやく、この大極殿を用いた元日の朝賀の儀式が挙行された。この大極殿は、恭仁京《くにきょう》遷都の際にもそちらに持って行かれ、最終的には山背《やましろ》国分寺に施入された。

図3-5　平城宮(中央区)跡(2010年)

和同開珎の発行

京や宮の造営には、大量の労働力が必要である。第二章で述べたように、大宝令《たいほうりょう》の編纂者は、こういった際に必要な労働力を、雇役《こえき》という形で調達しようとしていた。雇役の徴発は強制的だが、一応定まった雇賃《こちん》を支払うことになっている。ところが、その雇役するための元手となる庸《よう》(年一〇日の歳役《さいえき》の代わりに出す布等)は、慶雲三(七〇六)年二月に、令の規定の半分に減らされていた。慶雲元年に帰国した大宝の遣唐使の報告を承け、慶雲四年には遷都が朝廷で議論されていたにもかかわらず、その間に歳役の庸を半減するというのは、公民にとってその負担が、よほど重くのしかかっていたからであろう。どうみても遷都の事業を推進するには、相当苦しい財政状況であったと言わざるを得ない。

そういうところに、武蔵国秩父郡《むさしのくにちちぶ》で和銅(精錬を必要としないほど純度の高い自然銅)が見つかったという知らせが入る。これを祝って慶雲五(七〇八)年正月一一日に改元して和銅元年とした。この年号は和同というめでたい言葉に和銅をかけたものである。改元を告げる詔書が『続日本紀』に載っているが、不自然に見えるほど手放しの喜びようが伝わってくる。それもそのはず、これでもって二つの懸案が一挙に解決できたからである。

一つは言うまでもなく、新都(平城京)造営のための財源問題、もう一つは国家の体裁を整えるための銭貨発行(図3-6)。

財源問題から説明すれば、要するに雇役の雇賃を銭(一日に一文《もん》、すなわち和同開珎一枚)で支払うことにしたのである。銅の地金《じがね》よりも遥かに高い法定価格を付けて。もちろん銭をもらっても、これと欲しいものとが交換できるということまで政府が保証しているわけではない。そういう強制は無理だということは、「新しく出した銭には旧銭の一〇倍の価値がある」と宣言してはそれが無視されるという事態を繰り返した八世紀後半以降の時代とは異なり、和同開珎を発行した当時の政府はわかっていたのではないかと思う。

銭貨流通策

そこで取られた一つの保証法が、和銅四(七一一)年に出された蓄銭叙位《ちくせんじょい》令《れい》であった。大量の銭を蓄えれば相応の位階を授けるという制度は、いわば位階を本位とする制度とも呼ぶことができ、当時はまだ、低い位階でも十分に価値を認められていたから、この制度には一定の効果が期待された。しかし、大口の蓄銭家だけを相手にしていては、銭がスムーズに広く大量に世間に流入していかず、したがって利ざや(地金と法定価格との差)を稼ぐことができない。蓄銭による叙位が、同年一一月の例しか見えないことは、この間の事情を物語っているのだろう。後に大仏・国分寺の造営の際に多用された献物《けんもつ》叙位(稲穀《とうこく》や銭などを国家に献納し、褒美として位階をもらうこと)の事例を参照すると、こういう売位《ばいい》は次第に位階の安売りに陥る傾向があり、蓄銭叙位を早々にあきらめたのは、むしろ賢明だったと言うべきだろう。

図 3-6　和同開珎
1. 大阪市細工谷遺跡出土枝銭
2. 長門国鋳銭所跡出土鋳型
3. 中国陝西省西安市何家村出土和同開珎銀銭(径 2.4 cm)

そこで京内や畿内諸国に限っては、調を銭で納めさせたり（調銭《ちょうせん》）、さらには雑徭《ぞうよう》をも銭で代納させることにしたのであった（徭銭《ようせん》）。要するに、公民たちに調銭や徭銭を出すことを強制し、そのためにどうしても彼らが銭を集めたり、あるいは受け取ったりせざるを得ない仕組みを作ったのである。この仕組みは、利ざやを稼ぐことに主眼があるのではなく、一時に大量の労働力を確保し（雇役の代価として銭を流通過程に入れる）、その支払いを長期にわたらせる（銭を少しずつ調や雑徭という名目で政府に回収する）ことに意味があるものである（栄原永遠男《さかえはらとわお》「律令国家と日本古代銭貨」）。これによって平城京造営の財源問題は片付いたのである。なんというタイミングの良さ。だからこその手放しの喜びようなのである。

もう一方の国家の体裁のことにも触れておく。和同開珎は和銅元年五月に銀銭が作られ、八月からは銅銭が鋳造されるようになり、和銅三年には銀銭の流通が禁止された。その銀銭が、長安の興化坊《こうかぼう》に当たる場所の何家村《かかそん》遺跡（西安市）から出土している（図3－6の3）。これは、養老元（七一七）年に派遣された、多治比県守《たじひのあがたもり》を押使《おうし》とし、藤原宇合《うまかい》も副使として加わった遣唐使（玄昉《げんぼう》・阿倍仲麻呂《あべのなかまろ》・吉備真備《きびのまきび》らが同行）が唐都にもたらした可能性が大きい。すでに本国では流通が禁止されている銀銭をもたらした意図がどのあたりにあるか、想像するのは難しくない。

一方、後に登場する渤海《ぼっかい》の都、上京龍泉府《じょうきょうりゅうせんふ》の遺跡からも、和同開珎の銅銭が出土したという。これは、戦前に日本の調査団が、遼寧《りょうねい》省の牡丹江の近くにある同遺跡で発見したものだが、こちらは現在行方不明といういささかミステリアスな状況になっている。渤海が日本銭の流入を歓迎したとも思えないので、渤海使が持ち帰ったか、遣渤海使が持ち込んだかは定かでないが、記念のメダル以上のものではなかったろう。しかし、こうして日本は、唐と同様に銭貨を発行している国家という体裁を整え、それを示し得たのであった。

平城宮の平面プラン

ここで、藤原宮と平城宮のプランの違いについて触れておく。藤原宮では内裏《だいり》・大極殿・朝堂が南北に連なっており、これは孝徳《こうとく》朝の難波宮《なにわのみや》の例を踏襲したものであった（図３－７）。

これに対して平城宮では、朱雀門を入った正面には、即位や元日の朝賀、さらには外国の使節を迎えたりといった大規模な儀式を行うために、北に巨大な東西建物（大極殿）、東西には南北に長い建物を建て（いずれも礎石建物）、築地《ついじ》塀《べい》で囲まれた儀礼空間が設けられ（中央区）、これとは別にその区画の東に、従来の朝堂の伝統を踏まえた政務儀礼のための区画・建物（「大安殿」？と一二の朝堂。いずれも掘立柱《ほったてばしら》建物）が設けられた（東区。図３－８）。

七世紀後半の遣唐使のうち、斉明五（六五九）年に派遣された坂合部石布《さかいべのいわしき》・津守吉祥《つもりのきさ》らは、東都洛陽《らくよう》で高宗皇帝にまみえたが、その後の対百済戦に備えた唐側の方針により、しばらく長安に拘禁されていた。大明宮《だいめいきゅう》の諸殿舎は龍朔《りゅうさく》三（六六三）年に完工したようであり（『唐会要』巻三〇）、その後の遣唐使は白村江《はくすきのえ》戦の戦後処理や、泰山《たいざん》において高宗が天帝をまつる封禅《ほうぜん》の儀式

（六六六年）へのお付き合いに追われていたので、大明宮の含元殿《がんげんでん》や麟徳殿《りんとくでん》には入ったことがなかった可能性が大きい（図3－9）。

これに対して七〇二年に唐（周）に着いた遣唐執節使粟田真《あわたのま》人《ひと》以下は、大明宮の麟徳殿で武則

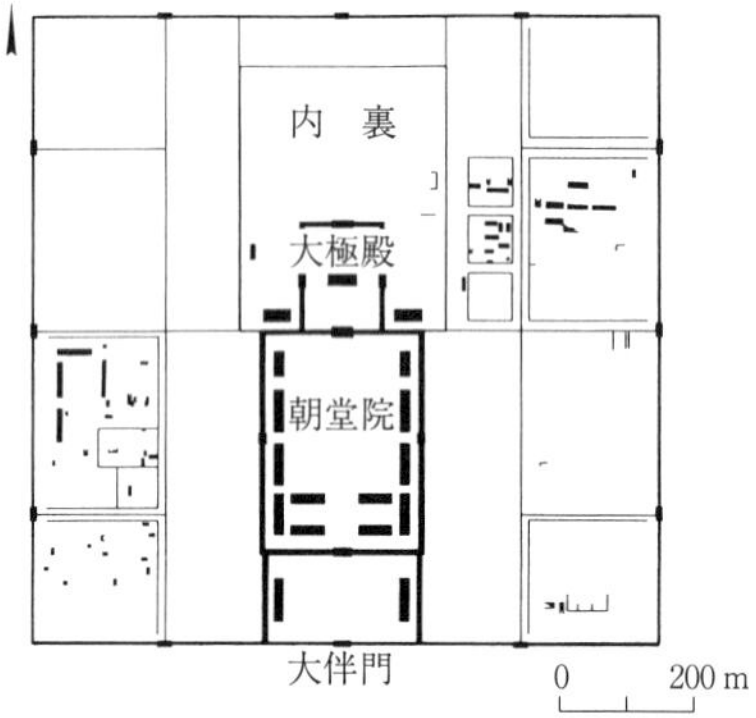

図 3-7　藤原宮の復原

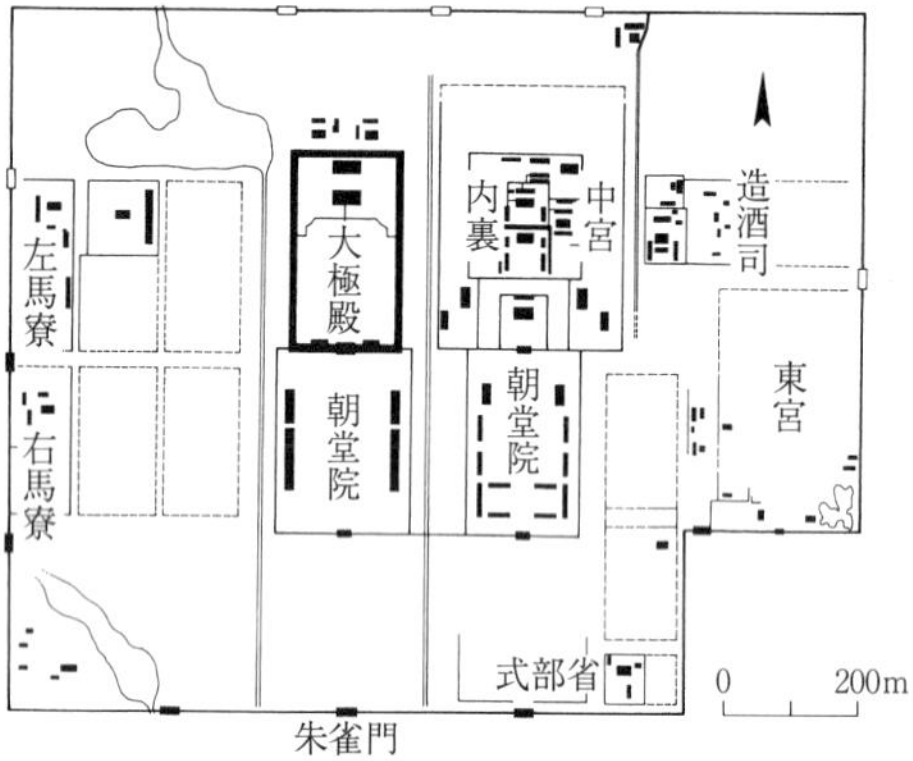

図 3-8　奈良時代前半の平城宮

天(当時は皇帝)から謁見《えっけん》を賜ったことが、唐(周)側に記録されている(図3-10)。七〇三年の元日には、大明宮の含元殿での朝賀にも参列しただろう。新しく目にした麟徳殿や、特に含元殿の偉容は、彼らに強烈な印象を与えたに違いない(図3-11)。同じスケールとまでは言わないが、巨大な儀式用空間の必要性を、特に外国使節の迎接用に渇望することになったと考えて不思議ではない。

　こうした背景があって、平城宮の中央には、礎石建物が並ぶ大きな儀礼空間が、その東側には、従来からの建物配置を持ち、慣れ親しんだ掘立柱建物が並ぶ政務儀礼の空間が造られたのである。その結果、宮の中になければならない東宮《とうぐう》(皇太子の居所)を配置

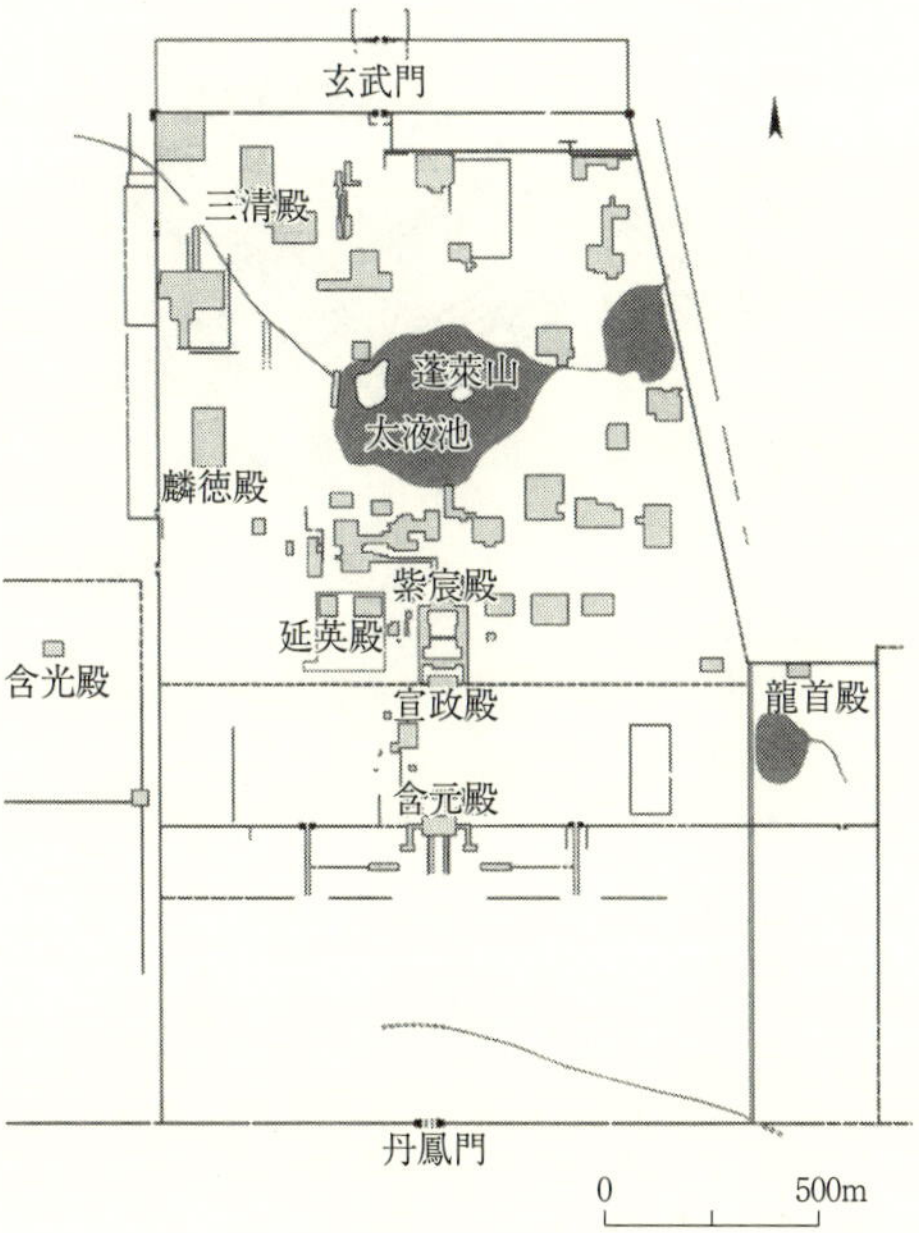

図 3-9　唐・長安の大明宮

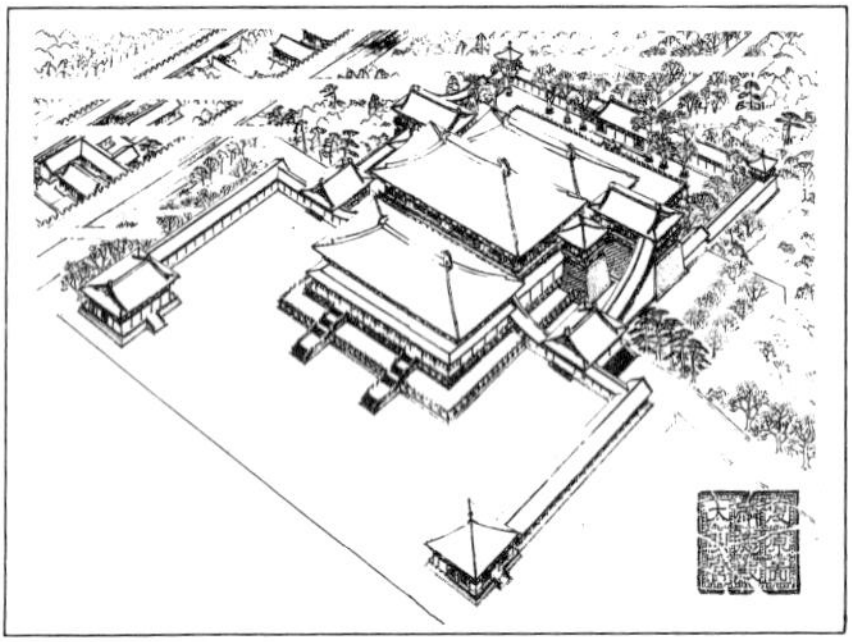

図3-10　麟徳殿復原鳥瞰図（なお，図1-4に礎石の写真）

する場所の確保のため、平城宮を東側に張り出させる必要まで生じてしまったが。

朝堂と内裏

東区に建てられた一二の朝堂には、太政官以下の主要官庁の官人たちの座《ざ》が設けられ、夏季（四～九月）にはここで、原則的に毎朝（月に五日の定期休業日を除く）政務が執られていた。これを朝政《ちょうせい》、あるいは朝堂政《ちょうどうせい》と呼ぶ。各官庁の仕事は、基本的には平城宮内に設けられたそれぞれの曹司《そうじ》で処理されるが、太政官に上申して大臣たちの判断を請わなければならないような案件は、朝政の場に持ち込まれる。太政官への上申は、その事務統括部局である弁官《べんかん》にまず申し出なければならず、運が悪ければ辛辣《しんらつ》な弁官の官人に罵倒されることもあったと伝えられている。なお冬季（一〇～三月）には、寒風の吹き荒ぶ朝堂ではなく、各官庁の曹司でのみ執務されることになっていた。

政務は午前中で終えることになっており、官人たちが退庁する時刻には、平城京の東西市《とうざいいち》が開かれる。諸国から調庸として集められ、官庁に財源として振り分けられたもの、あるいは官

図 3-11　含元殿基壇の復原（2005 年）

人たちに給与として分配されたものはここに持ち込まれ、三等評価された価格と見比べながら、実際に必要な物品と交換された。気の利いた官庁は、京の市だけでなく、周辺の市の価格をも調べて、物資の売却・購入を行っていたことが知られている。

朝堂のある一郭（朝堂院）の正面には、天皇が出御《しゅつぎょ》するための正殿（「大安殿」？ のち「大極殿」）が建っていたが、奈良時代に天皇が毎朝出御していたかどうかは議論がある。この正殿のさらに後方（北方）には、天皇の日常生活のための内裏が設けられていたが、平安時代とは異なり、皇后以下のキサキが内裏に住むことはなかったらしい。内裏の中にキサキのための居住空間が設けられたのは、奈良時代の末期、光仁天皇がその皇后・井上《いのうえ》内親王のために設けたのが始まりとされている。代わりに太上天皇《だいじょうてんのう》の居所が設けられていたのは、時代相を表している。

内裏は基本的には天皇のための私的空間であるが、建物配置から判断してよければ、相当早い時期から儀礼空間としても用いられていたと考えてよい。そもそも冬季には朝堂での政務が行われなかったのだから、諸官司の曹司から太政官の曹司へ、太政官の曹司から内裏へと案件が上申されざるを得ない。そういう点から見ても、内裏は当初から天皇の日常政務の空間という性格を帯びていたと考えるべきであろう。

平城宮の東区については、政務儀礼の空間という基本的な性格は変わらなかったが、中央区については、後述する聖武天皇の彷徨の際に、大極殿が恭仁京《くにきょう》に移設されてしまい、残された空間には、やがて孝謙《こうけん》女帝の住居としての西宮が設営されるなどの変遷を見た。

3 歴史書の編纂

『古事記』

元明・元正両女帝の時代には、『古事記』(和銅五(七一二)年)・『日本書紀』(養老四(七二〇)年)という両歴史書が完成し、『風土記《ふどき》』という地理書の作成も命じられた(和銅六(七一三)年)。これらの編纂は、新生なった日本国とは、時間的・空間的にどういう国なのか、自己認識を皆で共有するために必須の事業ということができる。

『古事記』は、その「序」によれば、天武天皇が、「帝紀《ていき》」(帝皇日継《ていこうひつぎ》とも)と「旧辞《きゅうじ》」(本辞《ほんじ》とも)、すなわち天皇の統治の由来と歴代の事績に関わる伝承とを詳細に検討して一書にまとめたいと思い、それを稗田阿礼《ひえだのあれ》という名の舎人《とねり》に誦《よ》み習わせたことに発するという。天武のこの事業は、彼の死去によっていったん中断したが、阿礼は天武の舎人として「誦習」しているわけだから、かなりの部分は草稿がまとまっていたものと推測できる。

元明天皇は、和銅四(七一一)年九月に、太安万侶《おおのやすまろ》に命じて、阿礼の誦習していたものを最終的にまとめさせ、これが翌年に完成、奏上された。ただ、いま述べた経緯は、『古事記』の序によってのみ知られるもので、『日本書紀』や『続日本紀』では一切触れられていない。そればかりでなく、『古事記』が平安時代以前に引用されている事例は、ないではないが非常に少ない。律令国家の正統的歴史観としては、次に挙げる『日本書紀』の方に圧倒的に軍配が上がる。しかし、仮にそうだとしても、それは結果論なのであって、和銅四年に『古事記』の撰録を命じたときの、元明天皇の意図がどこにあったかということは、この時代の雰囲気を考えるには重要になろう。

律令国家の正統的歴史観を確定したいという意図は当然あっただろう。しかし、一方で純粋な漢文による『日本書紀』の編纂事業が進展している。外部向けの公式史書としては、将来そちらに落ち着くだろうことは、元明天皇には自明だったのではないか。叔父で舅《しゅうと》でもある天武の事業を完成させたいという意図を読む説もあるが、なぜこの時なのかという説得力を欠く。

こういった個々の必要性を止揚し、『古事記』の撰録を命じたタイミングを重視するならば、『日本書紀』の完成までにはまだ時間がかかりそうだとして、取り急ぎ『古事記』の完成を急がせた時の元明の意図を考えねばならず、それはまさに彼女が中継ぎであった所以《ゆえん》、すなわち、首皇子《おびとのみこ》の即位に向けての帝王教育の教材とする説（青木和夫「古事記撰進の事情」）に魅力を感じる。

『日本書紀』

これに対して『日本書紀』の方は、国内外を問わず、ともかくも外部向けであった。実際に唐に示された証拠はないが、唐の高宗に「国初《こくしょ》の神の名」を尋ねられたときの遣唐使たちの当惑を思えば、それがようやく確定し、唐人《とうひと》にも読める史書として完成したことの意義は大きい。これからは、貴族・官人一般の共通理解として、本書に盛られた神話と歴代天皇の事績が基本になるのであり、多くの貴族官人や有力な地方豪族たちにとって、自分たちの出自が、少なくとも始祖《しそ》に関しては、本書に盛られていたのであった。今後朝廷で功績を積めば、自分も史書に名を残せるかも知れない。逆に言えば、

士《おのこ》やも　空《むな》しかるべき　万代《よろずよ》に　語り継ぐべき　名は立てずして

（山上臣憶良の沈痾《ちんあ》の時の歌、天平五（七三三）年。『万葉集』巻六、九七八番）

とあるように、中国の士大夫《したいふ》と同様の焦慮《しょうりょ》をかきたたせ、諦念《ていねん》を抱かせるもとともなるが。

『日本書紀』の編纂も、天武天皇が、その一〇年（六八一）三月に大極殿に出御して、川島皇子《かわしまのみこ》・忍壁皇子《おさかべのみこ》らに詔《みことのり》して「帝紀《ていき》及び上古《じょうこ》の諸事」を記し定め、筆録させたことを直接の起源とする。「帝紀」「旧辞」は言うまでもなく、諸氏族・寺院や百済《くだら》系渡来人・亡命者等に提出さ

せた史料、さらには遣唐使人の日記や現行法である大宝律令などをも使いながら組み立てられていった。

当時の政体の淵源に推古《すいこ》朝の事績を置き、冠位《かんい》十二階が実際に授けられ、また憲法十七条が制定された推古一二（六〇四）年を「甲子《かっし》の革令《かくれい》の年」と見なし、「辛酉《しんゆう》の革命《かくめい》の年」である推古九（六〇一）年から一二六〇年（一蔀《ほう》。易《えき》における聖数）を遡った年を神武即位年と定め、古くしすぎた弥縫策《びほうさく》として欠史《けっし》八代を設けるなどといった紀年の操作は、いずれもこの四〇年ほどの間の検討の結果であった（鎌田元一「紀年考」）。最終的な執筆者が巻ごとに異なるという様相についても、具体的な執筆者名が取りざたされる段階まで研究が進んでいる（森博達『日本書紀の謎をとく』）。

早くも養老五（七二一）年には『日本書紀』の講読が行われたという所伝（『日本紀私記《にほんぎしき》』甲本《こうほん》）はあるものの、八世紀に『日本書紀』が実際にどの程度普及していたかはよくわかっていない。しかし、『万葉集』の左注にしばしば引かれる「国史」は本書を指すと見てよく、天平一〇（七三八）年ころにできた大宝令の注釈書（古記《こき》）は、「大八洲《おおやしま》」を説明するのに「日本書紀巻第一」の国産《くにう》みの段を引き、また戸令《こりょう》の注釈では允恭《いんぎょう》紀の盟神探湯《くがたち》の伝承を、恐らくは『日本書紀』から引いているなど、法制の権威付けにも使われていた様子が窺える。九世紀に入る頃からは、ほぼ三〇年ごと、つまり一世代ごとに講書（講読演習）が行われるようになる。

『風土記』

一方、『風土記』の方は畿内七道の諸国・郡・郷の名称に（漢字二字の）良い文字を用いよという命令とともに、「郡内に生ずるところの銀・銅・彩色《さいしき》・草・木・禽《とり》・獣《けだもの》・魚・虫等のもの、つぶさに色目《しきもく》を録し、土地の沃塉《よくせき》、山川原野の名号の由《よ》るところ、古老の相伝せる旧聞《きゅうぶん》・異事《いじ》を史籍《しせき》に載せて言上《ごんじょう》せよ」という命令が、和銅六（七一三）年五月に下されたのを承けて作成されたものである。したがって実際には諸国からの解《げ》（上申書）として中央に届けられた報告書の形式を持っており、『風土記』というまとまった編纂物があるわけではなく、そもそも『風土記』という呼称自体、平安時代初期を遡る確証がない。完成する時期はもちろん、その文体も国ごとに異なっている。現在ほぼ完全な形で目にすることができるのは『出雲国風土記《いずものくにふどき》』（天平五（七三三）年）のみであり、他に常陸《ひたち》・播磨《はりま》・豊後《ぶんご》・肥前《ひぜん》の四カ国の『風土記』が、おおよその内容が把握できる程度に残されている。

これらの『風土記』には、『出雲国風土記』の国引《くにびき》神話や『丹後国風土記《たんごのくにふどき》』（逸文）の浦島伝説のように、『日本書紀』には見えなかったり、書紀とは微妙に異なったりする神話・伝承も採録されている。朝廷の公式の歴史観とは異なるものが大らかに記述されている点が面白いが、しかしその一方で、二種類ある西海道の『風土記』のうちの後にできた方には、景行天皇や神功皇后の伝承など、ほぼ並行して編纂が進められ、先に完成奏上された『日本書紀』との整合性を調整した形跡が残されている。これには、時期的に見て、先に常陸守であったときに『常陸国風土記』の編纂を指揮し、格調高い文体に仕上げさせた藤原宇合《うまかい》の指導力が発揮された可能性がある。現代人にとって興味深いのは、律令国家の正統的歴史観とはややずれた神話を含む諸国の『風土記』であるが、当時の朝廷の中には、統一的な歴史観を求める動きもあったのである。

藤原不比等

このように『古事記』『日本書紀』『風土記』は、元明・元正両女帝の在位中に編纂され、あるいは作成が命じられた。和銅四（七一一）年から養老四（七二〇）年までの時期は、政府の首班としては左大臣石上麻呂《いそのかみのまろ》（養老元年三月まで）が、知太政官事としては穂積《ほづみ》親王（霊亀元〔七一五〕年七月まで）がありながらも、彼らの死去に際して人事が大きく動くことなく、かえってその死去とともに新たに知太政官事舎人《とねり》親王が任じられた藤原不比等（養老四〔七二〇〕年八月死去）が主導権を握っていた時期と見るべきであり、これらの編纂事業の推進役の一人として不比等を挙げるのは妥当だろう。息子の宇合が常陸や西海道の『風土記』の編纂を指導したのも、不比等の意を体したものと見てよい。

しかし、これらの編纂物の内容にまで彼の意向が組み込まれたのではないかという推測には、にわかには与しえない。よく取りざたされるのが天孫降臨《てんそんこうりん》神話で神勅を下すこともあるタカギノカミないしタカミムスビノカミに不比等が投影されているのではないかという説、あるいはそもそも天孫の降臨という設定自体が、女帝が孫に皇位を継がせることに腐心した、編纂当時の天皇家の事情(持統と文武、元明と聖武)を反映させたのではないかという推測であるが、当時の偶然的・時局的な状況を神話に固定させることで正統性を確保しようとすることは、かえって皇位継承の選択肢や権力の正当性のよりどころを狭めてしまうことになりかねない。不比等や現実の太上天皇の立場を神話に固定することがどれほど権力の正統性の説得力を高め得ただろうか。もう少し彼らはリアリストだったように思う。

天皇は祝詞《のりと》等でも頻繁に「皇孫《すめみま》」と表現され、これが、ある意味で天孫降臨神話と対応していることは明らかであるが、一方で渤海国王も「天孫」を自称したことからわかるように(『続日本紀』宝亀三(七七二)年二月)、君主を「天子」ではなく「天孫」とすることは、日本だけの事情ではないことに注意しなければならない。「皇孫」「天孫」の「孫」は、「子の子」の意味のこともあれば、「うみの子」(子孫)の意味のこともあるのである。

その上、天孫降臨を命じた主体さえ、『古事記』と『日本書紀』本文とで異なる。しかも『日本書紀』の中には、実にさまざまな異説が記されており、どうやらアマテラスが登場するのは比較的新しい説のようなのである(溝口睦子『アマテラスの誕生』、大津透『天皇の歴史01 神話から歴史へ』)。ここから言えることは、記紀の編纂を通じて天皇の統治の由来を神学的に突き詰めて考えようとはしていないという事実であり、だからこそ聖武天皇のように「三宝《さんぼう》の奴《やっこ》」として仏に臣従したり、さらには桓武《かんむ》天皇のように昊天上帝《こうてんじょうてい》(天帝《てんてい》)という、本来、中国皇帝に天命を下す主体に「臣」従したりできたし、またそうせざるを得なかったのであった（坂上康俊「古代の法と慣習」）。

臣下の方も、自分の祖先が昔の天皇に仕《つか》え奉《まつ》っていたから今の自分の地位があり、自分も同様に仕え奉れば、子孫も同様に取り立てられるはずという、過去から未来へと繋がる相互依存関係の積み重ねの中に自らを位置づけて、天皇に仕えていたと見るべきだろう。

藤原氏の勢力基盤

しかしながら、これから見ていくように、不比等の子孫である藤原氏が、その後の奈良時代はおろか、短く見積もっても数百年にわたって政治勢力を保持したことの由来は、やはり説明されなければなるまい。その観点から不比等の行動方針をみるならば、それは守旧性と合法性の両面にまとめられる。

守旧性というのは、天皇家との婚姻関係である。葛城《かずらき》氏や蘇我《そが》氏のような大化前代の豪族たちは、大王家と二重三重の婚姻関係を結ぶことで政治勢力を維持した。それらの豪族たちの例にならい、不比等は宮子《みやこ》・安宿媛《あすかべひめ》（光明子《こうみょうし》）という二人の娘を天皇家に納《い》れ、皇子の即位を図っていったし、将来を慮《おもんぱか》ったのだろう、長屋王にも娘（長娥子《ながこ》か。角田文衛《つのだぶんえい》「不比等の娘たち」）を納れていた。世襲カリスマに権力の正当性が依存しており、かつキサキ・王母《おうぼ》の発言権が強かった古代日本の王権において、これが最も有力な政治勢力維持の手段であったことは言を俟たない。

しかし、婚姻政策は偶然に左右される要素が大きい。いったん手に入れた勢力を安定的に維持するには、その勢力のあり方を合法化し、制度として固定する必要がある。当時の状況の中でこれを実現するとすれば、それは律令の編纂において主導権を握るということであり、実際に彼は大宝令の編纂に参画し、その解釈を確定する「令師《りょうし》」の一人ともなり、さらに養老令の編纂を進めた。養老令での改訂が中途半端に終わったこと、大宝令と大差ないことは、この際大きな問題ではない。むしろ大宝令で定められたことを大きく変えさせなければ、それで十分に彼の意図が達成されたと見ることもできるのである。

大宝令に固定された藤原不比等の既得権益の最大のものは蔭位《おんい》制と勅封《ちょくふう》制である。不比等の子供たちは、大宝元（七〇一）年時点で正三位《しょうさんみ》、養老四（七二〇）年の死去の時点で正二位《しょうにい》であった不比等の子として官界にデビュー（「出身」）した（三位の嫡子は従六位上、庶子は従六位下、二位の嫡子は正六位下、庶子は従六位上）のではなく、大織冠《たいしょくかん》（正一位に比当《ひとう》）鎌足《かまたり》の孫として出身したので、嫡孫（不比等の長子の武智麻呂《むちまろ》）で正六位上、庶孫（房前《ふささき》・宇合《うまかい》・麻呂《まろ》）も正六位下から始めることができた（野村忠夫『律令官人制の研究　増訂版』第二篇第一章）。

基本的に六位以下の叙位は、式部省《しきぶしょう》・太政官での計算・審査で事実上決まるのに対し、以後の叙位が勅授となる正六位上は、貴族（通貴）に準じる扱いと言える。これは織冠を与えられたのが事実上鎌足一人（他には百済国王として白村江戦の直前に帰国した余豊璋《よほうしょう》のみ）であることを最大限に活用したことを意味する。彼の息子四人が次々に公卿になれたのには、こういった要因も作用したのである。

勅封（天皇から特別に与えられる封戸《ふこ》）についても同様である。慶雲四（七〇七）年四月、文武天皇は不比等に対し、父子二代の功績をたたえて封戸五千戸を授与しようとした。不比等はこれを辞退したので二千戸に減額された。五千戸と言えば、ほぼ当時の大和や河内・尾張等の一国内の戸数に匹敵し、二千戸でも伊賀一国の戸数を凌駕する。それだけの戸のすべての調庸と租の半分が収入になるのだから、莫大な経済的基盤と言えるだろう。当時不比等には、これとは別に従二位《じゅにい》大納言としての封戸が九七〇戸あり、翌年正二位右大臣に昇進すると、これが二二〇〇戸に増えたはずだから、先の勅封とあわせれば、不比等一人で八四里分、日本国の調庸の五〇分の一を手にしたことになる。

皇親の待遇

もっともこれらは不比等、あるいは藤原氏だけの特権とは言えない。長屋王の父の高市皇子《たけちのみこ》には五千戸の封戸が充てられており、それを長屋王が継承していた可能性が指摘されている（森公章「平城京左京三条二坊の邸宅と住人」）。長屋王家木簡に含まれる全国三九カ国、九〇以上の里名が記された食材の付札木簡がこれを裏付けているのであり、「耳梨《みみなし》」「山背《やましろ》」「高安《たかやす》」「佐保《さほ》」その他各地に所有していた領地（御田《みた》・御薗《みその》）とともに、長屋王の圧倒的な勢力を示すものと言えるだろう。さらに蔭位についても、孫王《そんおう》（親王の子）は従四位下《じゅしいのげ》を授けられる規定になっており、しかも勅授だから、実際には長屋王のようにいきなり正四位《しょうしいの》上《じょう》が授けられることもあった。藤原氏にとって最大のライバルは、絡《から》み付かなければならない王権を取り囲んでいる皇親ということになる。

このように、一方では(1)「天皇の意思」を活用し、他方では(2)制度的に既得権を維持する、そして(1)を左右するために(3)婚姻関係を構築し、(2)は不比等の作った大宝・養老の両律令で確保される仕組みになっていた。これが自らの子孫の繁栄を招くために不比等がめぐらした方策の基本である。このように見れば、藤原氏ほど律令から利益を引き出したものはいないように見えるが、その藤原氏にとって頭が痛かっただろうことは(3)である。なぜなら律令では皇后に皇族を想定しており、この規定は、藤原氏にとって喉に刺さった小骨と言えたからである。

4 聖武即位

元正女帝と大嘗祭

和銅八（七一五）年正月までには大極殿が藤原宮から移築され（小澤毅「平城宮中央区大極殿地域の建築平面」）、これに出御して新羅《しらぎ》の使者や蝦夷《えみし》、南島の人々も参列する朝賀の儀を挙行した元明は、同年九月に氷高内親王《ひだかないしんのう》（元正）に譲位する。元正天皇は平城京で初めて大極殿で即位儀《そくいぎ》を挙行した天皇になったはずである。その元正にのみ即位宣命《そくいせんみょう》がなく、代わりに漢文の即位詔書《そくいしょうしょ》が発せられたのは、こういった儀式の場と関係があるのかもしれない。

一方で女帝は、掘立柱建物の朝堂に囲まれた朝堂院(東区)で、大嘗祭《だいじょうさい》を挙行した(図3-12)。大嘗祭は毎年天皇が神に新穀を捧げる新嘗祭《にいなめさい》の大規模なもので、新嘗祭の時には畿内の官田(屯田《とんでん》)の穫稲《かくとう》が用いられたのに対し、大嘗祭の際には、卜定《ぼくじょう》された畿外《きがい》の二つの国郡(悠紀《ゆき》・主基《すき》)から献上された新穀が用いられる。したがって大嘗祭は、天皇が神に新穀を捧げ、神と共食する祭儀ということもできるし、その祭儀の機会を利用して畿外の豪族たちに天皇への服属を表明させる儀礼ということもできる。

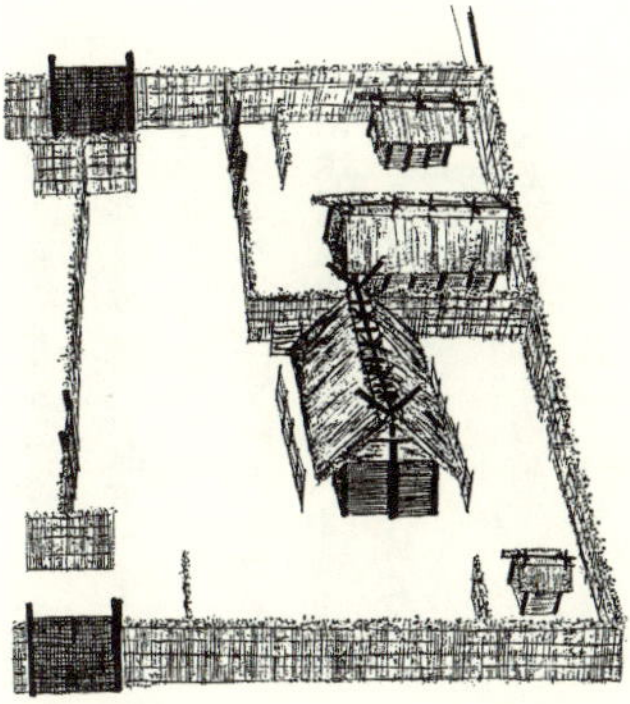

図3-12　淳仁天皇大嘗宮東半部復原図

祭儀のためには、悠紀殿《ゆき》・主基殿《すき》などその時限りの建物(大嘗宮)が建てられるが、平城宮の朝堂院(東区)からは、合計五カ所の大嘗宮跡が見つかっている。これらは、元正・聖武・淳仁《じゅんにん》・光仁・桓武の歴代天皇が挙行した大嘗祭の時のもので、孝謙の時には、南薬園《みなみやくえん》新宮で挙行と記録されており、また、彼女が重祚《ちょうそ》(再度即位すること)した称徳《しょうとく》の時には、中央区朝堂院に残された遺構で挙行したと考えられ、計算が合う。

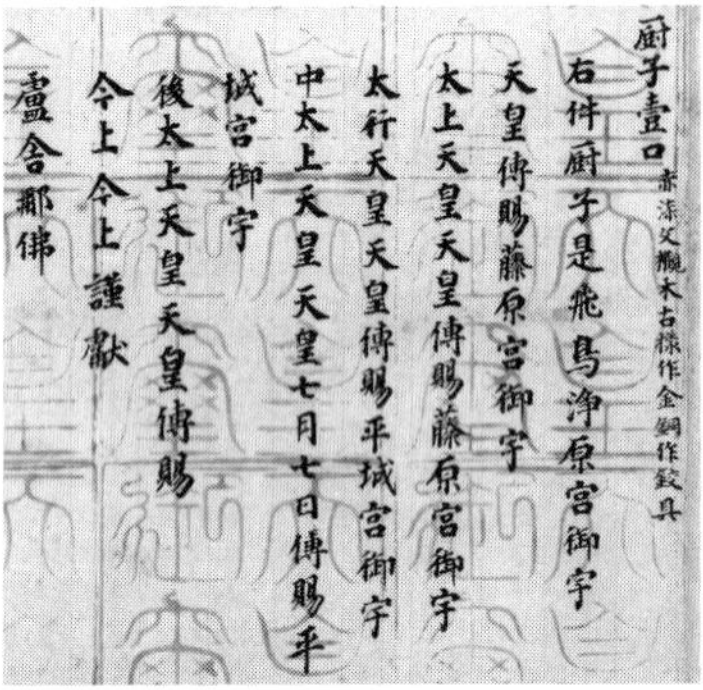
厨子壹口　赤漆文欟木古様作金銅作鉸具
右件厨子是飛鳥浄原宮御宇
天皇傳賜藤原宮御宇
太上天皇天皇傳賜藤原宮御宇
太行天皇天皇傳賜平城宮御宇
中太上天皇　天皇七月七日傳賜平
城宮御宇
後太上天皇天皇傳賜
今上　今上　謹献
盧舎那佛

図3-13　国家珍宝帳(部分). 赤漆文欟木厨子が天武→持統→文武→元正→聖武→孝謙と伝わったことを記す. 元明天皇を経由していないことに注意

大嘗祭は、平安時代の一代一度《いちだいいちど》仁王会《にんのうえ》などと同様に、即位後最初の新嘗祭ということで盛大に行われたが、これを経なければ天皇になれないということではなく、ましてやこれを経ることで神格を身につけるわけではない。政治的には大嘗祭未挙行でも詔書を出すことに問題はないし、譲位する際に神格を問題にすることもない。譲位後も太上天皇として皇権を握り続けた孝謙が、重祚してもう一度大嘗祭を挙行したことが示すように、王権を担って神事を執行できるのは現在の天皇のみであることの象徴として意義があったのである。

文武が崩御《ほうぎょ》した時、その一粒種の首皇子《おびとのみこ》は、まだ七歳の子供だから、ただちに即位することはできないとしても、和銅八(七一五)年に元明天皇が譲位した時、すでに父の文武天皇が即位したときの年齢に達していた首皇子をさしおいて、首の伯母の氷高内親王を即位させたのは何故か。

彼女は、弟の文武が死去した時点で二八歳ながら独身であったことを考えると、あるいは彼女こそ中継ぎの本命として用意されていた可能性がある（松尾光「元正女帝の即位をめぐって」）。もっとも、下手に親王の子供の誰かと結婚させると、長屋王のような存在がもう一人できかねないことを避けたのかもしれないが。ともあれ、文武の死去で取り急ぎ即位した元明から、首皇子への本来の中継ぎに戻したということであろう（東野治之「元正天皇と赤漆文欟木厨子《せきしつもんかんぼくずし》」。図3-13）。元正女帝の治世下、はじめは藤原不比等の、後には長屋王の補佐を得て、日本国家は律令体制の完成に向けて驀進《ばくしん》した。

郷里制の施行

霊亀三（七一七）年には郷里制《ごうりせい》が施行される（鎌田元一「郷里制の施行と霊亀元年式」）。これは、それまでの里（五〇戸）を郷と改称し、その下の単位として一郷に二～三の里を設けたものである。同時にそれまでの戸を二～三に分割したものを房戸《ぼうこ》とし、それまでの戸は郷戸《ごうこ》と呼ぶようにした。

形式的には唐の地方行政制度（州―県―郷《きょう》―里）と同じになったわけである。ただし、前章で述べたように、唐の郷《きょう》には専属の役人が置かれず、郷とは五人の里正《りせい》が共同でまとめる行政単位に過ぎなかったのに対し、日本の郷里制では、郷には郷長《ごうちょう》、その下の里には別に里正《りせい》を置いたので、それだけ複雑になったということもできるだろう。

養老五（七二一）年の下総国《しもうさのくに》葛飾郡《かつしかのこおり》の戸籍は、ちょうどこの郷里制の施行期間中に作られており、それを見ると極めて機械的に五〇戸を三つに分割しているようであるが（宮本救《たすく》「編成される郷里」)、地域によっては集落の固まりを活かして設定されたように見えるところもある(関和彦『風土記と古代社会』)。戸籍に記された本貫地で、人々をより細かく把握するための制度改定と見られるが、実効性のほどはわからない。前章で見たような、人口の増加に見合うように造籍ごとに郷里《ごうり》を編成していかなければならない時代には、いささか煩雑すぎる制度であった。

この制度は、後に述べる天平九(七三七)年の疫病大流行の後、天平一一年末ころには再改訂され、里は廃止された。これは、あまりに煩雑な制度であったことが主因と見られる。天平二〇(七四八)年には造籍ごとの郷の編成を放棄してしまうことを思えば、社会の隅々にまで国家の力を及ぼして人々を把握していこうという、天平前半までの権力意思の横溢《おういつ》ぶりを窺うことができる。

辺境経営の進捗

養老四(七二〇)年の大隅国守殺害を契機にひろがった隼人の反乱は、征隼人《せいはやと》持《じ》節大《せつだい》将軍《しょうぐん》に任じられた中納言大伴旅人《おおとものたびと》の指揮の下、同年中には鎮圧され、結果的にはこれが最後の隼人の反乱となった。

時を同じくして陸奥国でも蝦夷《えみし》が反乱を起こして按察使《あんさつし》を殺害したが、二年前に遣唐押使を無事つとめ終えて帰国した多治比県守《たじひのあがたもり》が、今度は持節征夷将軍《じせつせいいしょうぐん》に任じられて鎮圧に向かい、いったんは小康状態を回復したらしい。しかし、神亀《じんき》元(七二四)年三月に再び陸奥国の海道《かいどう》の蝦夷が反乱を起こしたので、これもまた先に遣唐副使として日唐間を往復したばかりの式部卿《しきぶきょう》藤原宇合《うまかい》が、持節大将軍（のち征夷持節大使）となって鎮圧にあたった。これより先の養老二年には、陸奥国を割いて今の福島県のあたりに石城《いわき》・石背《いわせ》の両国が建てられたが、これは聖武が即位した神亀元年ころまでには再び陸奥国に併合されたことがわかっている。

先の二度の反乱事件の反省からか、隼人の反乱を西海道の武力・財力を用いて鎮圧するのと同様に、蝦夷支配は陸奥一国で独立・完結して行う体制を確立したのであり（鈴木拓也『蝦夷と東北戦争』）、そのための総指揮所として、按察使兼鎮守将軍大野東人《おおののあずまんど》が、神亀元年に多賀城《たがじょう》を造営したのであった（多賀城碑。図3－14）。

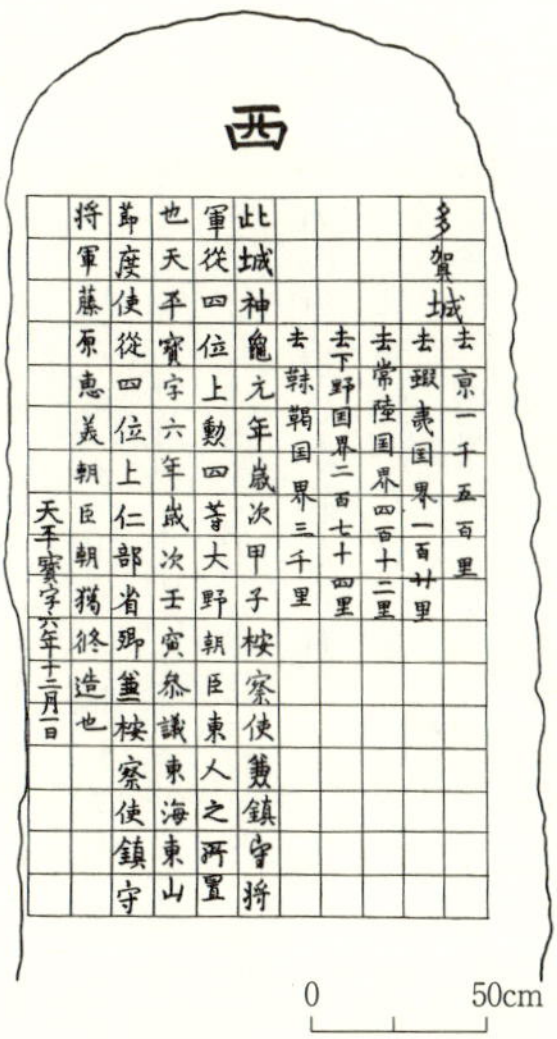
西
多賀城　去京一千五百里
去蝦夷国界一百廿里
去常陸国界四百十二里
去下野国界二百七十四里
去靺鞨国界三千里
此城神亀元年歳次甲子按察使兼鎮守将
軍従四位上勲四等大野朝臣東人之所置
也天平寳字六年歳次壬寅参議東海東山
節度使従四位上仁部省卿兼按察使鎮守
将軍藤原恵美朝臣朝獦修造也
天平寳字六年十二月一日
0
50cm

図3–14　多賀城碑の割り付け図

これ以後、天平九年に大野東人・藤原麻呂らが積極経営に乗り出すまで北辺に目立った動きはなく、蝦夷の「反乱」も、その後しばらくのあいだ史書から姿を消す。それにしても、多治比県守といい、藤原宇合といい、唐には遣わされる、蝦夷対策の指揮はとらされる、宇合に到っては『風土記』の編纂も主導させられる、まさに八面六臂《はちめんろっぴ》の活躍ぶりである。宇合は、「天皇《すめらみこと》すでに吾《あれ》死ねと思ほす所以《ゆえ》か……」(『古事記』中巻)と嘆いた倭 健 命《やまとたけるのみこと》よろしく、「我弱冠王事《われじゃっかんおうじ》に従《したが》ひしより、風塵歳《ふうじんさい》月曾《げつかつ》て休まず」「往歳《おうさい》は東山《とうさん》の役《えき》、今年《こんねん》は西海《さいかい》の行《こう》、行人《こうじん》一生の裏《うち》、幾度《いくたび》か辺兵《へんぺい》に倦《う》まむ」(『懐《かい》風藻《ふうそう》』)とこぼしてはいるが、それにしても高貴な身分に伴う使命感(ノブリス・オブリージェ)の受け止め方の見事さが感じられる。

対新羅関係の安定

対外関係の方も、まずは順調に推移したと言える。養老の遣唐使は使命を達成した上で、留学僧玄昉《げんぼう》及び阿倍仲麻呂《あべのなかまろ》・吉備真備《きびのまきび》といった唐朝にも認められるような有能な留学生を残して無事に帰国し、おそらくは大和長岡《やまとのながおか》によって持ち帰られただろう当時最新の唐令《とうれい》(開元《かいげん》三年令)が、折から進行中の養老令の編纂の参考とされた。帰国に際して連れ帰った道慈《どうじ》(大宝の遣唐使に随行して渡唐)は、『日本書紀』の編纂に際して仏教関係の記述に筆を振るったと推測されている。

新羅との関係も、まだ安定が続いていた。慶雲二(七〇五)年、和銅二(七〇九)年、和銅七(七一四)年、養老三(七一九)年、養老五(七二一)年、養老七(七二三)年、神亀三(七二六)年と定期的と言ってよいほど、かつ頻繁に新羅使が来日し、このうちの和銅二年の使者が「貢方物使《こうほうもつし》」と名乗ったほかは、すべて「貢調使《こうちょうし》」と名乗るか、あるいは実際に貢「調」したと記録されている。前章で述べたように、日本は「調」を服属の証と見なしていたから、この新羅の低姿勢ぶりに満足したのは当然で、日本は新羅を朝貢国と見なし、同じ期間に日本からも慶雲元年、慶雲三年、和銅五年、養老三年、養老六年、神亀元年に遣新羅使《けんしらぎし》を派遣して、何ら問題なく国交が維持されていた。この間、藤原不比等、ついで長屋王は、新羅使を自邸に招いて饗宴を設け、詩文の応酬まで繰り広げられている。一方の新羅の方でも、上宰《じょうさい》（執政《しっせい》の大臣）金順貞《きんじゅんてい》が日本重視姿勢をとり続けたようで、聖徳王《せいとくおう》二四年（神亀二〔七二五〕年）六月に彼が死去したと知らされたときには、特に聖武天皇から哀悼の意を込めた勅書が贈られた（『続日本紀』神亀三年七月一三日条）。

こういった新羅との安定した関係に暗雲が立ち始めるのは、渤海が唐の山東半島の登州《とうしゅう》を攻撃し（天平四〔七三二〕年、開元二〇年）、唐の要請を受けた新羅が唐側に立って参戦、新羅国王には「寧海軍使《ねいかいぐんし》」の称号が与えられ、七三五年、新羅は唐から浿江《ばいこう》（大同江《だいどうこう》）以南の領有を正式に認められるという一連の事件の後である。新羅と唐との間は、すでに七世紀の末に国交が回復していたが、この時になってようやく唐は新羅の朝鮮半島全体の実効支配を追認し、いわば平和条約を結んだのみならず、対渤海の軍事同盟関係まで成立させたのであった。この情勢を背景にした新羅の対日姿勢が強硬になり、ぎくしゃくした両国関係に移行したのも、自然の成り行きである。

順風満帆の青年君主

養老五(七二一)年一二月に元明太上天皇が崩御、これによって元正が譲位して太上天皇となる条件が整った。一周忌も明けた養老七年の一〇月には、祥瑞《しょうずい》として白亀《はくき》が献上されて雰囲気を盛り上げる。養老八年二月四日、元正天皇は首皇子に譲位して太上天皇となり、ここに首皇子の即位が実現した。久々の男性青年君主(聖武天皇)。天皇は去年出現した白亀にちなんで、ただちに神亀元年と改元する。二四歳の登場であり、補佐役として、政府首班の右大臣長屋王が、左大臣に任じられた。霊亀二(七一六)年に結婚した光明子との間に養老二(七一八)年に生まれた阿倍《あべ》内親王は、すでに七歳になっていたが、もちろんまだ親王が生まれる可能性がある以上、彼女が皇位継承問題の渦中にいたわけではない。

国運は上昇中、順風満帆の船出と言ってよい。大宝元(七〇一)年を期に保存されるようになった田租穀《でんそこく》は順調に貯積量を増やし、一年分の収穫に匹敵するのも目前となっている。毎年二パーセント程度ずつ増えたのではないかとも推測されている人口は、口分田《くぶんでん》として班給するための耕地の不足をもたらし、聖武の即位の前年に当たる養老七年四月には、「三世一身《さんぜいっしん》の法」が出されて、開墾が奨励された。すなわち、既設の水路や池を用いて開墾した場合には一生の間、あらたに水路・池を作って開墾した場合には三世(本人・子・孫の三代。子・孫・曾孫の三代とする説もある)の間、その開墾地の占有を許すというのである。しかし、とうていこの程度の奨励策では間に合わないことを見越し、同年一一月には奴婢の口分田支給年齢を一二歳に引き上げたほどであった。

その一方で養老六(七二二)年閏四月には一〇〇万町歩開墾計画が発布されており、大規模開発という夢が追われてもいた。おそらくは条里制地割にそった水田開発、国府の造営・整備も同時並行的に進み、順調に貯まっていった租穀は、国衙《こくが》や郡家《ぐうけ》のそばに次々に建てられていった正倉《しょうそう》を満たし、満杯になっては封印されていったことと思われる。「京内に住んでいる者は、五位以上であろうが庶人であろうが、財力さえあれば瓦葺《かわらぶき》・丹塗《にぬり》の柱・白壁《しらかべ》の家を建てるように」という神亀元年一一月の命令は、こういった登り調子・右肩上がりの雰囲気の中で出されるのに、まことにふさわしいものであった。

渤海の登場

先ほど紹介した渤海は、六九八年に、粟末靺鞨《ぞくまつまっかつ》の大祚栄《だいそえい》が自立して震国《しんこく》を名乗ったのに始まる。彼は七一三年には唐から「渤海郡王」に封じられ、自国を「渤海」と称するようになった。その渤海国の国王大武芸《だいぶげい》(祚栄の息子)が、神亀四(七二七)年九月に、寧遠将軍《ねいえん》高仁義《こうじんぎ》ら二四人の使節を日本に遣わしてきたが、たまたま来着したのが出羽国《でわのくに》であったため、高仁義以下の一六人は蝦夷に殺され、生き残った高斉徳《こうさいとく》以下が、ようやく入京することができた。

彼らは翌年正月の朝賀にも参列し、「永く隣好《りんこう》を敦《あつ》うせん」と述べる大武芸の啓《けい》(書状)と、「土宜《どぎ》」という名目の貂《てん》の皮三〇〇張を差し出す。その啓の中に「高麗の旧居を復す」とあったため、日本側は、渤海を高句麗《こうくり》の継承国と認識し、出来上がったばかりの『日本書紀』に記されている神功皇后の「三韓征伐」記事と、高句麗がその滅亡前後に日本に朝貢してきた(滅亡後は新羅の傀儡《かいらい》政権)という記憶とを根拠に、高句麗を新羅と並ぶ蕃国《ばんこく》に位置づけることにする。天皇は渤海国王に対して「天皇敬問渤海郡王」に始まる慰労詔書を発し、「滄波《そうは》隔《へだ》つといえども、不断《ふだん》に往来せよ」と、今後の継続的な朝貢を命じた。

渤海がこの時日本に通交を求めたのは、派遣した使者が武官だったことから見て、新羅や唐との対抗上、軍事的に日本と結ぶのを得策としたからだと判断してよい。ただ、長屋王家跡から出土した木簡に「渤海使」「交易」という文字が記されたものがあるので、すでに初めての使節の段階で、交易関係も視野に入れていたという考え方も成り立つ。

渤海にとって誤算だったのは、高句麗の継承国を名乗ったことが原因となって、日本側が渤海を朝貢国と見なす結果を招いたことである(石井正敏「日本・渤海交渉と渤海高句麗継承国意識」)。渤海はその後も日本側が臣下としての朝貢国の王に求める「表《ひょう》」ではなく、丁寧な書簡というべき「啓」をもたらしつづけるが、「啓」でも下手《したて》に出ていることは間違いないし、日本の慰労詔書や遣渤海使も問題なく受け入れられているようなので、日本としては多少は自尊心を満たされる関係が結ばれたと言えよう。

その後渤海は、帰途に南海に漂着して唐に戻ってしまった遣唐使判官の平群広成《へぐりのひろなり》らを伴って使節を派遣するなど（天平一一〔七三九〕年七月）、日本との間に友好的な関係を維持していたが、日渤関係が大きくクローズアップされるのは、唐で安禄山《あんろくざん》の乱が起こったのを契機に、藤原仲麻呂が新羅征討計画を推進する時である。これについては、第五章で触れよう。

5　皇位継承の難題

皇太夫人藤原宮子

このように国政運営の面でも外交の面でも順調に始まったかに見える聖武の治世ではあったが、その彼にとって最大の懸案は皇位継承問題であった。

この問題は二つに分けることができる。一つは先にも述べた自らの血統の問題であり、もう一つは後継者の問題である。

自らの血統についての問題、換言すれば母である宮子《みやこ》が皇族出身ではないという問題は、聖武にとってコンプレックスであり、これは早急に取り除かれなければならない。その手続きはやや回りくどいものではあったが、一応目的を達成することができた。その経緯は以下のごとくである。

即位二日後の神亀元年二月六日、聖武は、

正一位藤原夫人《ぶにん》（宮子）を尊《とうと》みて大夫人《だいぶにん》と称せよ。

という勅を下す。これに対して翌三月の二二日、左大臣正二位長屋王等が、

伏して二月四日《ママ》の勅を見るに「藤原夫人を天下みな大夫人と称せよ」といへり。臣等謹《つつし》みて公式令《くしきりょう》を検ずるに、「皇太夫人《こうたいぶにん》」といふ。勅の号に依らむと欲《ほっ》せば、皇の字を失ふべし。令文を須《もち》ゐんと欲せば、違勅《いちょく》と作《な》らむことを恐る。定むるところを知らず。伏して進止《しんし》を聴《き》かむ。

と論じた。そこで聖武は、詔して、

よろしく文には則ち皇太夫人、語には則ち大御祖《おおみおや》とせよ。先勅《せんちょく》を追収《ついしゅう》して、後号《こうごう》を頒下《はんか》せよ。

と命じた。

かつてはこの一件が、聖武に勅を撤回させた長屋王たちの勝利、あるいは律令を破れなかった聖武といった文脈で理解されており、また四角四面の長屋王というイメージをも作り出していたが、これらは皮相な解釈であり、結果的に宮子を皇太夫人にしたことが重要である。

宮子を「大夫人」とせよとした最初の命令は、公卿全員の署名を要する詔書ではなく、公卿たちの連署が要らない勅旨という文書で出された。そこでその命令が出て驚いた（ふりをした）公卿たちが、公卿全員一致の意見具申の文書様式である論奏《ろんそう》でもって、令文どおりの「皇太夫人」案を提起する。それを承けて聖武は、先の勅を撤回し、公卿全員の署名が必要な詔書とい

う文書を用いて「皇太夫人」とせよと命じる。こうして、宮子の地位に「皇」字が認められたのである（河内祥輔『古代政治史における天皇制の論理』）。

文書様式の間隙を縫いながら、公卿全員の見解として宮子は晴れて皇族と認められたのであり、聖武の卑母コンプレックスは、口頭ではともかく文書上は全く消失したと言える。しかし、即位の直後にこうした手の込んだ芝居を仕組まなければならなかったこと、しかも相手が自分と血統上大差ない、あるいは上かもしれない長屋王を首班とする公卿たちであったことは、いかにこのコンプレックスが根深いものであったかを示している。

この一件は、聖武のコンプレックスを衆目が確認する儀式という側面すら窺えるし、長屋王は聖武に恩を売った、あるいは恩を売らされたということもできる。いずれにせよ聖武と長屋王の両者にとって、後味の良くない出来事であったと言えるだろう。

後継者問題

もう一つの懸案である後継者問題も見てみよう。聖武にはすでに養老二（七一八）年の段階で藤原夫人《ぶにん》（光明子）との間に女子（阿倍内親王。後の孝謙・称徳女帝）が生まれていたが、なかなか男子に恵まれなかった。ところが神亀四（七二七）年閏九月、同じく光明子との間に、待望の皇子（基《もとい》（?）王）が生まれた。喜びようは一通りではなく、一一月にはその生後三三日目の乳児を皇太子にする。もちろん一歳の皇太子など前代未聞であった。百官が立太子を祝って皇太子がいる旧不比等邸に赴くが、首班の長屋王の顔が見えない。抵抗があったのだろうか(寺崎保広『長屋王』)。

ところがその皇太子は、翌神亀五年九月に夭折《ようせつ》してしまう。その一方で同年のうち(月日不詳)に、夫人県犬養広刀自《ぶにんあがたいぬかいのひろとじ》との間に男子(安積《あさか》親王)が生まれる。こうなると皇位はその男子へと傾かざるをえない。県犬養氏は、美努《みぬ》王との間に葛城《かずらき》王(後の橘《たちばなの》諸兄《もろえ》)を儲けた県犬養三千代《みちよ》(のち橘三千代)が、不比等に嫁して光明子を生むということはあったが、公卿を出すような有力な家柄とは言えない。したがって安積親王の後ろ盾は極めて脆弱《ぜいじゃく》である。

しかし現天皇には兄弟がないので、皇子が皇位を継承するのが順当であることは言うまでもない。まして光明子も広刀自も夫人であって、キサキとしての身分は同格であり、先に生まれた皇子と同様に安積親王を立太子させないとしたら不自然である。もとよりそれは藤原氏の望むところではない。

私兵の系譜

その藤原氏は同年八月、中衛府《ちゅうえふ》を設置し、藤原房前《ふささき》が大将に就任した。中衛府は慶雲四(七〇七)年七月に元明天皇・首皇子を護衛するために設けられた授刀舎人《じゅとうとねり》寮《りょう》(一〇〇頁参照)を拡張・改組したもので、大将房前は、授刀舎人寮の長官(頭)から横すべりしたものであった。中衛府の大将の相当位正四位上は、令制の五衛府(衛門《えもん》・左右衛士《さうえじ》・左右《さう》兵衛《ひょうえ》)の長官の相当位よりも格段に高く、東国の地方豪族出身者を構成員に多く含む中衛舎人三〇〇人を指揮することになる(笹山晴生「中衛府の研究」)。

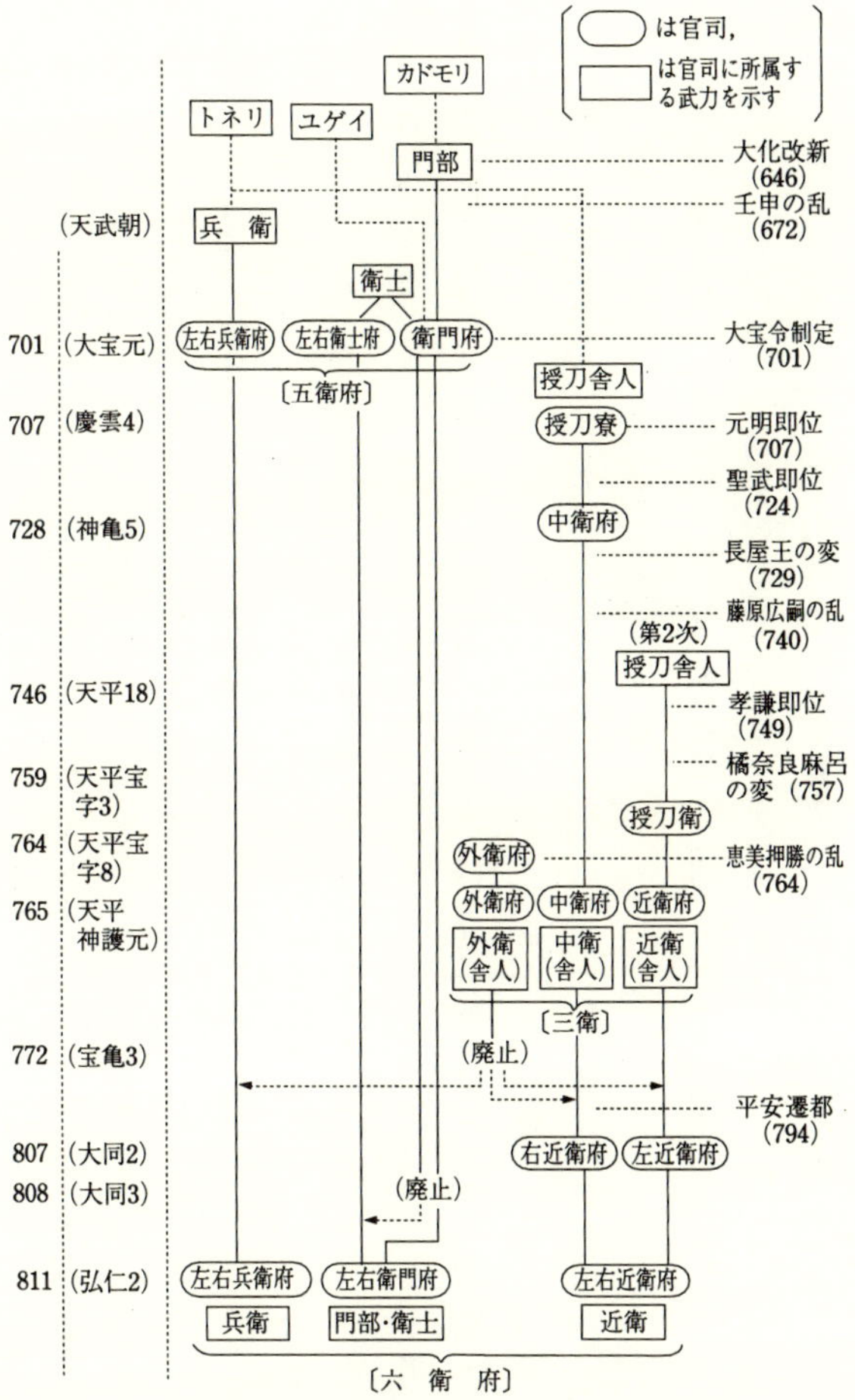

図 3-15　衛府制度の変遷(概念図)

この新衛府は、もちろん聖武の護衛を名目に設けられたが、藤原氏の意向にそった皇位継承の実現を目指して設けられたのは明らかで、その後天平勝宝八（七五六）歳七月には、長屋王謀反事件の際には、他の令制五衛府とともに長屋王邸を囲んだ。その後天平勝宝八（七五六）歳七月には定員の上限を四〇〇人と定めたが、天平二一（七四九）年以来、大将には藤原仲麻呂が在任しており、このころには光明子・孝謙女帝の護衛を名目に、仲麻呂の指揮する実動部隊となっていた（図3－15）。

長屋親王宮

神亀六（七二九）年正月の段階での政界の様相を述べるならば、二九歳の聖武天皇を戴《いただ》く公卿たちは、知太政官事舎人《とねり》親王（五四歳）、左大臣長屋王（五四歳）、大納言多治比池守《たじひのいけもり》（七〇歳以上）、中納言大伴旅人（六五歳）、同藤原武智麻呂《むちまろ》（五〇歳）、同阿倍広庭《あべのひろにわ》（七一歳）、参議《さんぎ》藤原房前（四九歳）という陣容で、藤原宇合は当時公卿目前の従三位式部卿で三六歳、麻呂は従四位上左京大夫《さきょうだいぶ》（三五歳？）で続いていた。他の氏族がまだ公卿を一人ずつ送り込んでいた時期に、藤原氏が複数の公卿とその予備群を抱えられたのは、前述した蔭位の制度と、五位以上は勅授という名目を活用したからである。

聖武の後継候補は、阿倍内親王一二歳、安積親王二歳の二人である。一方は女性、一方は後ろ盾を欠く。これに対して高市皇子《たけちのみこ》と御名部皇女《みなべのひめみこ》との間に生まれ、血統的には聖武に見劣りしない長屋王は、当時働き盛りの上、すでに草壁皇子の娘吉備内親王《きびないしんのう》との間に従四位下膳夫王《かしわで》や葛木王《かずらき》・鉤取王《かぎとり》を、また不比等の娘（長娥子《ながこ》か）との間にも安宿王《あすかべ》・黄文王《きぶみ》・山背王《やましろ》を儲けており、長屋王家木簡その他によれば、これ以外にも多数の子女がいた。どう見ても今後の皇位継承は長屋王系の方が、やや男子が多すぎるきらいはあるが、安定するように見える。

しかも、和銅八（七一五）年二月には、「長屋王と吉備内親王との間の子を皇孫扱いにするように」との勅も出されていた。子供が皇孫なら、親は皇子、つまり親王待遇と言えなくもない。当時はまだ阿倍内親王すら生まれておらず、長屋王はこの時点で首皇子を除けば最有力の皇位継承者として公認されたと見ることができる。だからこそ長屋王家出土木簡に「長屋親王宮」「長屋皇宮」という文字が見られたのであり、そこには彼自身の自負も窺い知ることができる（図3－16）。

しかし、いったん長屋王ないしその子に皇位が渡ったならば、それは吉備内親王の子孫へと継承されていくはずで、藤原氏四兄弟が天皇の叔父として朝廷に臨むことはあり得ない。こういった事態を防ぐためには、取りあえずは阿倍内親王への皇位継承を実現して時間を稼ぎ、その間に藤原氏の息のかかった諸王クラスから皇太子を立てるしかない。となると阿倍の立太子がまず必要だが、女性の皇太子は前例がなく、これを強行するための論理が必要となる。つまり、聖武・光明子と阿倍との父母子に、セットで強固な王権を形作

図3－16　「長屋親王宮」木簡

らせる必要がある。そのためにとられた方策が光明子の立后《りつごう》であった。

日本古代の王后《おうごう》は、夫王が死去した際の後継者指名に発言権があったことが記紀に記されているだけでなく、時には自ら皇位に即くこともあったことは先述した。だからこそ王后(後の皇后)は必ず皇族であったのであり、律令の規定に明示はされていなくとも、次位のキサキである妃《ひ》が「四品《しほん》以上」と品階を持つように規定されていることから見て(後宮職員令《こうきゅうしきいんりょう》。ちなみに夫人《ぶにん》は三位《さんみ》以上、嬪《ひん》は五位《ごい》以上の位階を持つこととされており、臣下の出身でよい)、論理的には内親王(天皇の娘)から選ばれなければならない定めであった。

先には宮子に「皇」字を付すために協力した長屋王であるが、それは天皇の母という事実を追認する以上のものではない。これに対して光明子に「皇」字を付すことは、長屋王にとっては自身の未来を閉ざすことであって、とうてい首肯できないことであった。

長屋王の変

神亀六(七二九)年二月一〇日、左京人の従七位下漆部造《ぬりべのみやつこ》君足《きみたり》と無位《むい》中臣宮処《なかとみのみやつどころの》連《むらじ》東人《あずまんど》らが「左大臣正二位長屋王、ひそかに左道《さどう》を学び、国家を傾けむとす」と密告した。その夜、退路を断つために直ちに三関《さんげん》(鈴鹿《すずか》・不破《ふわ》・愛発《あらち》)を固め、藤原宇合以下が六衛府(令制の五衛府と前述の中衛府)の兵を率いて長屋王邸を囲む。翌一一日の午前一〇時ころには、当時の皇親中の有力者で、長屋王にとっては叔父、聖武天皇にとっては大叔父にあたる舎人・新田部両親王や、大納言多治比池守、中納言藤原武智麻呂以下が王邸に派遣され、王の罪状を窮問した。結局、一二日に長屋王・吉備内親王及びその間に生まれた男子たちが自殺させられ、その翌日には二人の遺体を生駒山に葬るという早業であった。邸宅はやがて光明子のための皇后宮に改築される（渡辺晃宏「二条大路木簡と皇后宮」）。

『続日本紀』天平一〇年七月一〇日条には「長屋王に事《つか》えて頗《すこぶ》る恩遇を蒙った」左兵庫《さひょうごの》少属《しょうさかん》大伴子虫《おおとものこむし》が、「政事《まつりごと》の隙《すき》に相共に碁《ご》を囲むに、語、長屋王に及び、憤発して罵《ののし》り、遂に剣を引きて」「長屋王の事を誣告《ぶこく》した人」である右兵庫頭《うひょうごのかみ》中臣宮処東人を斬殺したと記されている。「誣告」とは、無実の罪で人を告発することだから、『続日本紀』が編纂・奏上された延暦年間には、長屋王が無実の罪に陥れられたことは、公然の事実だったことがわかる。

舎人親王には大炊《おおい》王（後の淳仁天皇）が、新田部親王には後に皇太子となったが廃位された道祖《ふなど》王と塩焼《しおやき》王とがおり、この際長屋王系を滅ぼすことで藤原氏と手を結び、将来を期すという考えがあったのだろう。実際にいったんは即位・立太子しているのだから、彼らの目論見《もくろみ》は外れはしなかったと見ることができる。

光明立后

こうして長屋王とその息子たちという邪魔者は除かれ、河内国古市郡《かわちのくにふるいち》の人が発見した「天王貴平知百年」と背中に模様がある亀を左京職《さきょうしき》（長官は藤原麻呂）が献上し、八月五日にはこれを祥瑞《しょうずい》として「天平」と改元、その五日後、めでたく光明子を皇后に立てた。天平三（七三一）年には諸司の推薦という変則的な形で藤原宇合・麻呂も参議に任じられ、ここに武智麻呂・房前とあわせて四人の兄弟が揃って公卿に列することになる。同じ年に大伴旅人が、四年には阿倍広庭が死去し、天平七年に一品《いっぽん》知太政官事のまま死去した舎人親王を除けば、上位の公卿の序列は、天平四年から天平九年まで、藤原武智麻呂、多治比県守、藤原房前、宇合、麻呂で不変である。

天平四年の正月には、聖武天皇が初めて唐の皇帝がかぶるような冕冠《べんかん》をかぶって（ただし、衣服の方は白衣）元日朝賀に臨んだ。安定した日本国内と、新羅・渤海という二つの朝貢国とを従えた小中華に君臨する皇帝として、自ら唐風化の先陣を切った格好であった。同年八月から天平六年四月にかけて、おそらくは唐・渤海間の不穏な状況（一三三頁参照）を伝えただろう遣新羅使の帰朝報告を承けて、東海・東山・山陰・西海の諸道に節度使が置かれ、新羅との間がやや緊張したのを除けば、天平の遣唐使（大使多治比広成。鑑真《がんじん》の来日に尽力した僧栄叡《ようえい》・普照《ふしょう》らが随行）の出発（天平五年）と帰国（天平七年）があり、帰国に際しては玄昉《げんぼう》が、仏像のほかに『開元釈《かいげんしゃっ》教録《きょうろく》』（七三〇年、智昇《ちしょう》撰）に基づいた仏典五千巻余、つまり当時の仏典のほとんどを将来したと伝え（『扶桑略記《ふそうりゃっき》』）、一方吉備真備は『唐礼《とうれい》』一三〇巻や『太衍暦経《たいえんれきけい》』（唐の最新の暦法である太衍暦の基本を記した書）などのほか、楽器・武器類を持ち帰って朝廷に献上した。いずれもその後の日本文化に大きな影響を与えたもので、稔り豊かな留学の成果と言える。

官稲混合

天平六(七三四)年正月、それまで郡稲《ぐんとう》その他さまざまな名目で設置されていた目的税的な公出挙《くすいこ》の本稲《ほんとう》を、大税《たいぜい》に一本化(官稲混合《かんとうこんごう》)して「正税《しょうぜい》」本稲が成立した。郡稲の起源には諸説があるが、屯倉《みやけ》や国造《くにのみやつこ》のもとに蓄積されていた稲に由来し、これを元本に公出挙が行われる際には、郡司の運営に依拠する面が大きかったと言われている。その郡稲が他のさまざまな名目の公出挙本稲と一括され、正税本稲と呼ばれるようになったのである。国衙財政を弾力化させる効果を期待してのことではあるが、国衙財政を運用するのは国司であり、大宝元年の稲穀の蓄積開始、和銅元(七〇八)年の不動倉《ふどうそう》の設置の延長上に考えれば、郡稲などの出挙に関与する郡司など有力者の影響力を薄めようとしたものと理解される措置である。

孝徳朝に、それまでの国造のクニを分割して「評《ひょう》」という行政単位を設定した時に、評の役人として取り立てられて以来の郡司経験者たちの家系は、その後分岐がはなはだしくなり、天平七(七三五)年、政府は郡司候補者の選考に際して、国司のほうで選んだ最有力候補者のほか、四、五人以上の候補者をも式部省に出頭させるよう命じた。国司に対して厳格な推薦を求めるとともに、中央政府の方でも適任者を銓衡《せんこう》しようという姿勢を見せたものである(山口英男「郡領の銓議とその変遷」)。郷里制・官稲混合に続いて、中央政府が地方豪族の維持している秩序に打ち込むくさびが、さらに太く、深くなっていったことを象徴する出来事であった。

しかし、稔り多い遣唐使が帰国した天平七年には、入京してきた新羅使が、自国を「王《おう》城国《じょうこく》」と称したために追放されるという事件があり（その背景については一三三頁参照）、さらにこの年の秋から冬にかけては、大宰府管内を中心として全国的に疫病が流行、あわせて凶作ともなった。あるいは遣唐使の一行がこの疫病を持ち込んだのかもしれない。

舎人・新田部両親王が死去したこの天平七年という年の記事を、『続日本紀』は「是《こ》の歳《とし》、年頗《すこぶ》る稔らず。夏より冬に至るまで、天下、豌豆瘡《えんどうそう》〈俗に裳瘡《もがさ》と曰《い》ふ〉を患《わずら》ひ、夭死《ようし》する者多し」と結ぶ。破局は目前に迫っていたのであった。

第四章　聖武天皇と仏教

1　疫病大流行

悲劇の遣新羅使

天平八(七三六)年二月、阿倍継麻呂《あべのつぎまろ》を大使とする遣新羅使が任命された。その後の彼らの行程については、彼ら一行が詠んだ歌を中心に、一四五首もの関連する歌が『万葉集』巻一五に採録されているので、前後に比類なく詳細に知ることができる。

おそらくは六月に難波《なにわ》を出航し、瀬戸内海を西に進んだものの、逆風に遭遇して防府《ほうふ》の沖合から豊前《ぶぜん》に漂着、その後筑紫館《ちくしのむろつみ》(後の鴻臚館《こうろかん》)にたどり着いた時には、もう秋も深まっていた。彼らはその後、唐津《からつ》を経て壱岐《いき》に至るが、ここで一行の一人、雪宅麿《ゆきのやかまろ》を鬼病《えやみ》で失う。おそらく天平七年以降西海道を中心に蔓延《まんえん》していた疫病《えきびょう》に罹患《りかん》したのであろう。悲劇の前兆である。

一行は対馬《つしま》に渡り、浅茅《あさじ》・竹敷《たかしき》の両浦を経て新羅に渡ったが、その後の彼らについて『万葉集』は沈黙しており、一行の消息で次に知られるのは、『続日本紀』天平九年正月二六日条の、判官《はんがん》二人は入京したものの、大使は対馬で死亡、副使は病気で入京不可能という記事である。

遣新羅使としての復命は、「新羅が常礼《じょうれい》を失い、使《つかい》の旨《むね》を受けず」ということで、朝議《ちょうぎ》では対新羅策が論じられ、「新羅側の真意を再度確認すべきだ」という穏健派から「出兵すべし」

の強硬派までの意見が飛び交い、また伊勢神宮以下の諸社に新羅の無礼の状が報告されるが、まもなく新羅どころではない事態となった。

疫病の猛威

四月以降、疫病と旱害《かんがい》とが、西海道で再び猛威を振るい始め、またたくまに全国に広がった。早くも四月一七日には参議《さんぎ》民部卿《みんぶきょう》藤原房前《ふささき》、六月一一日には大宰大弐《だざいのだいに》小野老《おののおゆ》、二三日には中納言多治比県守《たじひのあがたもり》、七月一三日には陸奥《むつ》遠征から帰京したばかりの参議兵部卿《ひょうぶきょう》藤原麻呂、二五日には右大臣（死去直前に左大臣）藤原武智麻呂《むちまろ》、八月五日には参議式部卿《しきぶきょう》 兼大宰帥《けんだざいのそち》藤原宇合《うまかい》が死去する。

この年初めの公卿《くぎょう》である武智麻呂・橘諸兄《たちばなのもろえ》・県守・房前・宇合・麻呂・大伴道足《おおとものみちたり》のうち、その年の暮れまで生き残ったのは、諸兄（参議→大納言）・道足（参議右大弁《うだいべん》のまま）のみ。急いで鈴鹿王《すずかおう》を知太政官事《ちだいじょうかんじ》に、多治比広成《たじひのひろなり》を参議、そして中納言に、年末に武智麻呂の長子の兵部卿豊成《とよなり》を参議に任じて、議政官を構成させた。実に半数以上の公卿が、一気に死亡したのである。

問題は、こうした公卿クラスの死亡率の高さを一般化できるかどうかである。正倉院文書の中には、当時の公文書が保存期間を過ぎて廃棄され、それが写経所で使う用紙として再利用されたものがあり、第一次使用面の中に天平九年の諸国の正税帳《しょうぜいちょう》が、若干ながら混じっている。それらを見ると、確かに天平九年には公出挙《くすいこ》を借りながら死亡して返せない者が多く、国によってはそれが五割近くに達している場合がある（William Wayne Farris, *Population, disease, and* land in early Japan 645–900)。

ただ、では本当に人口の三割以上も死亡したのかといえば、そうとも言いにくい。当時の帳簿は、税を軽減する方向で、というよりむしろ郡司など地方の有力者が中間で利益を生み出そうとして、被害を多めに申告したり、あるいは納税時期と睨《にら》み合わせて死亡時期を操作したりすることがあったらしいからである(舟尾《ふなお》好正《よしまさ》「出挙の実態に関する一考察」)。

確かに公卿クラスの死亡率は五割を超えているが、これは始終顔を合わせている貴族たちだからそうなるとも言える。当時の日本の村落は、散村《さんそん》と呼ぶのが相応《ふさわ》しい状態であったようで、流通・交流がよほど頻繁でなければ、疫病の爆発的な流行を招きにくいはずなのである。「借りた米は、死者が借りていたことにすれば、返済しなくて済む」という手を使わないわけがないと考えるのは、筆者が平安時代の受領《ずりよう》の詭弁《きべん》と付き合いすぎたせいかもしれないが。

実態がどの程度だったかはともかくとして、『続日本紀』天平九年末尾に掲げられた以下の総括が、当時の政府の認識を遺憾なく伝えるものであったと見ることは許されるだろう。

> 是《こ》の年の春、疫瘡《えきそう》大いに発《おこ》る。初め筑紫《ちくし》より来たり、夏を経て秋に渉《わた》る。公卿以下天下の百姓相継《あいつ》ぎて没死《し》ぬること、勝《あ》げて計《かぞ》ふべからず。近代以来、未《いま》だ有らざるなり。

朝廷では大赦《たいしや》、税の減免、病気への対処法の指示、読経《どきよう》や僧尼《そうに》への優遇策とともに、天皇の自責の念の表明、それと連動しての大倭国《やまとのくに》の大養徳国《やまとのくに》への表記変え、欠員補充人事などの対応策がとられるが、その一方で、この機会を捉えて私出挙《しすいこ》により私腹を肥やそうとする王臣家が目立ったらしく、その厳禁も命じられている（九月）。いつの世の中にも、そういう輩《やから》はいるものだが、苦しんでいる人々を政府の責任で救済しきれていないことに根源的な問題があったとも言えよう。

そうしたなかにあって、故長屋王の遺児たちへの叙位が目を引く。この疫病流行の背後に長屋王の幻影を見ていたことが知られるからであり、このこと自体が長屋王の冤罪を表明したものとすら解釈できるからである（寺崎保広「「若翁」木簡小考」）。

玄昉と真備

こういった記事に隠れて目立たないが、聖武《しょうむ》を生んで以来面会しようともせず、ひどいうつ状態が続いていた皇太夫人《こうたいぶにん》宮子《みやこ》が、光明子《こうみょうし》の皇后宮で、僧正玄昉《げんぼう》に逢った途端に正気に戻り、めでたく聖武とも会見を果たしたという記事が、この年の一二月に残されている。このことで褒賞を賜った関係者の中には、玄昉とともに唐から帰国し、今は宮子付きの中宮職の次官となっていた下道《しもつみちの》（吉備《きびの》）真備《まきび》の姿もあった。

この時すでに一〇歳になっていた安積《あさか》親王の立太子への期待がふくらみ過ぎるのを防ぐためであろう、翌天平一〇（七三八）年正月に阿倍内親王の立太子が挙行された。真備は天平一三年七月に東宮学士《とうぐうがくし》に、一五年六月には春宮大夫《とうぐうだいぶ》をも兼ねて彼女に仕えることになる。こうして、参議からいきなり大納言に昇進し、阿倍の立太子とともに右大臣にまでなってしまった橘諸兄とあわせて、聖武朝の今後を担う者たちが、表舞台に登場したのであった。

実は天平九年の春には、対蝦夷《えみし》関係の面で画期的な成果を上げていた。そもそも疫病大流行の直中《ただなか》に帰ってきて斃《たお》れた藤原麻呂は、「陸奥国と出羽柵《でわのき》の間にある雄勝《おかち》村を制圧して、陸奥・出羽間の直通ルートを開くべきである」という陸奥国按察使《あんさつし》大野東人《おおののあずまんど》の奏上を承《う》けて、持節大使《じせつたいし》として東北に派遣されていたのであった。

軍縮の時代へ

二月に多賀城《たがじょう》に着いた麻呂は、多賀城のほか玉造《たまつくり》・新田《にいた》・牡鹿《おじか》・色麻《しかま》といった城柵《じょうさく》に、坂東《ばんどう》六カ国の騎兵を配置して作戦の準備を整える。同月末に多賀城を進発した大野東人は、色麻から出羽国大室《おおむろ》駅に到達し、そこで待っていた出羽守田辺難波《たなべのなにわ》と合流、その後、雄勝村までは平坦な五十余里のみを残すという比羅保許《ひらほこ》山まで、ともに進軍した。東人はいったん多賀城に帰還するが、これによって陸奥・出羽直通ルートが確保されたのである。

こういった積極的な北方経営の成果を携えて帰京した麻呂が斃れ、全国的な疫病・飢饉で国力が消耗した結果、北方経営は一気に頓挫してしまった。次に述べる諸国兵士の徴集停止に伴い、坂東からの徴兵が困難になったことが、より直接的な原因である。この結果、東北地方には、その後約二〇年間の平和が訪れることになる。

同年九月には東国出身の防人《さきもり》制も見直され、九州本土出身の兵士を壱岐・対馬などに派遣して防人とすることにした。実はこの方針は天平二年の段階で決まっていたのだが、対新羅関係の緊張があったために、実現が延び延びになっていたものらしい。天平一〇年の周防国や駿河国の正税帳には、東国出身の防人たち二二〇〇人余が次々に帰郷していくさまが記されている。実戦はなかったものの疫病が猖獗《しょうけつ》を極める地域から逃れ、故郷に帰れる喜びがなかったとは言えないだろうが、帰郷する先はそれまで東北戦線に動員されていた地域でもあった。中には逃亡という形で筑紫に残ることを選んだ者もいたらしい。先が見えないのは、政府も彼らも同じである。

そしてついに天平一一年五月には、三関国《さんげんこく》(鈴鹿・不破《ふわ》・愛発《あらち》の三つの関《せき》を抱える伊勢・美濃・越前国)・陸奥・出羽・越後・長門と大宰府管内以外の諸国での兵士の徴集が停止された(『類聚三代格』。諸国の兵士は天平一八年末に復活)。天平七年に「王城国」を名乗り、八年には遣新羅使を冷遇した新羅に対して、軍事的な圧力をかける余裕は、今は全く失われたのである。

小さな政府

天平一一年末には、郷里《ごうり》制も取りやめになって「里」が消えた。積極的な人身把握方針の象徴ではあったが、おそらくは人口の激減に伴う郷編成の混乱の中で、形式の斉美《せいび》を追求している場合ではないとして、放棄されたということであろう。

その行き着くところ、郷の編成までないがしろにされていった。これには若干の説明が要る。第二章で述べたように、律令国家としては里(郷里制以降の郷)の人的・物的負担能力の全国均一化を企図していたが、その中の戸についても、一戸四正丁《せいてい》(うち一人兵士)を標準としていた。

この二つの基準は、現地の実情にあわせて弾力的に運用されただろうが、人口の変動に伴って、郷の空間的な大きさが伸縮せざるを得ないし(郷の人口が増えると、その郷の周辺部に住んでいる人々は、隣の郷に編入される可能性が高まる)、一〇戸単位で指定される封戸《ふこ》のことを考えても、戸の負担能力の均等化が避けられない。その結果として、造籍ごとに戸やそれを積み重ねた里(郷)を再編成するに近い作業を必要とする。これは大変面倒ではあったが、実際にそれは繰返されてきたのであった。

ところが天平一九年五月に至り、封戸に当てられる郷の課丁《かてい》数、ひいては負担量の標準を、政府が定めてしまった。具体的には封戸一戸には正丁五、六人と中男(一七～二〇歳の男子)一人がいることとし、したがって一郷には二八〇人の課丁と五〇人の中男がいることにしてしまったのである。ついでに租も封戸一戸あたり四〇束《そく》と決めてしまった(『続日本紀』)。この命令は、設定されている現実の封戸とは関係なく、国司が封主《ふうしゅ》に支払うべき封物《ふうもつ》(租調庸)量を一定にするようにという趣旨のものであったが、これを逆に言えば、もはや造籍のたびに封戸のことを気にして郷や戸に含まれる課丁数を一定になるように調整する必要がなくなったことを意味する(佐々木恵介「律令里制の特質について」)。

このように天平九年に至るまでの、公民の生活を詳細に把握しての版図拡大路線、すなわち開墾計画、郷里制、人身把握にともなう郷の編成替え、東国防人制、陸奥・出羽直通ルートの開拓などの「大きな政府」路線は、疫病の流行を大きな契機に、転換を余儀なくされたのであった。

藤原広嗣の乱

こうした中、天平一二年九月、吉備真備(当時、右衛士督《うえじのかみ》)と玄昉とを除くことを求めた藤原広嗣《ひろつぐ》(宇合の長男。時に大宰少弐《だざいのしょうに》)が、大宰府で反乱を起こした。右大臣橘諸兄以下の政府首脳は、東北で名声を上げた大野東人を直ちに持節大将軍に任じ、停止中の軍団兵士制を何とか臨時に起動させたらしく、東海・東山・山陰・山陽・南海の兵士一万七〇〇〇人を率いさせて西海道に差し向けた。

東人は、板櫃《いたびつ》川の決戦(一〇月九日)を制したのち、新羅方面に逃れようとして済州島《さいしゅうとう》のそばまで行きながら値嘉島《ちかのしま》(五島列島)に吹き戻された広嗣を捕らえ(一〇月二三日)、処刑する(一一月一日)。ところが、板櫃川での戦捷《せんしょう》の報が届いてまもなくと思われる一〇月一九日、聖武天皇は伊勢への行幸《ぎょうこう》の準備にとりかかり、二九日に出発して、元正《げんしょう》太上天皇・光明皇后とともに、伊賀・伊勢・美濃・近江を巡る行幸に出た。これから天平一七年五月まで、五年近くに及ぶ聖武の彷徨《ほうこう》、そしてこの間の恭仁《くに》・紫香楽《しがらき》・難波と往来しつつ出される遷都の意思表示に対し、これを諫止《かんし》しようとする者もいないまま、国帑《こくど》は浪費され、官人・僧尼・市人《いちひと》・京戸《きょうこ》は右往左往するばかりであった。

聖武天皇の彷徨

聖武は、初めのうちは壬申《じんしん》の乱の足跡をめぐるようなコースをとっている。つい昨年末に大宰少弐に任じたばかりの広嗣の反乱。しかも宮子を快方に向かわせた玄昉と、ゆくゆくは皇太子阿倍を託そうと考えていた真備とを側近から逐《お》えという、自分の鑑識《かんしき》を真っ向から否定した広嗣は、果たして単独行動なのか、それとも都で糸を引く者がいるのか。乱の背景が見えないのは、当時とて現在と同じであったろう。

ひとまず都を離れて身辺を固め、祖父草壁も従軍した壬申の乱の行程をたどりながら、山背《やましろ》国相楽《さがらか》郡に入ったのが一二月。ここにはもともと橘諸兄の別荘（相楽別業《さがらかのべつごう》）があり、諸兄は天皇より先に相楽郡恭仁《くに》の地（現・京都府木津川市加茂町）に至って、遷都のための下準備をしている。恭仁への遷都を主導したのは諸兄ではなかったかと言われる所以である。正月まであと半月という時点で恭仁宮の造営に取りかかるが、当然、元日の朝賀に間に合うはずがない。宮殿の周りには、垣の代わりに幕を張り巡らして、急場をしのぐありさまであった（図4-1）。

以下、聖武の遷都がらみの行動を駆け足でたどってみよう。天平一三年の正月を恭仁宮で迎えた聖武は、閏三月には平城宮の兵器を恭仁宮近くの離宮の甕原宮《みかのはらのみや》に運ばせ、さらに五位以上の者が特別の許可なく平城京にとどまることを禁じた。八月には平城京の東西市《とうざいいち》を恭仁京に移し、九月には新都造営のために、大和・河内・摂津・山背から役夫《えきふ》五五〇〇人を徴発、一一月には、新都を「大養徳恭仁大宮《やまとくにのおおみや》」と命名した。どう見ても恭仁宮を都にしようとしていたとしか見えない。
ところが、翌天平一四年八月には、近江国紫香楽村《しがらき》(現・滋賀県甲賀市信楽町)に離宮(宮町遺跡)の造営を命じて行幸、一二月には再度紫香楽に行幸して、天平一五年の元日はここで迎える始末。この年、恭仁と紫香楽の間を往来するうちに、一〇月には紫香楽宮の傍ら(甲賀寺《こうがでら》)に、盧舎那仏《るしゃなぶつ》の金銅像を造立《ぞうりゅう》するように命じた。有名な、

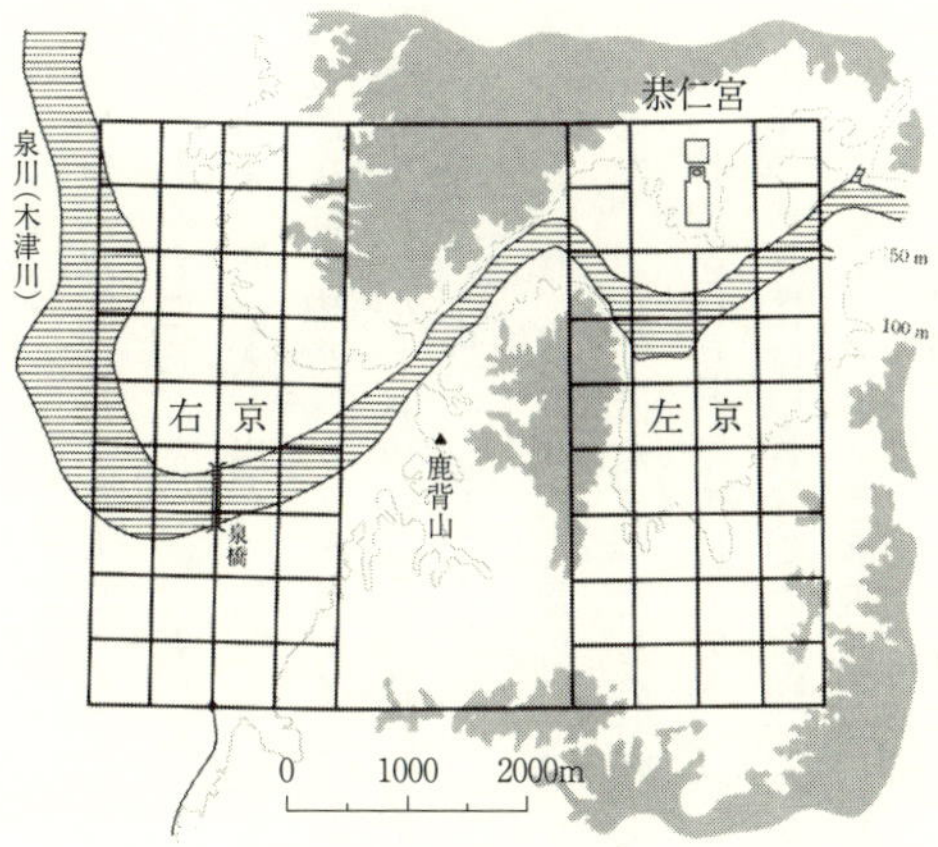

図 4-1　恭仁京想定図

夫《そ》れ天下の富をたもつ者は朕《ちん》なり。天下の勢《いきおい》をたもつ者は朕なり。この富と勢とをもってこの尊き像を造らむ。

という聖武の言葉は、この時発せられた詔書にある。この月には東海・東山・北陸の三道二五カ国の調庸も、紫香楽に運ぶことを命じているから、紫香楽も都であるという認識が窺える。こうなると、紫香楽宮の造営に力を入れざるを得ないのは当然で、一二月末には恭仁宮の造営

が停止された。

天平一六年閏正月、官人たちを恭仁宮の朝堂に集め、恭仁と難波のどちらを都にしたらよいかと尋ねたところ、恭仁派は五位以上二四人、六位以下一五七人、難波派は五位以上二三人、六位以下一三〇人と出た。拮抗している。同月、市人《いちひと》に尋ねたところ、難波派一人、平城派一人のほかは、皆恭仁から動きたくないと答えた。

そんなアンケート結果をものともせず、聖武はさっさと難波に行幸、二月には駅鈴《えきれい》と内印《ないいん》(天皇御璽《ぎょじ》)・外印《げいん》(太政官印)、さらに後には高御座《たかみくら》や大楯《おおたて》・槍《ほこ》といった王権の象徴を恭仁から難波に取り寄せ、自身は紫香楽宮に戻ったにもかかわらず、難波において、難波を「皇都《こうと》」と宣言させた。これではたまったものではない。紫香楽宮の西北で四月に発生した山火事は、あてどない彷徨を嫌忌《けんき》しての放火であった可能性が高い。

同年一一月には甲賀寺で盧舎那仏の体骨柱《たいこっちゅう》の建立の儀が催され、そのまま紫香楽で越年したらしい。しかし天平一七年四月になると再び不穏な空気が漲《みなぎ》り、「一日、市の西の山に火あり」「三日、寺(甲賀寺)の東の山に火あり」「八日、伊賀国真木山に火あり。三、四日滅せず。延焼数百余町」「十一日、宮城の東の山に火あり」というありさま。紫香楽宮の人々は競って川辺に行き、財物を埋めたという。

五月に太政官が諸司の官人に尋ねたところ、皆「平城に都すべし」、薬師寺に四大寺の僧を

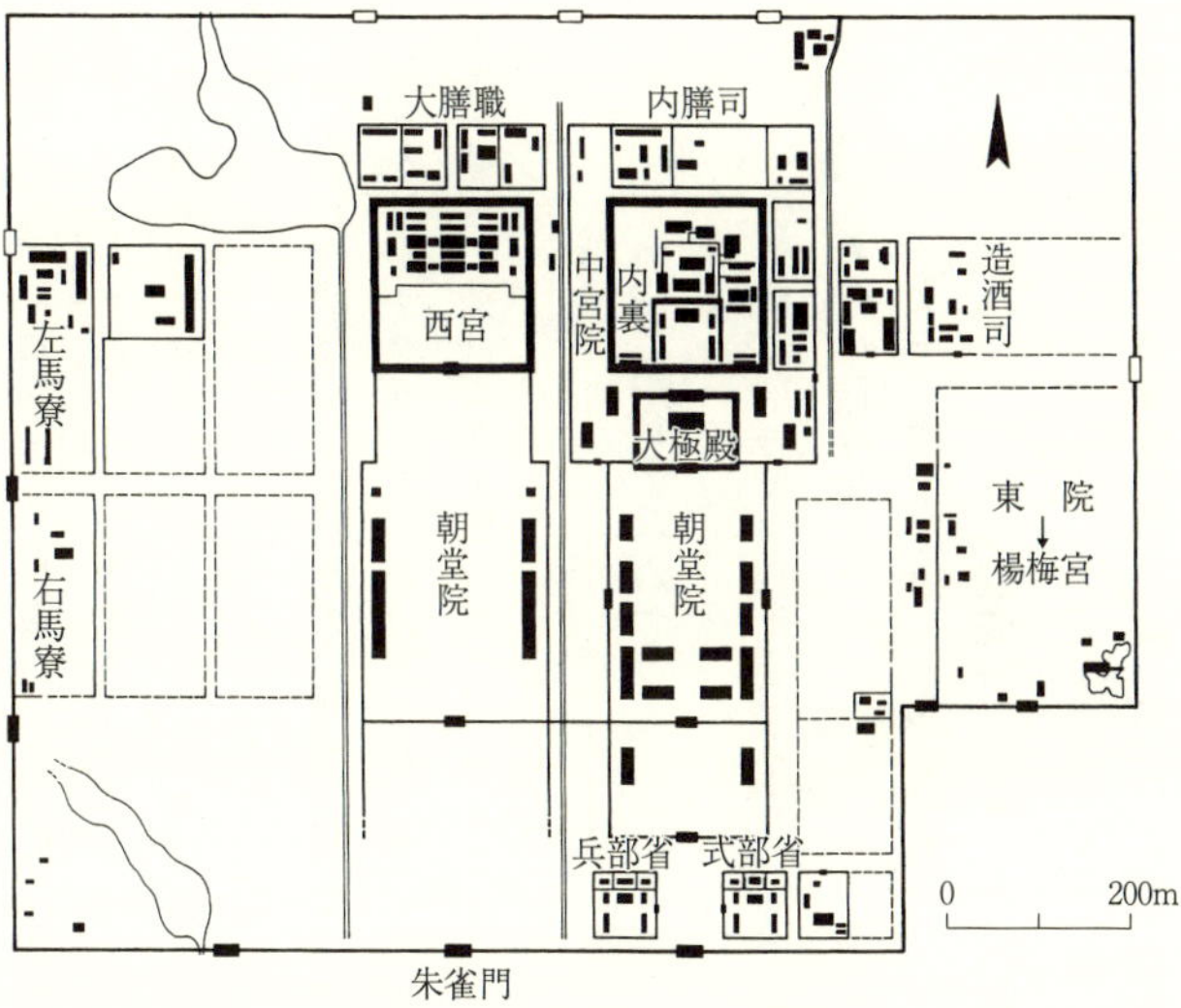

図 4-2　奈良時代後半の平城宮

召して尋ねても「平城をもって都とすべし」。聖武は紫香楽から恭仁に戻ったが、さすがにたまりかねたらしく、平城への行幸の用意をさせ、一一日に帰着した。この間地震が頻発、「恭仁京の市人、平城に徙《うつ》る。暁も夜も争ひ行き、相接《つ》ぎて絶ゆること無し」(一〇日)、「甲賀宮空《むな》しくして人無し。盗賊充《み》ち斥《み》ちて、火もまた消えず」(一一日)という事態が記録されている。

ただ、こう書くと混乱の極みの観があるが、実はそうとばかりも言えない。還都後に平城宮に大規模な改作が加えられていることがわかっているからである。東区には、それまでの掘立柱《ほったてばしら》の正殿《せいでん》(大安殿《だいあんでん》?)に代えて、礎石建ちの大極殿が建てられ（第二次大極殿）、その前面（南面）にあった掘立柱の檜皮葺《ひわだぶ》きの十二朝堂も、礎石建ちの瓦葺《かわらぶ》きにと立派になった。一方、中央区の方は、大極殿が恭仁宮に持って行かれた後、檜皮葺きの建物群が立ち並ぶ生活空間の様相を呈していった。これはやがて「西宮」と呼ばれるようになり、称徳《しょうとく》女帝（孝謙《こうけん》天皇の重祚《ちょうそ》）の住居となっていく（図4－2）。

こういった改作が行われたのが還都直後なのか、孝謙朝・淳仁《じゅんにん》朝あたりまで降るのかは、はっきりとはわかっていないが、ともあれ天平年間末期には、東大寺や盧舎那仏の造立と並行して、平城宮の造宮事業を推進できるほどまでには、国力の恢復が見られたと言えるだろう。

2　鎮護国家を求めて

律令国家と仏教

聖武天皇の天平時代後半から、称徳天皇の治世にかけて、世は仏教に染め上げられたかの観を呈する。

そもそも律令国家にとって仏教は、国家体制を護持《ごじ》することが期待された宗教であった。そのためにこそ唐の道僧格《どうそうかく》、つまり中国固有の民間信仰に由来しながらも仏教に影響されて体系化された道教の、その修行者（道士《どうし》・女冠《じょかん》）及び僧尼に関する規則を定めた格を参照しながら、道教に関する部分を削ぎ落とした僧尼令《そうにりょう》を、日本の令の編目《へんもく》の一つとして編んだのである。

僧尼は、一般の公民に課せられるさまざまな労役や税が免除される代わりに、先の務めを果たすべく寺院に縛り付けられていたのであり、その宗教的な力(呪力《じゅりょく》)が保証されるように、厳しい修行と規律とが課せられていた。民衆は税の免除を求めて僧尼になりたがったし、また呪力を持つ者が民衆を使嗾《しそう》して反国家的な行動に出ることも警戒しなければならなかったので、勝手に僧尼になること(私度《しど》)は厳禁され、民間への布教も禁じられていたのであった。

こうした役割を期待されていた仏教界には、国家的な災厄《さいやく》に見舞われたときには、法会《ほうえ》を開催して国家の安泰を祈ることを求められることがしばしばあった。のみならず、天皇・大臣等の有力者の病気などの際にも、その快癒を祈るために法会が開催されたり、修行中の者を出家(得度《とくど》)させるといった功徳《くどく》が積まれたりもした。

聖武朝においては、こうした仏教の呪力への期待が高まっただけでなく、仏教の教義に基づいた国家体制の正当化が試みられ、さらには皇位の正統性まで仏教に依存しようとした点に、それまでとは異なる画期性を見出すことができる。

写経事業の展開

さて、功徳の積み方の一つに写経事業がある。仏教の経典を書写すること自体が功徳になって、願いが叶えられるという発想に出るもので、和銅五(七一二)年一一月、「長屋殿下」(長屋王)が文武天皇の冥福を祈って発願《ほつがん》した『大般若経《だいはんにゃきょう》』全六〇〇巻の写経のように、個人の発願に由来する例もあるし(跋語《ばつご》〔あとがき〕による。長屋王は、神亀五〔七二八〕年五月にも、同経全巻を写させているが、その時の跋語には「登仙《とうせん》二尊(両親)の神霊」とともに「現御寓天皇ならびに開闢《かいびゃく》以来の代々の帝皇」の功徳のためとある)、天皇・皇后・皇太子等の発願で、官僚機構を動かして写経事業を進める場合もある。ただし、後者の場合にも、国家体制の安定の象徴として天皇以下の安泰があり、前者の場合も、先の跋語のように父祖のみならず天皇以下の功徳のためであることがあるので、費用の出所はともかく、事業の目的は、必ずしも私的と公的とにはっきりと分けられるものではない。

聖武朝の初期においては、神亀五年一二月に、『金光明最勝王経《こんこうみょうさいしょうおうきょう》』一〇巻を六四セット写させ、諸国に頒下したことが目立つが、これは同年九月に皇太子基《もとい》(?-)王が二歳(実際には満一歳を迎えないまま)で亡くなったことを契機とし、その菩提《ぼだい》を弔うためのものであったと推測できる。

写経事業が本格化するのは、天平七(七三五)年帰国の遣唐使一行とともに帰国した玄昉が、唐から最新の仏典総合目録である『開元釈教録《かいげんしゃっきょうろく》』(一〇七六部五〇四八巻を記載)に基づいて蒐集《しゅうしゅう》した経典を持ち帰って(『扶桑略記《ふそうりゃっき》』)以降である。これによって初めて日本は、唐と同様のレベルの仏典のセット(一切経《いっさいきょう》)を備えることができたのであった。

実際には天平八年九月に写経が始められていたにもかかわらず、「天平十二年五月一日」という発願の日付をもつために、一括して「五月一日経《ごがつついたちきょう》」と呼ばれる経典群は、玄昉の帰国によって整えられた一切経を基本テキストとして、亡父藤原不比等・亡母 橘《たちばなの》三千代《みちよ》の菩提を追《つい》善《ぜん》、あわせて天皇の福寿と臣下の忠節を祈り、さらには衆生を救い法灯《ほうとう》を無窮《むきゅう》に伝えることを誓って、光明皇后が皇后宮職《こうごうぐうしき》付属の写経所に書写させたもので、東大寺の聖語蔵《しょうごぞう》に七四〇巻、その他合計して九〇〇巻以上が伝存している。これが奈良時代における一切経写経の嚆矢《こうし》であり、かつその後の経典書写の際のスタンダードになった。

「五月一日経」の書写事業は延々と天平勝宝八(七五六)歳まで続き、その間に写経の対象を広げて経典の注釈書にも及び、結局約七〇〇〇巻を書写して終わった(皆川完一「光明皇后願経五月一日経の書写について」)。その一方で天平一五(七四三)年五月には、聖武の発願による一切経書写も開始された(大官《だいかん》一切経＝先写《せんしゃ》一切経)。こちらは盧舎那仏造立の変転に巻き込まれたせいか、いったん中断され、天平一八年に再開された。この時には同時に皇太子阿倍(後の孝謙天皇)の発願による一切経書写も開始されており(後写《こうしゃ》一切経)、ともに造東大寺司の下部機構としての写経所が担当していた。

現在残されている正倉院文書の大半は、こういった写経所で作成・使用された帳簿類であり、戸籍・計帳・正税帳その他諸国の作成した公文書は、こうした写経所の帳簿類の裏面(第一次使用面)として偶然残されたものである。

国分寺・国分尼寺の建立

こうした中央における大規模な写経事業の展開とともに、諸国に備えるべき経典の写経も進められた。藤原広嗣の乱の直前の天平一二(七四〇)年六月には、国ごとに『法華経』を書写し、七重塔を建てるように命令が下されているし、乱の最中の九月には、諸国に『観世音経』一〇巻の書写と観世音菩薩像の造立が命じられている。これより先、天平九年三月には、諸国に釈迦《しゃか》・文殊《もんじゅ》・普賢《ふげん》の三像を安置することが命じられていた。

こうした一連の諸国での造寺・造仏事業の集大成として発布された、天平一三年二月のいわゆる国分寺(金光明四天王護国之寺《こんこうみょうしてんのうごこくのてら》)・国分尼寺(法華滅罪之寺《ほっけめつざいのてら》)建立の詔では、諸国に対して、それぞれの寺に『金光明最勝王経』と『法華経』とを納めるように命じており、このうち『金光明経』は、天皇自らが金字で書写して諸国に頒下しようとしている。

国分寺のような全国一律の造寺事業は、中国での例として、武則天が諸州に設定させた大雲寺《だいうんじ》(新たに建立したものばかりではなく、改称も含む。以下同じ)、神龍《じんりゅう》元(七〇五)年に唐王朝を復活させた中宗が設定を命じた龍興寺《りゅうこうじ》、開元二六(七三八)年に玄宗が設定を命じた開元寺《かいげんじ》といった例があるが(塚本善隆「国分寺と隋唐の仏教政策並びに官寺」)、経典の名をとって寺名としているという意味では、日本の国分寺・国分尼寺の先例として、まずは大雲寺を考えるべきであろう。

国分寺・国分尼寺造営事業のモデルを作った武則天は、次に述べる盧舎那仏とも関わりが深い。

盧舎那仏の造立

前述したように一切経書写は、光明皇后が先陣を切り、そのあとを聖武・皇太子阿倍が追うという状況になっているが、しかし、鎮護国家のための写経であるならば、発願の主体が三者に分かれなければならない必然性はない。このことが気になるのは、僧尼が守るべき戒律を記した『四分律《しぶんりつ》』六〇巻のダイジェスト版で、南山律宗《なんざんりっしゅう》の基本書である『四分律抄』六巻の書写をめぐっては、聖武が天平一五(七四三)年五月に、自身と皇后・皇太子のために合計三部の書写を発願したのに、皇后・皇太子は同年の内に自ら発願して『四分律抄』を書写させることになり、結局、彼女たちのために聖武が発願した二部は未完成に終わるという事態が生じているからである(大平聡「皇太子阿倍の写経発願」)。仏教政策に関しては、聖武と光明皇后との間に、その主導権をめぐって微妙な動きが感じられ、その中に皇太子阿倍にも主導権を取らせなければという気配が見え隠れするのである。

こうした背景を心得て読めば、天平一五年一〇月に、紫香楽宮に滞在中の聖武天皇が、盧舎那仏の造立を命じた詔書の有名な一句「夫れ天下の富をたもつ者は朕なり。天下の勢をたもつ者は朕なり」にも、統治権者としての天皇という立場を高らかに宣言したものという読みはもちろんながら、造仏における主導性は皇后・皇太子ではなく自分にあることの宣言という読みもできよう。

『華厳経《けごんきょう》』は、当時の全宗派を包摂して序列化した円教《えんきょう》(完全な教え)とされ、盧舎那仏はその世界を主宰する仏である。しかし、八世紀半ばという時点での『華厳経』と盧舎那仏は、そればかりではない「いわく」に包まれていた。実は、唐の第三代皇帝である高宗の時代に龍門に造営された奉先寺《ほうせんじ》の本尊が盧舎那仏で、これは、皇后則天武后(武則天)の化粧料で作られている。その則天武后は、『大雲経』の浄光天女《じょうこうてんにょ》の即位の段を自分に都合のよいように解釈して、中国史上唯一の女性皇帝として即位し、その際に全国に大雲寺を設けたが、次には『華厳経』を自らの政治理念として、華厳宗の第三祖・法蔵《ほうぞう》から菩《ぼ》薩戒《さつかい》を受戒したのであった。

聖武自身は、天平一二(七四〇)年に河内国の智《ち》識寺《しきじ》(大阪府柏原《かしわら》市)で拝した盧舎那仏に感銘を受け、自身も造立したく思ったと言っているし(『続日本紀』天平勝宝元(七四九)年一二月二七条)、また、華厳宗には南都の他の五宗を総合したような面があるから、聖武朝に『華厳経』の研究・崇拝が高まるのは、一見自然に見えないではない。しかし、聖武朝から称徳朝にかけての華厳宗の隆盛が、その後いったん下火になることを考慮すれば、中国史上唯一の女帝である武則天の後を追うように『華厳経』と盧舎那仏とを選び取り、全国に国分寺・国分尼寺を建てさせた聖武天皇・光明皇后・皇太子阿倍の親子の思惑は、教義に惹《ひ》かれたというだけではない、より切実な問題を背景にしていた可能性を考えるべきであろう。

この点は、鑑真《がんじん》の招請と、来日直後の鑑真から聖武・光明・孝謙（＝阿倍《あべ》）の三者が菩薩戒を受けたことを考え合わせると、さらに焦点が結ばれ、像がくっきりとしてくる。

鑑真招請

鑑真の招請目的の一つは、戒律（具足戒《ぐそくかい》）の伝授法の確立にあった。後に最澄《さいちょう》の運動の結果として延暦寺に大乗戒壇《だいじょうかいだん》が設置される以前には、僧尼になろうとする際には、具足戒（小乗仏教の規範で、二五〇の戒からなる）を受ける、すなわち自ら守ることを誓い、かつ守れそうだと保証される必要があり、その授戒（受戒）の際には、三師七証《さんししちしょう》、つまり三人の師（戒和上《かいわじょう》・教授師《きょうじゅし》・羯磨《こんま》師《し》）と七人の証人が列席する儀式が必須であった。その一〇人は、ともに正式に具足戒を受けた僧でなければならない。

ところが当時の日本では、僧尼の三師七証を遡っていったときに、必ずしも仏典に記されたとおりの規則に従って受戒した者ではない僧尼に連なる場合が目立っていたようで、それは僧尼の資格が十全ではないことを意味し、ひいては鎮護国家の呪力への不安に直結していた。そういう意味で、鑑真のような唐の高僧の来日が望まれるわけであるが、唐で正式に受戒した僧侶は数名しかいないという当時の日本の状況では、鑑真がただ一人やってきただけでは三師七証が揃わない。だから、是が非でも高僧の一行に来日してもらいたかったのである。

天平五（七三三）年に留学僧として渡唐した栄叡《ようえい》・普照《ふしょう》は、洛陽の大福先寺《だいふくせんじ》の僧であった道璿《どうせん》に渡日を請《こ》い、それを承けて道璿は、いったん東南アジアに漂流するという苦難を嘗《な》めながらも、遣唐使の帰国の便で、天竺《てんじく》僧の菩提僊那《ぼだいせんな》や林邑《りんゆう》僧の仏哲《ぶってつ》とともに、天平八年に来日している。しかし、たとえ道璿らを加えたとしても、唐などで正式に受戒した僧は、三師七証にはまだまだ足りない。栄叡・普照の招請活動は続けられざるを得なかったのであり、弟子たちが同行してくれる高僧鑑真の来日は、願ってもないことだった（東野治之『鑑真』）。

では弟子をつれた高僧であれば誰でもよかったのか。実はそうではなかったらしい。そのことは、天平勝宝六（七五四）年に鑑真が平城京に迎え入れられてすぐに、聖武太上天皇・光明皇太后・孝謙天皇の三人に菩薩戒を授けていることから推測できる。

女性皇太子阿倍

菩薩戒というのは大乗仏教の戒である。十重四十八軽戒《じゅうじゅうしじゅうはちきょうかい》、すなわち合計五八の戒を自らに課しながら、一切衆生《いっさいしゅじょう》を救う「利他行《りたぎょう》」に励むことを誓う人に授けられるもので、俗人のままでも受けられる戒である。中国では仏教への傾倒で著名な梁《りょう》の武帝《ぶてい》（在位五〇二～五四九）以来、皇帝の菩薩戒受戒の例があり、唐の皇帝の中にも菩薩戒を受ける者がいた。中でも武則天と、その子で後継者である中宗・睿宗《えいそう》の兄弟は、それぞれ数回にわたって菩薩戒を受けているが、その時の戒師には南山律宗の特定の法系の者が選ばれていた。鑑真は武則天に菩薩戒を授けた弘景《こうけい》（恒景）を戒和上として具足戒を受戒しており、天皇に菩薩戒を授ける戒師としても、まことにふさわしかったのである。聖武は天平二一（七四九）年正月には、宮子や光明子とともに、亡くなる直前の大僧正行基《ぎょうき》から菩薩戒を受けていたが（『扶桑略記』）、鑑真からあらためて菩薩戒を受けたのであった。

天皇が菩薩戒を受けることは、孝謙以降しばらく途絶え、次の例は幼帝清和《せいわ》天皇（在位八五八～八七六）になる。これを考えあわせると、孝謙らへの鑑真の授菩薩戒は、幼帝清和と同様に即位事情に不安を抱えた孝謙に、武則天と同様の、菩薩行の実践者として一切衆生を救う立場を確立することを目指したものという解釈が可能であろう。つまり栄叡・普照には、僧尼のための厳格な戒律（具足戒）の授与と、その後の実践の指導に当たるとともに、孝謙への菩薩戒の授戒者としてふさわしい僧を選ぶことが期待されていたのであり、鑑真はこの二つの要件を備えた、願ってもない高僧なのであった（河上麻由子「聖武・孝謙・称徳朝における仏教の政治的意義」）。

逆に言えば、そうまでして皇太子阿倍＝孝謙を守り立てなければならないほどに、女性皇太子阿倍の皇位継承への不満が鬱積《うっせき》していたのである。天平一七（七四五）年九月という時点、すなわち阿倍内親王が立太子して七年以上も経っており、かつ聖武と夫人《ぶにん》の県犬養広刀自《あがたいぬかいのひろとじ》との間に生まれ、聖武の皇子としてただ一人成長し、大伴家持《おおとものやかもち》らに期待されていた安積親王が（『万葉集』巻三、四七五～四八〇番）、一七歳で謎の死（藤原仲麻呂による謀殺説がある）を遂げた翌年という時点で、橘奈良麻呂《たちばなのならまろ》が佐伯全成《またなり》に「陛下（聖武）、枕席《ちんせき》安からず。殆《ほとん》ど大漸《たいぜん》に至らむとす。然《しか》も猶《なお》、皇嗣《こうし》立つることなし」（『続日本紀』天平宝字元年七月四日条）と述べたことは、いかに皇太子阿倍の立場が弱かったかを伝えて余すところがない。

東大寺の起源

一連の崇仏事業の中でのクライマックスが、東大寺の大仏開眼《だいぶつかいげん》であったことは言うまでもない。

東大寺の濫觴《らんしょう》についてはやや複雑な経緯がある。この寺の一つの淵源は、聖武と光明子との間に生まれて夭折した皇太子基(?-)王の菩提を弔うために、若草山の西斜面にあたる丸山に設けられた草堂《そうどう》にある。やがてその草堂は発展して金鐘《こんしゅ》(鍾)寺《じ》と呼ばれるようになった。この金鐘(鍾)寺と、阿倍内親王が立太子した際に、光明皇后がその安寧を祈って設けた福寿寺《ふくじゅじ》との両寺が、天平一三(七四一)年二月に全国に国分寺の造営が命じられたのを承けて併せられ、大養徳国《やまとのくに》の国分寺(金光明寺《こんこうみょうじ》)とされた(吉川真司「東大寺の古層」。図4-3)。

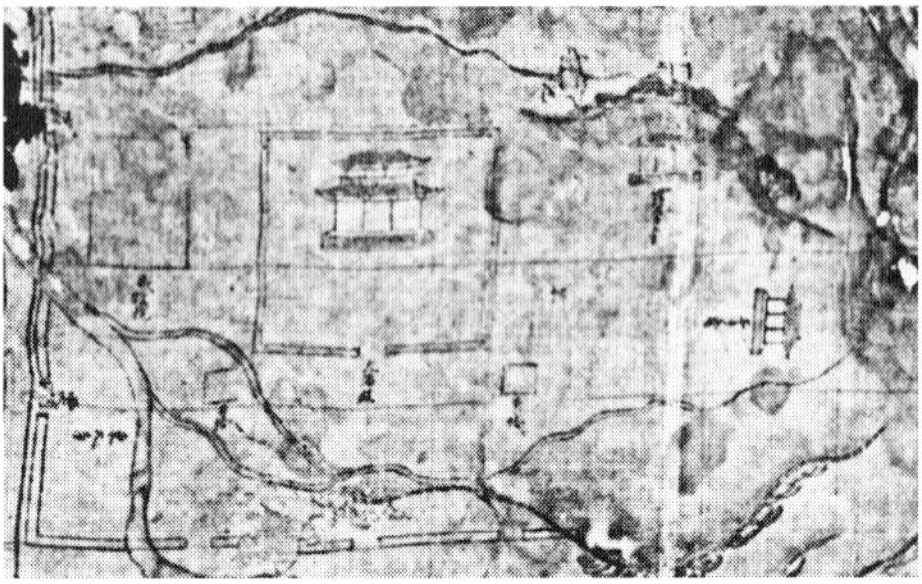

図4-3　東大寺山堺四至図(部分)

天平一五年には、先に述べたように紫香楽で大仏(盧舎那仏)が造られ始めたが、天平一七年五月、平城還都という事態になったので、大養徳国国分寺を整備しなおすこととし、同年八月には、新たに本尊としての大仏をこの地に造立することにした。平城還都に際しては、光明皇后が藤原不比等から引き継いだ邸宅をそのまま施入する形で法華寺《ほっけじ》も創建され、やがてこれが大養徳国の国分尼寺とされる。

大僧正行基

こうした動きの中で注目されるのが、僧行基への評価の逆転である。行基は、僧尼令が禁じていた民間布教に早くから乗りだし、おそらくは調庸の運脚《うんきゃく》（徴発された運搬人）などとして都に来ながら、そのまま都の周辺にさまよっていたような人々を組織して、布教と社会事業とに取り組んでいた。しかし、中国での先例を学んで、宗教的な結合が反政府運動に転化することを恐れた政府は、養老元（七一七）年、「小僧《しょうそう》行基」と名指しして彼を批判し、活動の禁圧に取りかかった。

しかし行基は、政府との対立を上手に避けつつ、三世一身の法（養老七（七二三）年）に対応しての灌漑施設の整備や、あいつぐ遷都に対応しての交通路の整備、さらには後に四十九院と呼ばれるようになった僧尼の修行のための道場（院）の設置に奔走した。ある意味では、政府に代わって公共工事や貧民救済といった社会事業を推進し、不穏な動きに出かねない分子を善導していたわけである。

彼のこうした活動は、次第に政府からも黙認されるようになり、逆に、菩薩行《ぼさつぎょう》（利他行）の実践者という評価が加えられるようになっていった。聖武が紫香楽で「菩薩の大願を発し」、衆庶に一枝の草、一把《ひとつかみ》の土の助力を求めて盧舎那仏の造立を宣言した天平一五（七四三）年一〇月、行基はこれに積極的に協力する姿勢を示す。官僚組織を通じ、命令に対する服従という形で天皇の願いを実現するのではなく、自ら一切衆生を率いて菩薩行を実践し、これに共感する者たちとともに仏国土を作りたいと願っていた聖武にとっては、行基と彼の率いる集団をそのまま取り込むことが、趣旨にかなうと思えたのであろう。実働部隊としても、願ってもない集団であった。天平一七年、行基は大僧正に任じられ、聖武の意を体して造仏に挺身する、最高位の僧という立場になった。

陸奥産金

天平一九(七四七)年九月には、いよいよ大仏の鋳造が始まる。以前から和同開珎の原料の銅を提供してきた長門国長登《ながのぼり》銅山(山口県美祢《みね》市)から搬入された大量の銅が、これに使用されたことが、銅の成分分析から明らかにされている。このころ「東大寺」という呼称が用いられ始めたらしい(初見は天平一九年一二月一五日「東大寺写経所解《しゃきょうしょげ》」)が、「金光明寺」の呼称も、使われ続けていた(天平勝宝八歳七月八日「法隆寺献物帳《けんもつちょう》」)。

折よく陸奥国小田《おだ》郡で金鉱が発見された。宮城県遠田《とおだ》郡涌谷《わくや》町の黄金山《こがねやま》神社付近が遺跡とされ(黄金山産金遺跡)、発掘調査の結果、「天平」とヘラ書きされた瓦製宝珠や丸瓦などが見つかっている(図4-4)。

天平二一年二月、陸奥守百済王敬福《きょうふく》によって金が都に貢上された。自らの富と権力を注いで造り上げげつつある盧舎那仏に、同年四月、陸奥から貢上された黄金を捧げつつ、「三宝《さんぽう》の奴《やっこ》」として額《ぬか》づく聖武の姿からは、仏に縋《すが》りつつ一切衆生を済度《さいど》せんとする帝王の姿が目に浮かぶ。

実際には、天平初年に長登銅山から故藤原不比等邸(後の法華寺)に送られた銅を含む大量の上質の銅が、光明皇后の意向で大仏造営に充てられているが(佐藤信「長門長登銅山と大仏造立」)。

ともあれ聖武は、この事業への神仏の加護を確信し、この年を天平感宝《てんぴょうかんぽう》元(七四九)年と改元した。もちろん黄金の出現を寿いでの新年号であり、これからしばらくは、天平勝宝《てんぴょうしょうほう》・天平宝字《てんぴょうほうじ》・天平神護《てんぴょうじんご》・神護景雲《じんごけいうん》と、四字年号が続く。中国でも後漢(建武中元《けんむちゅうげん》のみ)、北魏《ほくぎ》(太平《たいへい》真君《しんくん》のみ)や、後の宋の時代に四字年号があるが、この時の日本の四字年号にヒントを与えたのが、武則天の天冊万歳《てんさくばんざい》・万歳登封《ばんざいとうふう》・万歳通天《ばんざいつうてん》であることは、タイミングばかりでなく、その尻取り式命名法や、一年に二度の改元から見ても疑いない。

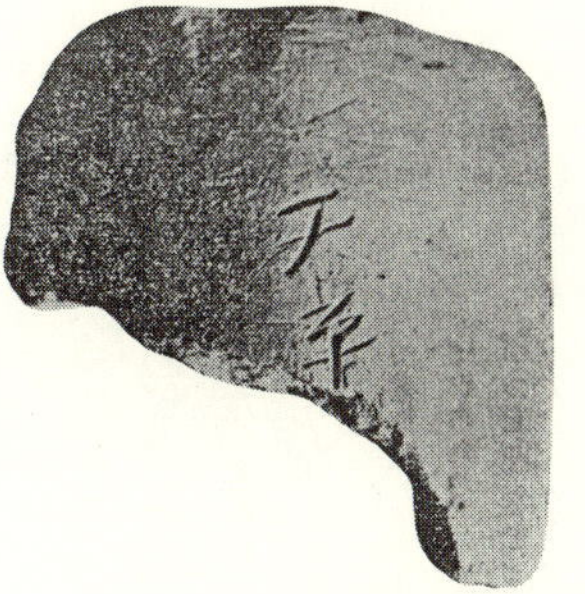
図 4-4　黄金山神社出土へラ書き文字瓦

産金を祝う詔書を、守《かみ》(長官)として在任中の越中《えっちゅう》で受け取った大伴家持は、天皇が諸人《もろびと》を誘《いざな》って善行を始めようとしたのに対して、天地《あめつち》の神々が皆で助けてくれたのだと感激し、武門の伝統ある大伴氏として、天皇への一層の奉仕を誓う長歌《ちょうか》を作った。「海行かば　水浸《みづ》く屍《かばね》」は、この歌の一節であるが、ここでは、その反歌を掲げておこう(『万葉集』巻一八、四〇九七番)。

すめろぎの　御代《みよ》さかえむと　あづまなる　みちのく

やまに　金《くがね》花さく

東大寺大仏造営事業完遂の見通しを得て、七月二日に聖武は譲位、ただちに女性皇太子阿倍が即位し（孝謙天皇）、一年のうちに二度目の改元をして天平勝宝元（七四九）年とした。同年一〇月には、大仏本体の鋳造は終わり、螺髪《らほつ》九六六個の鋳造に一年半と意外に手間取りながらも、天平勝宝四（七五二）年四月九日、孝謙天皇・聖武太上天皇・光明皇太后の臨席のもと、当時大安寺《だいあんじ》に住していた天竺僧菩提僊那《ぼだいせんな》を導師、唐僧道璿《どうせん》を呪願師として開眼供養会《かいげんくようえ》が執り行われた。まだその時には、鍍金《ときん》が終わっていなかったと伝える（『東大寺要録』）。参加した一万余の僧の名は、現在正倉院に蠟燭《ろうそく》文書として残されている巻物に記されている（杉本一樹「蠟燭文書と塵芥雑帳」。図4－5）。

大仏開眼供養会

同年六月には新羅王子と称する金泰廉《きんたいれん》一行が来日し、珍しく「調」をもたらし、盧舎那仏を拝んだ。この一大交易団を迎えた都では、香薬《こうやく》などの新羅からの持参品を購入すべく、貴顕たちが「買新羅物解《ばいしらぎもつげ》」を投じて競売に加わり、その後、反古となった文書は、「鳥毛立女図屛風《とりげりつじょずびょうぶ》」の下貼《したばり》にされ、日本産山鳥《やまどり》の羽が使われていることとともに、この屛風が国産であることの根拠になっている（東野治之「鳥毛立女屛風下貼文書の研究」）。

やがて東大寺には東塔《とうとう》・西塔《さいとう》という二基の七重塔も建てられ、天平勝宝六（七五四）年に鑑真が来日すると、同寺に戒壇が設けられて、日本の授戒制度が確立されるに至る。

聖武太上天皇は、おそらくは満足の面持ちでこれらの動きを眺め、天平勝宝八(七五六)歳五月、五六歳を一期としてこの世を去り、遺詔《いしょう》によって道祖《ふなど》王が皇太子に立てられた。

彼の治世下に、東大寺の諸像をはじめとして、古代日本の芸術の一つのピークを現出し得たのは、天武皇統事実上の三代目としての聖武自身の個性とともに、これを先導するかのごとくに、母橘三千代の一周忌を期として興福寺《こうふくじ》西《さい》金堂《こんどう》を造立(天平六(七三四)年)、阿修羅像《あしゅらぞう》を含む八部《はちぶ》衆像《しゅうぞう》や十大弟子像を安置した、光明皇后の仏教への篤い帰依に負うところが大である。千載の後に天平の華麗な意匠を残し得たのも、光明皇后の点睛、すなわち聖武天皇の七七忌(四十九日)にあたっての、聖武遺愛の品々の東大寺正倉院その他への献納によると言うべきであろう。

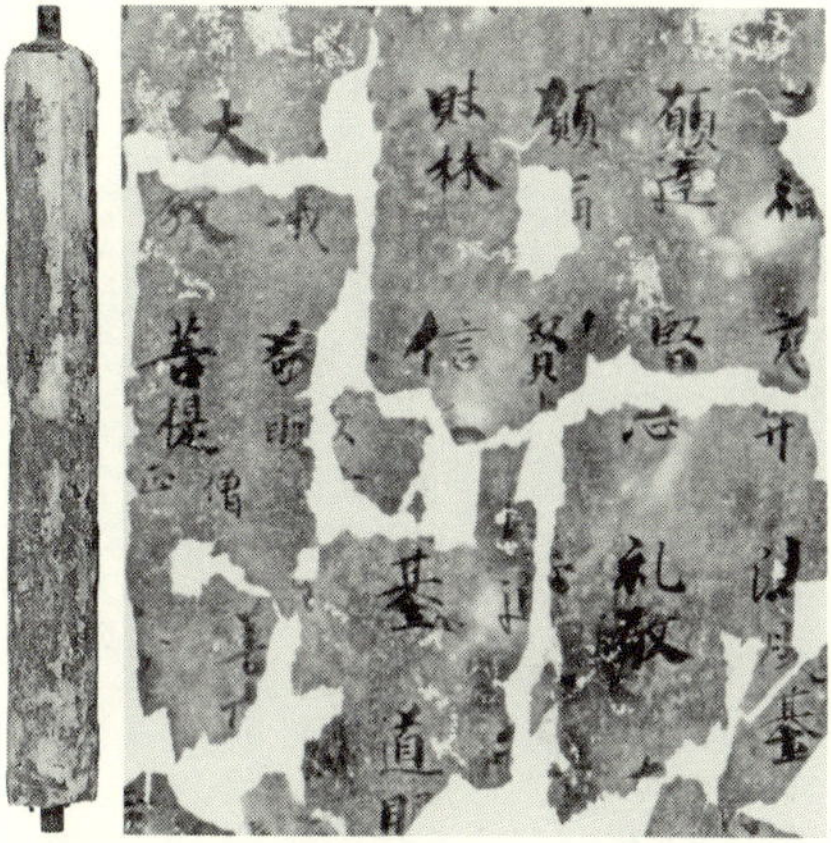

図 4–5　蠟燭文書の 1 つ(左)と，はがれた断片に記された菩提僊那ほかの僧名

3　荘園と「富豪の輩」

造寺・造仏と国家財政

聖武朝における国家財政如何という問題は、古くから、否、当時から話題に上っていた。一〇世紀初頭の三《み》善清行《よしきよゆき》は、その「意《い》見封事《けんふうじ》十二箇条」において、

欽明《きんめい》天皇の代《よ》に、仏法初めて本朝に伝へ……降《くだ》りて天平に及《いた》りて、いよいよ尊重をもてす。遂《つい》に田園を傾《かたぶ》けて、多く大寺を建つ。堂宇《どうう》の崇《たか》く、仏像の大なること、工巧《こうこう》の妙、荘厳の奇、鬼神の製のごとくなるあり。人力の為《しわざ》に非ざるに似たり。また七道諸国をして国分二寺を建てしむ。造作の費《ついえ》、各《おのおの》その国の正税を用《もち》ゐたりき。ここに天下の費《ついえ》、十分にして五。

と、さんざんに非難している。清行の修辞には誇張が多いのでそのままでは信を置きがたいが、橘奈良麻呂が、謀議《ぼうぎ》が顕れて尋問された際（天平勝宝九〈七五七〉歳七月）、

勅使（藤原永手《ながて》ら）「逆謀《ぎゃくぼう》、何に縁《よ》りてか起《おこ》せし」

奈良麻呂「内　相（藤原仲麻呂）、政を行ふに、甚《はなは》だ無道多し。故に、先づ兵を発《おこ》して、請《こ》ひてその人を得て、後に状を述べむとせり」

勅使「政、無道と称《い》ふは、何等の事をか謂ふ」

奈良麻呂「東大寺を造りて、人民苦辛す。氏々の人等もまた、是れ憂いとす……」

勅使「称《い》ふところの氏々とは、何等の氏をか指す。また寺を造ることは、元、汝が父(橘諸兄)の時より起れり。今、人の憂といふ。その言、似ず」

という問答があり、「是《ここ》に奈良麻呂、辞、屈して服す」と結ばれていることから見て(『続日本紀』)、東大寺の造営が、人々の憂いのもとであったこと自体は、奈良麻呂と尋問にあたった勅使との間では、共通の認識だったように見える。

確かに国分寺には国ごとに封戸五〇戸と水田一〇町が、国分尼寺には水田一〇町が施入されたし(国分寺造立詔)、東大寺には封戸実に総計五〇〇〇戸(『続日本紀』天平勝宝二(七五〇)年二月二三日条)が施入されている。しかも、東大寺・薬師寺・興福寺・法華寺等の一二寺には、それぞれに既墾田《きこんでん》一〇〇町が与えられたほか(天平勝宝元年閏五月)、東大寺には四〇〇〇町、元興寺には二〇〇〇町、諸国国分寺には一〇〇〇町などというように、膨大な面積の墾田開発権を与えている(同年七月)。

北陸の東大寺領荘園

東大寺に与えられた開発権が実際にどのように活用されたかは、幸い東大寺(尊勝院《そんしょういん》)文書の中に残された天平宝字三(七五九)年越中国(富山県)礪波《となみ》郡開田図《かいでんず》や天平神護二(七六六)年越前国足羽《あすわ》郡道守荘《ちもりのしょう》(福井市西部)の絵図、さらには越前国坂井郡にあった桑原荘《くわばらのしょう》(福井県金津町)の経営の開発計画書及び天平勝宝六年以降四年分の収支報告書である「桑原荘券《くわばらしょうけん》」などの文書によって、ある程度明らかになる。

桑原荘は大伴麻呂《おおとものまろ》なる人物から、既墾田三二町一段余を含む土地一〇〇町を、銭一八〇貫文で購入して成立したが、現地に寺使《じし》(ただし俗人)を派遣して経営に当たらせたものの、賃租《ちんそ》(小作)していた農民が逃亡してしまい、寺使は田地を荒廃させた責任を取らされて更迭《こうてつ》されている。桑原荘自体、九世紀までは続かなかったらしい。

道守荘のほうは、東大寺の寺使が占定《せんてい》した野地《やち》と、現地で世襲的に勢力を保ってきた郡司生江東人《いくえのあずまんど》が寄進した墾田一〇〇町との、総計三六〇町からなる。東大寺が距離を置くようになった藤原仲麻呂や、国司の一族などと対立しながら、生江氏一族が経営を支えた。こちらは少し長持ちしたらしいが、帳簿上は天暦四(九五〇)年の時点でも三二六町二段五五歩あることになっているのに(『平安遺文』二五七)、翌年の現地調査では、まだ郡司を務めていた生江氏の子孫が「条里は残っているけれども、もともと荒野や原沢であって、耕作者もいない」と答えるほどに衰退してしまっている。

要するに、東大寺は北陸地方に広大な開発権と既墾田とを得ていたものの、郡司を代表とする現地の有力者や、国司として現地に赴任していた下級官僚などの協力が得られなければ、開発も、開発した土地を小作してくれる周辺の農民を確保するのも、容易ではなかったらしい。結局、中世へと続く荘園には発展せず、あだ花に終わった観があるが、この北陸の東大寺領荘園のありようは、律令国家に寄生して経営しようとした「初期荘園」の典型と捉えることができるだろう。

ただし、大伴氏の竹田庄・跡見庄は規模が知られないものの、長屋王家が各地に保有していた「御田《みた》」「御薗《みその》」の総面積は、明らかに律令の規定を超えており（寺崎保広『長屋王』）、また天平二〇（七四八）年の時点で法隆寺が畿内と近江に四〇〇町弱の水田を持っていたり、同年に元興寺が畿内と近江・吉備・紀伊に四〇〇町を超える寺田を持っていたり（両寺の「流記資財帳」による）といったように、有力者や有力寺院による大土地所有の維持・展開については、東大寺の「初期荘園」のように経営の様子を表す史料には恵まれていないが、決して小さな規模のものではなかったことに留意しなければならない。つまり「初期庄園」のような新参者ではない、貴族・大寺社による伝統的な大土地所有は、脈々として続いていたのである。

公廨稲の設定

天平七〜九年の疫病や、後の延暦年間の対蝦夷戦争などといった非常時を除けば、諸国財政が比較的安定していたことは、延喜一〇（九一〇）年の「越中国官倉納穀交《かんそうのうこくこう》替記《たいき》」に記された、不動穀《ふどうこく》の順調な蓄積ぶりからも窺えるところである（渡辺晃宏「平安時代の不動穀」）。このことが可能になったのは、政府が諸国の財政の安定を目指し、さらには開発の奨励によって税収を伸ばそうと図ったからであった。

諸国の財政は、基本的には公出挙《くすいこ》によったことは、第二章で述べておいた。元来の公出挙の精神としては、借りる必要のない者に貸すという論理が存在しない。しかしそれでは諸国の財政は成り立たない。そこで天平一七(七四五)年一〇月、国の規模に応じて公出挙の本稲《ほんとう》(元本)の量を定めた。その時には必ずしもこの決められた量全部を出挙しなくともよいとされてはいたが、しかし、国のランクに応じた出挙本稲量の目安が示されたのだから、公出挙が強制貸付の性格を強められたことは間違いない。

しかし、死亡者の借り受け分などのように、本稲未返還・利稲未納という事態がしばしば起こるから、その損失分を補塡する仕組みが必要になる。そこで、本稲の半分を「公廨稲《くげ》」と命名して出挙し、残り半分の本稲(「公廨」稲に対して、あらためて「正税《しょうぜい》」稲と呼ぶようになる)の出挙に欠損が生じた場合の埋め合わせに用いることにした。しかも、埋め合わせて余りが出れば、その分を国司に分配支給することとし、天平宝字元(七五七)年には、その配分比率を、守《かみ》(長官)は六分《ぶ》、介《すけ》(次官)は四分、掾《じょう》(判官)は三分、目《さかん》(主典)は二分、史生《ししょう》は一分と決めた。要するに、国司が公出挙に熱心であれば、彼らの給与が増えるという制度を作り上げたのである(早川庄八「公廨稲制度の成立」)。こうなるとますます公出挙は官営高利貸しの色彩を強く帯びることになった。やがて平安時代に入り、国司がもっぱら収入の観点から見られるようになると、「三分《さんぶ》」「二分《にぶ》」といった配分比率が、そのまま国司の掾や目の地位を指すようになっていく。

墾田永年私財法

一方、田租収入の増加のためにも手が打たれた。それが天平一五（七四三）年五月に出された、開墾奨励策としての墾田永年私財法《こんでんえいねんしざいほう》である。「養老七（七二三）年に出された三世一身法が適用された土地を保有するものは、保有の期限が近づくと耕作を放棄してしまう」と書き出されたこの法令では、墾田は今後「私財」として「永年《えいねん》取ることなかれ」とされた。当初は親王一品《いっぽん》と諸臣一位は五〇〇町、二品《にほん》と二位は四〇〇町、以下逓減《ていげん》して、初位《そい》や庶民は一〇町までという、位階に応じた墾田所有の制限が定められていたが、私財法自体がいったん停止されたり（天平神護元（七六五）年三月）、また復活したり（宝亀三（七七二）年一〇月）と変転を経るうちに、いつの間にかこの制限が取り除かれたらしく、私財法が『弘仁格《こうにんきゃく》』（天長七（八三〇）年施行）に収められたときには、身分による墾田所有面積の制限は消えている。

政府にとってこの法令は、「どうせ開墾してもそのうちに没収されて他人の口分田《くぶんでん》になるのだから」ということで熱心でなかった人々を開発に走らせ、生じた田地からの租収入を増すことに目的があった。さらにはその墾田を、本貫地《ほんがんち》に居住する公民自身が耕作した場合には、公出挙の規模拡大も望めたはずである。当時の公出挙は、あくまでも本貫地に居住する公民男女に対して本稲を貸し出すものだったから。

逆に言えば、本貫地から離れた浮浪人《ふろうにん》が開発地を耕作する場合には、彼らには公出挙の負担がかからなかった。ここに本貫地の口分田を放棄して浮浪・逃亡しても、墾田開発権を持つ有力者のもとに潜り込み、開墾したり小作したりして十分に生活していくことのできる人々が生じやすい理由の一端がある。広大な田土を所有・耕作しながら公出挙から免れている者たちへの対策は、九世紀後半に入って「不《ふ》論土《ろんど》浪人《ろうにん》」策、つまり土人（本貫地に居住する人）と浮浪人とを問わず、一律に田土の面積に応じて公出挙を負担させる政策が出されるまで待たなければならない（村井康彦「公出挙制の変質過程」）。

開発の明暗

墾田永年私財法を出してみると、開発熱はすさまじく、いったん停止されたときの理由は「天下の諸人《しょじん》、競《きそ》ひて墾田を為《つく》る。勢力《せいりょく》の家、百姓を駆役《くえき》し、貧窮《ひんきゅう》の百姓は自存《じそん》するに暇《いとま》無し」ということにあり、再開されたときも「勢を仮りて百姓を苦しめ」ることを厳禁しているほどである。実際には、こういう問題が次々に起こったのであろう。

もちろん、一般の公民による零細な開墾も行われた。もっとも、そのことがわかるのは、公出挙の返却ができずに、唐招提寺《とうしょうだいじ》などに墾田を売却して稲を得たときの証文が、唐招提寺文書に残っているからであるという、何とも悲哀に満ちた現実を忘れてはならない（原秀三郎「荘園形成過程の一齣」）。

天平一〇年代には、三関国・西海道・陸奥などを除いて、軍団兵士制が停止されており（再開は天平一八年）、東国防人制も一時停止され（天平九年～天平勝宝七歳以前）、さらに蝦夷との間も穏やかであった（天平九年～宝亀元年）。新羅との関係は、金泰廉来日の時を除けばやや緊張していたが、もちろん戦争には至らなかった。戦費がかからなかっただけでなく、防人には免除されていた調庸、兵士には免除されていた庸の分は、そっくり国庫への収入となった。

以上に見てきたように、天平九年の疫病による打撃を受けて、政府は公民を不必要に細かく把握したり版図を拡大したりといったことはいったん停止したが、やがて衝撃から立ち直ると、総生産と税収の増大に向けて、積極的に手を打っていったと言える。そうした裏付けがあって初めて、造都・造寺・造仏を推進できたのであった。

村落の風景

寺院優遇策は、封戸《ふこ》からの税収が国庫に入らずに寺院に入るという側面では国家財政を圧迫しただろうが、造営に雇役という形で駆り出されたり、地域の有力者によって開墾に駆り出されたりすることを除けば、直接庶民を苦しめる理由にはならない。当時の庶民が、国家による支配にどの程度苦しんでいたのか、今となっては確かめようもない。しかし、村落景観という点から見れば、疫病の大流行、相次ぐ造都・造寺にもかかわらず、意外に安定した様相が見られる。

そもそも八世紀には、天変地異が少なかった。九世紀には開聞岳《かいもんだけ》の、一〇世紀には十和田《とわだ》火山の噴火と、それによる住居の埋没例があり(指宿《いぶすき》市橋牟礼川《はしむれがわ》遺跡、北秋田市胡桃館《くるみだて》遺跡)、長野県千曲《ちくま》市の条里(更埴《こうしょく》条里)を埋め尽くした土石流(八八七年?)や、多賀城下まで津波が押し寄せ、今も仙台市の地下に砂層の痕跡を残す地震・大津波(八六九年)も、九世紀には起こっている。

もちろん八世紀にも、天災の記事はのべつに見つかるが、これは、それまでに比べて、地方の情報を政府に集めるシステムが整えられたこと、その情報を正史も熱心に採録したことに原因があるのであって、地学的な観点から見ると、前後の時代に比べれば安定していたと言ってよい。

むしろこの時代は、造都・造寺等のために、近江の田上山《たなかみ》などで大量の木材が伐採され、その結果、山肌が荒れて土砂が流出し、下流の難波《なにわ》の堀江を、港としては使いにくくしていくなど、人間の営みが日本の自然を大規模に破壊し始めた時期という評価ができる。

発掘調査によれば、畿内の集落遺跡は七世紀に入る頃から継続的に営まれ始めるが、一〇世紀に入ると、安定を欠いて短期的に出現・消滅を繰り返すようになる。北部九州でも同様に七世紀前半に成立した集落が、その後の安定期を経て、九世紀前半に一挙に消滅する事例が目立つ。一方、東日本の広い地域では、八世紀に入る前後から営まれだした集落が、一〇世紀になると消えていくという。

条里制や灌漑施設など、律令国家による基盤整備とその維持が作用した場合もあろうが、安定の始まり方の早さから言えば、必ずしも国家的な維持策のみに原因を求めることはできないだろう。ともあれ、全国的に見て八世紀の集落の安定ぶりは顕著と言ってよい（坂上康俊「律令国家の法と社会」）。

ただ、遺跡には現れてこないが、村落の中では微妙な変化が生じつつあったはずである。地域の有力者たちによって担われてきた郡司の地位と権力が動揺しつつあったからである。

郡司の権威失墜

第二章で述べたように、郡司には、郡内のいくつかの村落を束ねる有力な家系の者が、回り持ちで就任していたが、彼らはいずれも孝徳朝に国造《くにのみやつこ》のクニが分割されて評が作られたときに、その評の役人として取り立てられた者たちの子孫であった。だから出身村落周辺はもちろん、広く郡内に世襲的な権威を持ち続けており、村落住民、ひいては郡民との間には、共同体と言ってもよいような一体感が維持されていた。

律令国家も、当初はそういった郡司の支配力に依存して、戸籍・計帳の作成、班田収授の実施、租調庸の徴収を行っていた。ところが、以下に述べるようないくつもの施策によって、郡司の地位が下げられ、権力が削られていく。

まず、第三章の末尾で述べた、和銅元(七〇八)年から始まる不動倉《ふどうそう》の設置や、天平六(七三四)年に行われた官稲混合による郡稲の正税(大税)への一本化が挙げられる。

しかも和銅年間から天平年間にかけて、全国の国庁が続々と偉容を現してきた(山中敏史「古代地方官衙の成立と展開」)。郡司たちが任官の際に目にした都の役所と同じようなコの字型の建物配置と、儀礼用の広い空間を備えた国庁では、元日をはじめとして、国司が主導し郡司たちが拝跪《はいき》するさまざまな儀礼が行われた。国司・郡司の上下関係は周期的に可視化され、それを参列者一同が確認する。郡司の威厳はますます損なわれ、国司は居丈高にならないわけがない。

さらに神亀五(七二八)年三月には、郡司が当国の国司の第四等官である目《さかん》(相当位は従八位上《じゅはちいのじょう》～少初位上《しょうそいのじょう》)以上に出会った場合には、たとえ郡司の方が五位以上であろうと、下馬《げば》しなければならないとされた。しかも、六位以下の郡司が下馬しなかったならば、有位者であるにもかかわらず杖刑が科されたのである。律令官僚の序列の基本である位階よりも、国司対郡司という管轄の上下の方を重視したわけであり、郡司たちは、下っ端の国司に対して下馬する姿を、村人の前に曝さなければならなくなった。

次に挙げられるのは、これも第三章で触れた、国司が郡司候補者を推薦する場合に、第一候補以外にも数名の名を挙げるように求めた天平七(七三五)年の命令である。その際、孝徳朝以来の郡司の家系の者のみならず、能力のある者、中央などでの勤務歴のある者を入れるように求めた。

こうなると世襲制が危うくなり、また優先順位の考え方も混乱する。実際そういったことが原因で、天平勝宝元(七四九)年には、「立郡《りつぐん》以来の譜第重大《ふだいじゅうだい》の家を簡《えら》び定め、嫡々《ちゃくちゃく》相継して、傍親《ぼうしん》を用ゐるなかれ」と、嫡系による世襲制が打ち出された。問題は制度そのものよりは、制度がこのように揺れ動くこと自体の方にあったかもしれない。多くの人間に「郡司になれるかも知れない」と思わせただろうからである。郡司の権威が落ちていくのも当然であろう。

『日本書紀』大化二（六四六）年三月の風俗を改めさせる詔によれば、伝統的な村落は極めて閉鎖的であり、外部から入って来る者に対しては冷淡だったようで、通行人が近所で炊事をしても賠償を請求することが普通に行われていたらしい。律令制の施行は、こういった村落を貫く道路を整備し、よそ者が村落を横断するばかりでなく、村落の成員自身が調庸を背負ってよその村落を縫って移動することも日常化した。

こうした交通の活発化が、後々にまで記憶に残る疫病の大流行を招いたとも言えるが、一方で、自らの住み慣れた村落の外の村落にも、同じように組織された村落が散らばっていることを周知させたし、また余所《よそ》には、特に都には、強大な権力と財力を持った人々がいることをも知らしめたのであった。こういった情報の流通こそが、もっとも村落民の世界観を変え、浮浪をも辞さない自由さをもたらしたと言えよう。

これまで伝統的な村落を束ねてきた国造―郡司といえども、こうした情報の流通を、そして価値観の変化を止めることはできない。戸籍と計帳、それに律令国家が採った本貫地主義（公民を本籍地に縛り付ける方針）は、一面では郡司による郡内支配を制度的に支えたと評価できるが、律令制の中央集権制と画一主義とは、郡司による村落支配の根幹を揺るがしていったのである。

しかし、一方で勢力を伸ばしていく郡司も現れる。八世紀末〜九世紀初頭に薬師寺の僧景戒《きょうかい》がまとめた『日本霊異記《にほんりょういき》』には、讃岐《さぬき》国美貴《みき》郡の大領《だいりょう》(郡司の長官)の妻が、酒に水を加えて売ったり、貸すときには小さな升を使い、返させるときには大きな升を使い、しかも十倍、百倍といった利息を取るといったあくどい方法で、巨利を得ていた話が収められている。

富豪の輩の発生

もともと郡司には、令制の職田《しきでん》はあり、墾田永年私財法では、広大な開発権も与えられていた。しかも初期荘園の開発・運営に見られるように、現地の把握には郡司の介入が不可欠という状況がある。だから、中間で得た利益をうまく活用しつつも、律令国家の誘いに応じて稲穀を寄進して位階をもらったりなどしなければ、郡内の公民をしっかりと把握して徴税に問題がない限り、容易に富豪になれるのである。

問題は「郡内の公民をしっかりと把握」できるかどうかであった。八世紀に入って、すでに和銅から霊亀年間には浮浪・逃亡を図る公民が跡を絶たなかった様子が知られている。本貫地主義を貫きたい律令国家としては、浮浪・逃亡した人々が本貫地に帰るように促したり、あるいは浮浪人を「浮浪人帳」という特別の帳簿で把握し、彼らの調庸を、浮浪先(当然、口分田は支給されていない)の本人からのみならず、本貫地に残された周囲の者からも取り立てるという強硬な方策を採って帰郷を促したりした。しかし、先述したように、広大な開墾権を得た者など、浮浪人の労働力を欲しがる者たちもいる。こういった由来で有力者に寄生する者たちの中からは、やがて九世紀には「富豪浪人」と呼ばれる者たちも現れてくる。

このようにして、国家の施策ばかりではなく、伝統的な共同体の枠外からやってきて、もっぱら経済的利益の追求に走る者たちの活動にも脅かされて、郡司と村落民との間にあった伝統的な共同体の幻想は次第に薄れ、その代わりに実利的・経済的な関係が強まっていった。

第五章　古代社会の黄昏

1 天武皇統の落日

光明皇太后と藤原仲麻呂

聖武太上天皇亡き後の政局は、光明皇太后と藤原仲麻呂《なかまろ》を中心に動く。仲麻呂は天平九(七三七)年の疫病で死去した武智麻呂《むちまろ》の次子(兄は豊成《とよなり》)、つまり不比等《ふひと》の孫に当たる。慶雲三(七〇六)年に生まれ、幼少のころから聡敏《そうびん》で書物を博覧し、さらに母方の親族に当たり、造平城京司《ぞうへいじょうきょうし》長官の経験もある大納言阿倍少麻呂《あべのすくなまろ》(宿奈麻呂とも。養老四(七二〇)年歿)からは算術を習い、極めて得意としていたという。

そのころの良家の子弟の常として、内舎人《うどねり》として宮仕えを始め、ついで大学少允《だいがくのしょういん》となり、天平六(七三四)年、正六位上から従五位下に叙された。例の疫病の後に叙位のスピードが上がり、天平一一年従五位上、一二年正五位下、ついで正五位上、一三年には従四位下とトントン拍子に昇叙され、民部卿《みんぶきょう》に任じられる。五位以上は勅授であるから、時の権力者の意向が反映されやすい。大伴家持《おおとものやかもち》が天平一七(七四五)年に従五位下になってから天平勝宝元(七四九)年に従五位上に上るまではともかく、そのまま宝亀元(七七〇)年まで二一年間もその位にとどめられたのとは好対照を示しており、仲麻呂がいかに権力の寵児であったかがわかる。

天平一六年閏正月にはすでに参議にも任じられていたが、聖武天皇の恭仁《くに》から難波《なにわ》への行幸に際して恭仁留守《くにのるす》となり、安積《あさか》親王のあっけない病死に立ち会うこととなった(単に立ち会っただけかどうかは謎)。この時も民部卿に在任しており、これは天平一八(七四六)年に式部卿に転じるまで変わらず、天平勝宝元(七四九)年七月には、聖武天皇の譲位、孝謙天皇の即位に伴い、中納言をとばしていきなり大納言になる。官歴から判断できるように、彼は全国の財政データと官僚の人事データに精通しており、またそういうことが得意であった。計数に明るい、能吏《のうり》の典型と言えよう。

かくまで彼を贔屓《ひいき》したのは誰か。前後の状況から判断して、叔母の光明皇后であったことは、衆目の一致するところだろう。仲麻呂が大納言に任じられたとき、その上には左大臣橘諸兄《たちばなのもろえ》(天平一五年以来。ただし、天平九年以来太政官筆頭)、右大臣に兄の藤原豊成、その下に先任の大納言だがすでに八〇歳という巨勢奈弖麻呂《こせのなでまろ》がいるのみであった。

紫微中台　その仲麻呂は翌八月には、光明皇后のために設けられていた皇后宮職《こうごうぐうしき》を発展させた紫微中台《しびちゅうだい》という新設官庁の長官・紫微令《しびれい》を兼ねた。紫微中台という名称は、武則天が長安三(七〇三)年から退位する神龍元(七〇五)年まで用いた中台という官名(尚書省の改称)あるいは渤海の中台省(唐の中書省に相当)と、唐の玄宗が開元元(七一三)～五年に用いた紫微省という官名(中書省の改称)とを合成したものとされている(瀧川政次郎「紫微中台考」)。

序列から言えばさすがに太政官より下だが、天平宝字二(七五八)年八月に太政官が乾政官《けんせいかん》と改称された際には、紫微中台は坤宮官《こんぐうかん》と改称されて太政官と対《つい》にされ、また元来「紫微《しび》」とは北極星の周辺の星々、つまり天空の中心で天帝の居所とされる場所を指すという微妙な用語であった。実際、坤宮官の職掌は「中に居《い》て勅を奉《うけたまわ》り、諸司に頒行《はんこう》する」こととされているので、紫微中台は光明皇太后・孝謙天皇の意を体し、実質的に政治権力を掌握することができる組織になっていたと言える。長官の仲麻呂が中衛大将《ちゅうえのだいしょう》を兼ねたほか、紫微中台には衛府《えふ》に属する武官多数が、兼任という形で取り込まれており、兵権をも掌握できる体制になっていた。

この頃の仲麻呂の権勢は、「枢機《すうき》の政、独《ひと》り掌握《しょうあく》より出づ。是《これ》により、豪宗《ごうそう》・右族《ゆうぞく》、皆、その勢を妬《ねた》む」と表現されている。こういった仲麻呂の強力な政権運営のもと、前章で述べたように橘諸兄政権時代に始められた東大寺の造営、盧舎那仏の造立といった大事業は完遂されたのであった。その開眼供養の日、孝謙天皇は仲麻呂の田村第《たむらのてい》に入り、ここを御在所とするなど、光明皇太后・孝謙天皇と仲麻呂との関係は極めて良好である。

大炊王の立太子

天平勝宝八(七五六)歳、聖武太上天皇が死去した時、その「遺詔《いしょう》」に従うという形をとって、それまで中務卿《なかつかさきょう》であった道祖《ふなど》王(新田部《にいたべ》親王の子)が皇太子に立てられた。ただこの「遺詔」は、状況次第では孝謙天皇がかなりの裁量権を振るうことができるとする趣旨のものだったらしい。案の定、翌年の天平宝字元(七五七)年三月には、道祖王は

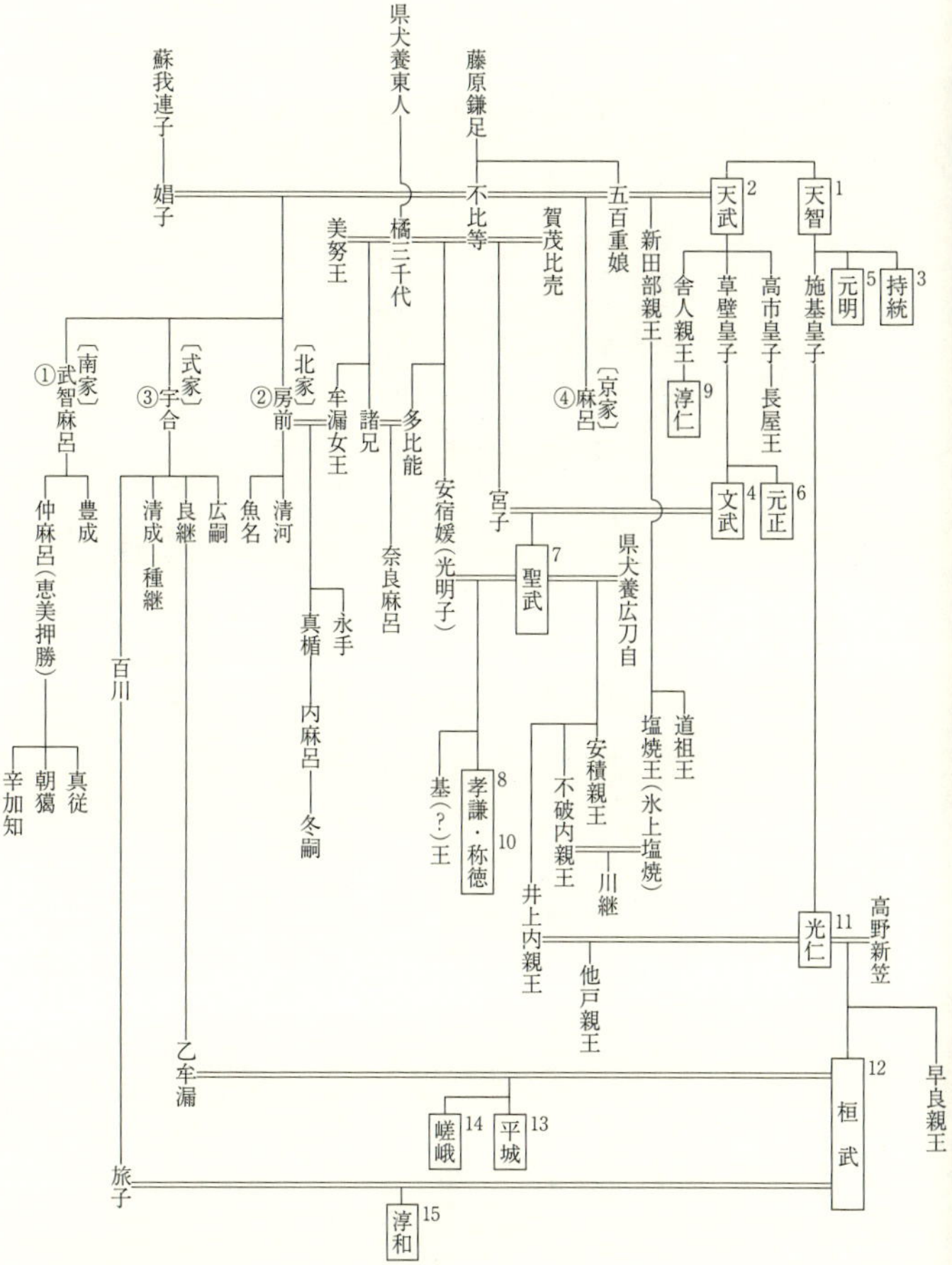

番号は天皇即位順
○で囲んだ数字は不比等の四子の長幼順

図 5–1　天皇家・藤原氏略系図

廃太子《はいたいし》され、四月には舎人《とねり》親王の子の大炊《おおい》王(後の淳仁天皇)が皇太子に立てられる。

この間の経緯をやや詳しくたどってみよう。道祖王は素行《そこう》がよろしくなく、また軽薄なところがあるということを理由に、孝謙は道祖を廃して大炊を立てたく思い三宝《さんぼう》(仏・宝・僧)や神《しん》明《めい》に祈ったところ、三月二〇日になって、天皇の居所の塵除《ちりよ》けに「天下太平」の文字が現れた。そこで判断に自信を持った孝謙は、翌々日にこの祥瑞《しょうずい》を親王・群臣に示し、二九日には、光明皇太后も臨席するなかで、皇太子道祖を廃することへの群臣たちの同意を取り付けた。

四月四日、右大臣藤原豊成以下の有力者に、それぞれの推薦する者を挙げさせたが、仲麻呂だけは殊勝《しゅしょう》げに「ただ天意《てんい》の択《えら》びたまわん者を奉《ほう》ぜん」と答えた。これらの返答を得た孝謙は、推薦された者一人ひとりの欠点をあげつらい、「ひとり、大炊王、未だ長壮にあらずといえども、過悪を聞かず」という、何とも消極的な理由で大炊王の立太子を提案し、この提案に群臣たちは従った。ところが、その大炊王は、以前から仲麻呂の田村第に住み、仲麻呂の亡息・真《ま》従《より》の妻であった粟田諸姉《あわたのもろね》を妻としていたというのだから、仲麻呂の婿に近い立場にあったのである。

結局この皇太子交替劇は、光明皇太后・孝謙天皇と仲麻呂の作った筋書き通りに運ばれた茶番以外の何者でもないと言える。孝謙天皇は、先の祥瑞を押し立てて大赦《たいしゃ》したばかりでなく、それまで男子一七歳以上を中男、二一歳以上を正丁《せいてい》としていたのを、それぞれ一歳ずつ引き上げて課役の負担を軽減するなど、玄宗を真似た人気取りの施策を披露したあげく、先帝の一周忌も過ぎない内に淫らな行為に走ったとした道祖に当てつけて親孝行を奨励するために、家ごとに『孝経《こうきょう》』を所有せよなどという命令まで付け加え、慈善家・道徳家ぶりを見せつけた。

橘奈良麻呂の変

この茶番劇に憤激した群臣の一人に、橘 奈良麻呂《たちばなのならまろ》がいる。父の諸兄は、聖武に対する不遜《ふそん》な態度を密告されたのを気に病んで、天平勝宝八(七五六)歳二月に左大臣を辞職、九歳正月に死去していた(享年七四)。諸兄と藤原不比等の娘・多比能《たひの》との間に生まれた奈良麻呂は、すでに天平感宝元(七四九)年七月には参議に任じられて、議政官の末席に名を連ねていたが、それっきり昇進が止まっていた。

孝謙が即位すると、仲麻呂は参議から一気に大納言に、そして前述のように紫微中台の長官にと権力の座への階段を駆け上っていく。大炊王の立太子が実現した翌月には、紫微令を改めて、明確に「内外の諸兵事」をも担当すると規定された紫微内相《しびないしょう》という大臣相当の官に任じられ、もはや誰もその勢いを止められない情勢になってきた。孝謙・仲麻呂(そして奈良麻呂)共通の祖父である不比等の顕彰の意で、養老律令も施行される。

従兄弟《いとこ》の仲麻呂の権勢を眼前にして、奈良麻呂が面白かろうはずがない。彼は先の茶番劇で池田《いけだ》王(舎人親王の子)を推した大伴古麻呂《おおとものこまろ》や、大伴氏と並ぶ武門の出である佐伯全成《またなり》らを語らい、田村第を襲って仲麻呂を滅ぼし、光明皇太后・孝謙天皇・皇太子大炊王らを一網打尽にしたうえで、塩焼《しおやき》王・道祖王か、あるいは長屋王の遺児である黄文《きぶみ》王・安宿《あすかべ》王らの中から天皇を立てようとする謀議をめぐらした。しかし密告が相継ぎ、謀議に参加したとされた黄文王・道祖王・大伴古麻呂・賀茂角足《かものつのたり》らは、拷問を受けて杖下《じょうか》に死ぬことになる。その際、黄文を「たぶれ」(気違い)、道祖を「まどい」、賀茂を「のろし」と改称させたのは、後の宇佐神宮神託事件に際して、道鏡《どうきょう》への皇位継承を否とする託宣《たくせん》をもたらした藤野別真人《ふじののわけのまひと》清麻呂《きよまろ》(後の和気清麻呂《わけのきよまろ》)を「別部穢《わけべのきたな》麻呂《まろ》」と改姓名したところから判断すれば、孝謙の指示によると考えてよいが、これは反乱者の姓名を虫偏の文字に改めさせて侮蔑と嫌悪の感情をむき出しにした武則天の先蹤《せんしょう》にならったものである。

　こうして奈良麻呂の計画は未然に潰《つい》えたが、この事件の顚末《てんまつ》についての『続日本紀』の記述ぶりは、群を抜いて迫力に満ちており、仲麻呂の乱の時の動静と並んで、ほとんど全編中の白眉《はくび》と言ってもよい。ただし、淳仁《じゅんにん》天皇の時代に編纂され、『続日本紀』前半二〇巻のもとになった「曹案卅巻《そうあんさんじゅう》」のうちの「(天平)宝字元年之紀」は、いったん「全く亡くなり存せず」という運命をたどっている(『日本後紀《にほんこうき》』延暦一六(七九七)年二月己巳条)。つまり、『続日本紀』の天平宝字元年の記事は、必ずしも同時代史料に恵まれていたわけではなく、編者の筆力が十二分に揮われた、あるいは揮われ過ぎた可能性が大きいことには留意しなければならない。

仲麻呂の権勢

中央政界の権力闘争を駆け足で見ていこう。橘諸兄が死去し、奈良麻呂の変が勃発した年が暮れ、翌天平宝字二(七五八)年八月、孝謙天皇は譲位し、予定通り皇太子大炊王が即位した(淳仁天皇。ただし、この呼称は明治になって贈られたもので、それ以前は「(淡路)廃帝」と呼ばれていた)。同月、藤原仲麻呂は紫微内相から大保《たいほ》(太保とも)に任じられ、恵《え》美《み》朝《のあ》臣《そん》という姓、押勝《おしかつ》という名を授与される。

大保とは耳慣れない官名だが、それもそのはず、この時に諸官司の呼称が、太政官を乾政官、紫微中台を坤宮官、式部省を文部《ぶんぶ》省(文官の人事を扱うから)といったように中国風に改められ、その一環として太政大臣を大師《たいし》(太師とも)、左大臣を大傅《たいふ》、右大臣を大保と改称した、その大保のことだから。

この年一二月、渤海《ぼっかい》使を伴って帰国した遣渤海使の小野田守《おののたもり》が、唐で安禄山《あんろくざん》の乱が起こっていることを奏上した。波及を恐れた政府は、直ちに大宰府に警戒を命じるが、この情報が契機となって、翌年九月には仲麻呂の主導で新羅征討計画が立案されることになる。

天平宝字三年一二月、仲麻呂が掌握している中衛府から授刀衛《じゅとうえい》という衛府が独立させられ、孝謙太上天皇の掌握下に置かれることになった。光明皇太后が健在ではあるが、すでに仲麻呂と孝謙との関係が、かなり微妙になっていた様子が窺える。もっとも授刀衛の長官である督《かみ》には、仲麻呂の娘婿の藤原御《み》楯《たて》(房前の子)が就いていたから、独立したとは言っても妥協的なあり方ではあったが。

天平宝字四年が明けると、遂に仲麻呂は大師に任じられた。太政大臣である。太政大臣は「一人《いちにん》(天皇)に師範《しはん》、四海《しかい》に儀形《ぎけい》たり。邦《くに》を経《おさ》め、道を論じ、陰陽を變《やわら》げ理《おさ》めんこと」(天子の道徳の師であり、四海の民の規範であって、政治の姿勢を正し、天地自然の運行を穏やかにする)と職員《しきいん》令《りょう》にその職掌が規定され、「その人無くんば則《すなわ》ち闕《か》けよ」という、いわゆる「則闕《そっけつ》の官」であった。大宝律令施行以来、生前に太政大臣に任じられた例は無く、直近の例としては、持統四(六九〇)年に任じられ、「後皇子尊《のちのみこのみこと》」とも呼ばれた高市皇子《たけちのみこ》、その前は天智一〇(六七一)年に任じられた大友皇子《おおとものみこ》しかいない。だから、太政大臣とは、ほとんど皇太子と言うに等しく、また、先の職掌規定がモデルとした唐の三師(太師・太傅・太保)や三公(太尉・司徒・司空)という官職は、魏晋南北朝時代に王朝を簒奪《さんだつ》しようとする者が、いよいよ現皇帝に禅譲《ぜんじょう》を迫ろうかという時に就いたものであった。九世紀後半の藤原良房に先だって生前に太政大臣に任じられたのは、先の二人の皇子と仲麻呂、そして「太政大臣禅師《だいじょうだいじんぜんじ》」に任じられた道鏡のみである。道鏡の場合は譲位への布石という意味合いが無いとは言えないが、果たして仲麻呂にその気があったか、それはわからない。ただ、仲麻呂の権力の絶頂を示すことは間違いない。

藤原仲麻呂の乱

しかし、その権力は、同年、天平宝字四(七六〇)年六月に光明皇太后が歿すると翳《かげ》りが見え始める。六年二月、仲麻呂は正一位となって文字通り位人臣《くらいじんしん》を極めたものの、六月、淳仁天皇と孝謙太上天皇との関係が悪化、太上天皇が、国家の大事と賞罰との決定権を持つことを宣言してしまった。これまで調停役として仲麻呂・淳仁天皇と孝謙太上天皇との間を取り持っていた光明皇太后亡き今、天皇と太上天皇との関係は急速に悪化する。第一章で述べたように、現天皇に皇位を授けた側、つまり太上天皇の方に究極の皇位継承者指名権があるという考え方があった当時、現天皇の淳仁と、天皇の師範ではあっても太上天皇の上には立てない太政大臣でしかない仲麻呂の側としては、孝謙側の攻勢を防ぐ論理を構築することはできない。

おそらくは孝謙がその掌握を宣言した人事権が発揮されたのであろう、天平宝字七(七六三)年九月には僧綱の一員である少僧都の慈訓《じきん》が解任され、代わりに道鏡が任じられた。また翌天平宝字八年正月には、皇太子時代の孝謙に東宮学士として仕えていながら、おそらくは仲麻呂の意向で天平勝宝二(七五〇)年に筑前守に左遷されて以来、遣唐副使、ついで大宰大弐と、実に一四年間も中央政界から追放されていた吉備真備が、造東大寺司《ぞうとうだいじし》長官として返り咲く。

こうしてじりじりと狭まる包囲網に焦りを感じた仲麻呂は、同年九月二日、都督《ととく》四畿内(大和・河内・摂津・山背)・三関・近江・丹波・播磨等国兵事使となり、畿内とその周辺の軍事指揮権を一手に掌握し、自分の自由になる太政官印を用いて兵力を集め、中納言氷上塩焼《ひかみのしおやき》(塩焼王)を即位させようと謀った。しかし九月一一日、天皇権力の象徴である鈴印《れいいん》(駅鈴と天皇御璽)

□不弟申送省判依仲麻呂支黨除

図5-2　藤原仲麻呂の反乱に同調したとして処分された官人に関する木簡

の争奪戦に敗れ、この夜、宇治を経て近江へと逃走する。息子の辛加知《からかち》が守《かみ》に任じられていた越前を目指したのである。

すでに七〇歳という高齢のため辞表を提出していた吉備真備が急遽呼び出され、仲麻呂の動きを読み切った優れた用兵により、九月一八日、愛発関《あらちのせき》を押さえられた仲麻呂は行き場を失い、琵琶湖岸で斬殺された。享年五九。この年六月に督《かみ》藤原御楯が死去していた授刀衛は、授刀少尉坂上《さかのうえの》苅田《かりた》麻《ま》呂《ろ》（田村麻呂の父）や将曹牡鹿嶋足《おじかのしまたり》ら以下、孝謙太上天皇側の兵力として縦横の活躍を見せたのであった。

法王道鏡

仲麻呂の敗死に先立って、左遷されていた兄の豊成が右大臣に復帰したが、逆賊となった弟に振り回されてきた彼は、もはや政治的には死に体と言ってよい。仲麻呂討滅に功績のあった吉備真備は、一気に従三位勲二等に叙せられ、参議に任じられたが、老齢であった。一〇月に入ると、淳仁天皇は廃されて淡路に配流と決まり、代わりに孝謙太上天皇が再び即位する（称徳天皇）。淡路廃帝は翌年、逃亡に失敗して死去したという。

こうした中で目立った人事が、天平宝字八（七六四）年九月の道鏡の大臣禅師《だいじんぜんじ》任命である。その道鏡は、翌天平神護元年閏一〇月に太政大臣禅師に任じられ、翌二年一〇月には法王《ほうおう》とされた。同日付けで大僧都《だいそうず》円興が法臣《ほうしん》、僧基真《きしん》が法参議《ほうさんぎ》に任じられる。法王への諸経費は天皇並みとされており、居所も「法王宮」と呼ばれているので、道鏡に天皇ないしは皇族並みの待遇が約束されたものと考えることができる。

その道鏡には、天平神護三(七六七)年三月に法王宮職という官司が設けられた。名称としては光明皇后のために設けられた皇后宮職を彷彿《ほうふつ》させるものであるが、職員の格付けは中宮職・東宮坊並みでしかなく、その意味では道鏡の身の回りの世話以上のことをなしえたとは思われない(瀧川政次郎「法王と法王宮職」)。道鏡の追放とともに自然消滅するところから見ると、権力機構としての体裁が整えられ、その権力に依存して自らの権力意思の実現を図ろうとする官僚が備わっていたわけではなかったと見られる。

一見すれば、称徳天皇によって道鏡が厚遇されていたように見える。実際、称徳は道鏡を皇位につけようとしたようで、道鏡に媚《こ》びた大宰主神《かんづかさ》が、宇佐大神から道鏡を皇位につけよという託宣がくだったと奏上したのを機に、その確認に和気清麻呂を宇佐に遣わすという宇佐神宮神託事件(神護景雲三(七六九)年九月)が起こるくだりは有名である。称徳はかつて父聖武から「王を奴《やっこ》と成《な》すとも奴を王と云《い》ふとも汝《なんじ》の為《な》さむまにまに」と言われたと述べているが(『続日本紀』天平宝字八年一〇月九日条。淳仁に廃位を言い渡すくだり)、この論法も、行きすぎると本書冒頭で紹介した文武天皇の即位宣命で宣言されている「あれ《(生)》坐《ま》さむいや継々《つぎつぎ》に」、つまり皇祖の子孫のみが皇位を継承してきたという皇位継承の原理と矛盾することになり、政治秩序の根元をなす権威として天皇を共立することで自らの地位を保持してきた貴族集団の同意を得ることは難しい。

天平神護三年三月に出された、寺院以外の墾田開発の禁令などといった若干の寺院優遇策が施されたことに、道鏡の意向の反映を窺えないではないが、それとても称徳の意向との区別はつけがたい。仲麻呂が滅んだ後、天平神護（七六五～六七）から神護景雲年間（七六七～七〇）にかけての太政官は、藤原永手《ながて》（天平神護元年以来太政官筆頭。房前の次男）・吉備真備（天平神護二年以来太政官次席）が事務機構をがっちりと掌握しつづけ、時間を稼ぎつつ嵐の過ぎゆくのを待つという状況だったと見てよい。称徳の次の天皇には、藤原永手らのように、目立たぬながら何時《いつ》の間にか中納言から大納言へと昇進していった白壁王《しらかべ》（後の光仁天皇）を想定する者もいたであろうし、そうでない者を推す者もいたであろう。藤原百川《ももかわ》（宇合《うまかい》の八男）のように、白壁王よりはむしろその息子の山部王《やまべ》（後の桓武天皇）の方に賭けていた者もいた。

光仁擁立

神護景雲四（七七〇）年八月、称徳女帝が崩御した。享年五三。その遺詔と偽って藤原永手・良継《よしつぐ》（宇合の次男）・百川たちは、天智天皇の孫ですでに六二歳になっていた大納言白壁王を皇太子に立て、皇太子の発する「令旨《りょうじ》」でもって、少しずつ称徳朝の残滓《ざんし》を拭い落としにかかった。後ろ盾を失った道鏡は、同月の内に造下野薬師《ぞうしもつけやくし》寺《じ》別当《べっとう》に任ずるという名目で追放され、道鏡の弟というだけで従二位大納言にまで登りつめていた弓削浄人《ゆげのきよひと》は、その息子たちとともに土佐に配流された。逆に道鏡に追い出された慈訓《じきん》はもとの少僧都に復帰、宇佐神宮神託事件で大隅国に流されていた和気清麻呂と、その姉で備後に流されていた和気広虫《ひろむし》(法均尼《ほうきんに》)は都に召還された。

こうして称徳朝の人事上の混乱を収拾した後、一〇月に白壁王は即位の儀を挙行(光仁天皇)して宝亀《ほうき》と改元、翌月にはその妻であり、聖武天皇と県犬養広刀自《あがたいぬかいのひろとじ》との間に生まれた井上内《いのうえ》親王(安積親王の実姉。称徳女帝にとっては腹違いの姉)を皇后に立てた。翌年正月には光仁と井上皇后との間に生まれていた他戸《おさべ》親王が皇太子に立てられる。

このように光仁は、いっぽうでは天武皇統に対して入り婿的に継承する姿勢を示したものの、井上の立后と同時に父の施基皇子《しきのみこ》に春日宮御宇天皇、翌年には母の紀橡姫《きのとちひめ》に皇太后の称号を贈り、天智直系をも標榜する。宝亀三(七七二)年三月には、井上皇后は天皇を呪詛《じゅそ》したという疑いをかけられて廃位に追い込まれ、五月には連坐《れんざ》して他戸も廃太子と決まり、翌宝亀四年正月になって、光仁と渡来系の出自の高野新笠《たかののにいがさ》との間に生まれた山部親王が立太子した。三七歳の働き盛りであり、皇太子山部と藤原良継の娘・乙牟漏《おとむろ》との間には、宝亀五年に安殿《あて》親王(後の平城《へいぜい》天皇)、さらに延暦五(七八六)年には神野《かみの》親王(後の嵯峨《さが》天皇)が誕生する。

すでに宝亀二年には、長く太政官の首班を務めてきた左大臣藤原永手(北家)が死去し、右大臣吉備真備も致仕《ちじ》(辞職)、大中臣清麻呂が右大臣になってはいたが、すでに七〇歳の高齢であった。太政官の主導権は、白壁王の擁立に功があり、この年に内臣《ないしん》という、大納言より上に新たに設けられた官についた藤原良継と、同じく参議に任じられた藤原百川という、式家の兄弟に握られることになる。宝亀年間の良継は「政を専《もっぱ》らとし、志を得て、升降《しょうこう》自由なり」(『続日本紀』宝亀八年九月良継薨伝《こうでん》)と評され、いっぽう百川の方は、「(光仁)天皇甚だ信任し、委《ゆだ》ぬるに腹心を以てす。内外の機務、関知せざるはなし。今上《きんじょう》(桓武)の東宮に居せし時、特に心を属《しょく》せり」(『続日本紀』宝亀一〇年七月百川薨伝)と評されていることから、その権勢が窺えよう。

壮年皇太子が立てられた後の光仁朝には、皇位継承に絡む権力闘争がいったんおさまり、政争の間に内外で生じていた懸案の解決が図られることになる。

2 再編されゆく華夷秩序

新羅との軋轢

ここで若干時間を遡って、対外関係の推移をたどってみよう。第三章で述べたように、聖武朝の神亀年間から天平初年にかけては、日本に対して朝貢国の姿勢を示していた新羅との間に順調な外交関係が維持されており、また新たに日本に遣使してきた渤海との間にも、日本を上位とする外交関係が成立した。しかし、渤海と唐との関係が緊張し、ついに戦端が開かれた天平四（七三二、開元二〇）年以降、新羅と唐との関係が緊密化し、これを背景として天平七年に来日した新羅使は、「王城国」と自ら名乗ったために直ちに帰国させられる。これへの対抗措置であろう、天平八年に派遣された遣新羅使は、新羅から冷淡に扱われ、使命を遂げずに帰国させられた。

次に来日した天平一五（七四三）年の新羅使も、「調」ではなく「土毛」を持参してきたために退去処分としたが、天平勝宝四（七五二）年に四〇〇名近くの随員を従えて来日した自称「新羅王子」金泰廉《きんたいれん》は、「新羅国は遠朝より始めて世々に絶えず、舟楫《ふなかじ》を並べ連ねて来たりて国家に奉《たてまつ》る」という国王の言葉を伝えてきた。この姿勢に満足した日本は、神功皇后《じんぐうこうごう》の三韓平定説話を示した上で、以後は新羅国王自身が来日するか、代理の場合の「表」の上呈を求めた。もちろん「調」の持参は必須である。金泰廉一行が、開眼供養を終えたばかりの東大寺大仏を拝し、また盛んに交易を行ったことは第四章で述べた。

ところが翌天平勝宝五年（唐の天宝一二載）の正月、唐都の大明宮含元殿《だいめいきゅうがんげんでん》で挙行された元日朝賀の際に、遣唐副使の大伴古麻呂が、唐側が新羅の席次を日本より上としたことに抗議して、逆転させるという事件が起こった。おそらくはこれを遺恨に思ったのだろう、同年に新羅に派遣された小野田守《おののたもり》は、無礼とされて王との会見を拒否されてしまった（『続日本紀』天平宝字四年九月一六日条、『三国史記』景徳王一二年八月条）。緊張の高まりを予想した日本では、天平勝宝八

(七五六)歳六月から、大宰大弐吉備真備に命じて怡土城《いとじょう》の造営に取りかからせた(神護景雲二(七六八)年二月完成)。天平宝字元(七五七)年一一月には、文章得業生候補者に対して、

このごろ蕞爾《さいじ》たる(矮小な)新羅、漸《ようや》く(しだいに)蕃礼《ばんれい》を闕《か》き、先祖の要誓《ようせい》を蔑《ないがしろ》にし、後主の迷途《めいと》に従ふ。多く兵船を発し、遠く威武を揚《あ》げ、奔鯨《ほんげい》を鯷壑《ていえい》に斮《き》り、封豕《ほうし》を鶏林《けいりん》に戮《ころ》さんと思欲《おも》ふ。ただし、良将は謀を伐《か》り、神兵は戦わず。斯《こ》の道に到らんと欲せば、いかにか施して獲ん。

(『経国集《けいこくしゅう》』巻二〇・策下)

という試験問題が出されたほどである。

仲麻呂の新羅征討計画

ちょうどそういう時期に、今度は聖武太上天皇の死去を伝えるために渤海に派遣された小野田守が、唐での安禄山の乱勃発(七五五年)のニュースを携えて帰国する(天平宝字二年九月)。彼の渤海への旅立ちに際しては、紫微内相藤原仲麻呂の邸宅で送別の宴が催されているから(『万葉集』巻二〇、四五一四番)、もともと、行き詰まってしまった対新羅関係を渤海との交流を通じて打開しようとしていた可能性もある(酒寄雅志「八世紀における日本の外交と東アジアの情勢」)。こうして、唐の応援を期待できない新羅を威圧する絶好の機会が到来したのであった。

天平宝字三(七五九)年六月には、大宰府に命じて対新羅戦用の「行軍式《こうぐんしき》」(行動計画)を作らせ、また九月には北陸・山陰・山陽・南海の諸道に対して、三年以内に計五〇〇艘の兵船を作るこ

とが命じられた。天平宝字五年になると東海・南海・西海の諸道に節度使が置かれ、各道内の兵力や、兵船とその漕ぎ手の手配が命じられている。

ところが翌天平宝字六年六月、すなわち動員の準備がほぼ整うはずの時期に、先述したように孝謙太上天皇と淳仁天皇との間がおかしくなってしまう。また同年に唐が「渤海王」大欽茂《だいきんも》を「渤海国王」に格上げし、さらに新羅国王と同等の「検校大尉」という官を与えて渤海を懐柔したため、渤海の対新羅攻撃熱が冷めてしまったようで、同年のうちに初めての文官の使節を日本に派遣してきた（石井正敏「初期日本・渤海交渉における一問題」）。結局この征討計画は、出征が命じられることなく立ち消えとなってしまう。

この新羅征討計画には、仲麻呂の政治的主導権確保策という側面が無かったとは言えないが、外交関係の打開が主目的であったと見るべきであろう。結果的には王権の意思が分裂したこともあって、国際情勢の変化を見越して終止符が打たれたわけであるが、しかし天平一八（七四六）年暮れに復活した軍団兵士制を、実戦に耐えうる状態にもっていくという役割は果たし得たのではなかろうか。

緊張が続く中にあっても、天平宝字四年・同七年・宝亀五年・同一〇年と、新羅使は頻繁に来日してきた。彼らは、時には「調」を献上したり、また遣唐大使藤原清河《きよかわ》（七五二年に入唐）の書簡をもたらしたりもしたが、日本側はあくまでも上表文と「調」とをセットで持ってこさせることに固執し、結局それを肯《がえん》じない新羅は、宝亀一〇年の使節を最後に、遣使をやめてしまった。

新羅国内では、七八〇年四月に恵恭王《けいきょうおう》夫妻暗殺事件が起こるなど、宮室に内紛が生じていたことも、国交断絶の背景として考慮するべきだろうが、日本側としては、新羅ほどには名分問題が起こらない渤海という安定した朝貢国が得られたことで、新羅との交渉への熱意が失われたという事情もあろう。対外関係よりも対蝦夷《えみし》戦に軍事力を振り向ける必要が高まったことも考慮しなければならない。

東北経営の進展

天平九(七三七)年の疫病流行の直前に、大野東人《おおののあずまんど》や藤原麻呂《まろ》らの働きで、律令国家の東北経営が進展を見せていたことは、前章の初めに述べておいた。疫病の流行により民力の休養が求められた結果、東北地方には暫《しば》しの平和が訪れたが、仲麻呂が政権を掌握する頃から、政府側の積極的な施策が打たれ始める。天平勝宝七(七五五)歳以前に復活していた東国防人制(東国の兵士を選抜して西海道に派遣し、防人とする制度。第二章参照)は(『万葉集』巻二〇、四三二一番以下)、天平宝字元(七五七)年に再び停止され、その代わりに陸奥国に鎮兵三〇〇〇人が置かれることになった。東国の軍事力を東北に向け、経営を再び活発化させようとする意図に出たことは明白である(鈴木拓也『蝦夷と東北戦争』)。その背景に、陸奥の産金地帯(小田郡付近)を確保しようとする意図を読む説もあるが(吉川真司『聖武天皇と仏都平城京』)、出羽方面でも一斉に積極化しており、必ずしも当時明らかになっていた産金地域付近のみが対象になっていたわけではないことに留意しなければならない。

翌天平宝字二年には、陸奥国の浮浪人、坂東諸国の騎兵・鎮兵その他を動員して陸奥国に桃生《もののう》城、出羽国に小勝《おかち》柵を造らせ、これらの城柵には、翌年にかけて次々に諸国の浮浪人を柵《さく》戸《こ》として移住させた。その後しばらくは、新羅征討計画の陰に隠れて東北地方に目立った動きは見えないが、それでも天平宝字六年には、仲麻呂の息子「参議東海東山節度使従四位上仁部(民部)卿兼按察使鎮守将軍藤原恵美朝臣朝獦《あさかり》」が多賀城を修造しており、その記念として城の南門の傍らに石碑を立てている(多賀城碑、一三一頁参照)。

蝦夷との戦闘再開

称徳朝に入って神護景雲元(七六七)年には、一三〇日の突貫工事で陸奥国に伊治《これはり》城が造られ、その周りが栗原《くりはら》郡とされた。神護景雲二年から三年にかけて、坂東八カ国から桃生城と伊治城への公民の移住を募っており、さらには浮浪人二五〇〇人余を伊治城の周辺に入植させている。

このようにして律令政府が、北へ北へとじわじわ進出を重ねてきたのに対して、圧迫を感じたのか、宝亀元(七七〇)年八月には、帰順していた蝦夷が、「城柵を攻撃するぞ」という威嚇的な文言を残して、仲間とともに本拠地に帰るという事件が起こった。この威嚇を実行に移したのかどうか定かではないが、井上内親王の廃后事件の後始末に追われている政府のもとに、陸奥国で蝦夷が反乱を起こし、桃生城が攻撃されているという知らせが飛び込んだ（宝亀五年七月）。この時には鎮守将軍大伴駿河麻呂《おおとものするがまろ》の指揮で鎮圧したが、徐々に不穏な空気が広がってきていることがわかる。

その後も出羽方面で小競り合いが続いたが、宝亀一一年になって決定的な衝突が生じた。胆沢地方を睨む覚鼈《かくべつ》城の造営を建議した参議按察使紀広純《きのひろずみ》が、帰順した蝦夷で構成する俘軍《ふぐん》を率いて伊治城に滞在していた時、同行していた陸奥国上治郡大領伊治呰麻呂《これはりのあざまろ》によって殺害されるという事件が起こったのである。呰麻呂は余勢をかって多賀城を陥落させ、略奪の上、火を放った（図5－3）。この火災の痕跡は多賀城発掘でも確かめられているが、この時から三〇年以上にわたり、大軍を動員した政府と蝦夷との間の全面戦争が繰り広げられることになる。

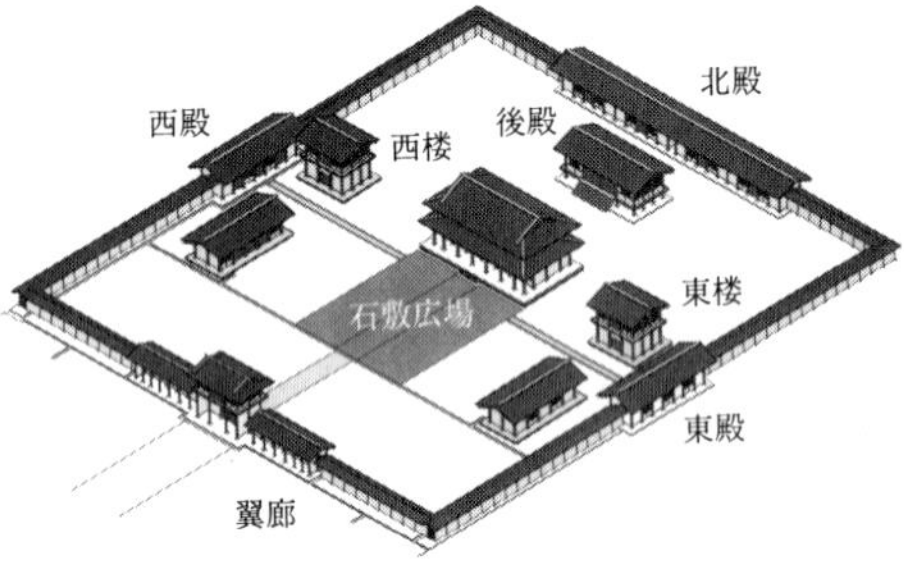

図5–3　多賀城政庁（Ⅱ期）．藤原朝獦が修造し，伊治呰麻呂に焼かれた政庁

華夷秩序の再編成

蝦夷との全面戦争は、政府側の東北経営の積極化が契機となって起こったものであったことは注目に値する。というのは、宝亀年間から延暦年間にかけて、政府はそ

れまでモデルとしてきた唐風の帝国構造を変化させることに躊躇しなくなったように思えるからである（坂上康俊『律令国家の転換と「日本」』）。

入京しての蝦夷の朝貢は、宝亀五（七七四）年に停止された。蝦夷との戦争が続いていた延暦一九（八〇〇）年には、隼人の居住していた薩摩・大隅両国において全面的な班田収授が実施され、翌年の朝貢停止命令を承け、延暦二四年に隼人の朝貢が終わった。最後の隼人の反乱から七〇年以上も経った時点での隼人の公民化は、隼人の側に原因があるのではなく、政府の方針転換に由来すると見るべきであろう。端的に言えば、日本列島の内部に、隼人や蝦夷といった、帰順した異民族を抱え込んでいるという「小帝国」構造を保持する必要を認めなくなったということである。

安禄山・史思明の乱が終息した後の唐に渡った宝亀六（七七五）年の遣唐使は、唐王朝の内情をつぶさに見聞してきたはずである。この時、唐の動向が東アジアの国際秩序に大きな影響を及ぼし、その軍事力に国際関係が左右されることは、もはやあり得ないことも認識されたであろう。つまり、日本が異民族を従える帝国構造を持っており、新羅や渤海より上位にある大国であることを唐王朝に示すべく努力する必要性が消滅したのである。おまけにこの時の遣唐使は、唐から送使を連れてきてしまい、その応接に日本政府は苦慮せざるを得なかった。日本は唐への朝貢国であることを日本の朝廷であからさまに示さざるを得なかったからで、中国を中心として、朝貢関係によって組み立てられる国際関係の負の側面を強烈に意識させられたのであった。

元正以降の歴代天皇は、重祚した称徳を除き、即位後一〇年以内には唐に遣使していたのに、桓武天皇(山部王)のそれが即位後二一年と遅れ、その間に「郊天祭祀」という、天子として天を祀る中国皇帝と同様の儀式を行っているのは、唐王朝との外交関係を維持し、その歓心を買う必要性を感じなくなっていたことを示している。新羅・渤海両国との関係は、個別に二国間の問題として処理するだけで十分と考えたのであろう。

3　古代社会への挽歌

生まれ出づるもの、消え去りゆくもの

かつて青木和夫は、奈良時代の歴史を記述した自著を、
さまざまなことが起こったようでもあり、またなにごともなかったかのごとくですらある。往時は茫々として人はすべて亡く、歴史に選ばれた事と物のみが残っている。
と結んだ(青木和夫『日本の歴史3　奈良の都』)。
確かに、皇位をめぐる激しい権力闘争や、制定された律令と日本の社会のありようとの間の

相互の浸食作用をたどっていくと、平城京の時代には実に「さまざまなことが起こった」と言わざるを得ない。しかし、この時代だけに限ってみれば、外交関係の大枠や、律令体制という国家の仕組みの大要から始めて、村落の景観に至るまで、一見すれば「なにごともなかったごとく」であるようにも見える。

ただ、この時代を通過する間に、日本の社会のありようには着実な変化が生じ、それまでにあったさまざまな要素が薄らいでゆく一方で、その後の時代へと繫がっていくさまざまな要素が加わっていったことは、これを認めざるを得ないようである。本節では特に『万葉集』などの文学作品と、仏教とを例に挙げて、この時代が、日本社会とそこで生きる人々の精神世界に刻み込んだものの一端を垣間見てみたい。

『万葉集』の成立

現代にまで残っている歌集としては日本最古の『万葉集』全二〇巻は、複雑な成立過程を持っている(伊藤博『万葉集の構造と成立 上・下』)。まず、国見・行幸・遷都などの朝廷の大事を歌ったもので構成される現巻一の前半部が、おそらくは持統太上天皇の意向を汲んで、文武朝の初年にいったんまとめられた。この歌集の最後に「藤原宮御井の歌」を置いて藤原宮を讃えたのは、こうした成立事情による。

その後、内容的に同類のものを集めた現巻一の後半と、これに「相聞」「挽歌」を加えた現巻二とが、おそらくは元明太上天皇の意向に沿って編まれた。現巻二の「相聞」「挽歌」に、現巻一の「雑歌」を加えて、三つの部立(歌の分類)が揃った一つの歌集が、ここに成立した。

その後、現巻三から巻一六までが、おおむね時代順に、三つの部立に分類されて加えられていく。その編纂は長期間にわたった可能性が大きいが、記された年紀の最も新しいものは天平一六(七四四)年七月なので、おそらくはこれからさほど降らない時期に、まとめられたものと見られる。ただし、現巻一六に関しては、その多くの歌が、一種の付録のような扱いを受けていたようで、この段階の『万葉集』を、仮に「一五巻本万葉集」と呼ぶことがあり、また、この大事業の主唱者として元正太上天皇を想定する見方がある。

一方、最後の四巻(現巻一七〜二〇)は、先のような部立を持たず、天平一八年正月から天平宝字三(七五九)年正月の間に詠まれた大伴家持の歌日記といった風貌を呈している。これに、もともと付録部分だったものが増補されて成立した現巻一六も加えられ、これをもって、現代にまで伝わった『万葉集』が成立した。最終的な成立の時期がいつだったかははっきりしないが、一五巻本の編纂事業以降の『万葉集』の成立に大きく関わった大伴家持は、早良《さわら》親王の春宮《とう》《ぐう》大夫であったために藤原種継《たねつぐ》暗殺事件(延暦四(七八五)年)の犯人の一人にされてしまったので、『万葉集』が陽の目を見るのは、桓武朝末年から平城朝にかけてと見られている。

おおよそ以上のような『万葉集』の編纂経緯からは、儀礼の場で用いられただろう、半ば伝説上の人物に仮託された歌から、柿本人麻呂のような宮廷歌人によるハレの場の歌へ、そしてより個人的な感懐を歌い込んだものへと、作歌の事情・背景が移り変わっていくさまが窺えるだろう。

ただここで注目したいのは、こうした「和歌の発生」という大きな問題についてではなく、『万葉集』という一つの編纂物の形で残された歌集以外の、八世紀以前の個々の歌集が、平城京の時代を通り抜けてなお残っていた痕跡が非常に薄いということである。もちろん、阿倍仲麻呂の望郷の歌が『古今和歌集』に、天智天皇の「秋の田の……」が『後撰和歌集』に採られているように(仮託説もある)、八世紀のうちにも『万葉集』以外に多くの歌集が編まれていた可能性はあるが、個々の歌はともかく、典籍としては湮滅《いんめつ》していることは注目してよいのではあるまいか。

同様のことは歴史書についても言え、『古事記』『日本書紀』が編纂される際にふんだんに参照されたはずの帝紀・旧辞、その他「一書」として引かれたもの、『百済本紀』その他の渡来人系の歴史書などは、おそらくは記紀の編纂終了とともに顧みられなくなり、そのうちに失われてしまったと見られる。平安時代に開催された『日本書紀』講書というゼミナールの記録を見ても、現存する部分には、記紀編纂の際に参照されたはずの記録への言及がない(成立時期と意図に問題のある『先代旧事本紀』を除く)。記紀以外の史書としては、平安時代に入る頃に、没落しかかっている氏族が古伝をまとめた『古語拾遺』『高橋氏文』そして『先代旧事本紀』などが編まれていることが注目されるが、「大中臣本系帳」「賀茂氏系図」のような系図は書き継がれても、有力氏族独自の所伝を記したものは、早くに失われたか、ついに書かれなかったのではあるまいか。もはや氏族ごとの古伝承ではなく、『藤氏家伝』のような個人伝が編まれる時代になっていたのである。

日本語書記法の進化

七世紀までに編纂された文学作品や歴史書のうち、平城京の時代という約七〇年の濾過器を通して生き残ったものは、単体としては存在せず、記紀や『万葉集』に集成された形でしか後世に伝わらなかったという現象の背景をどう考え、この現象をどう意義づければよいのか。

第一に考慮しなくてはならないのは、平城京の時代において、日本語の書記法が飛躍的に進化したことである。韻文について見れば、記紀の歌謡や第一章で紹介した「はるくさ」木簡に見られるような、日本語一音に一つの漢字を表音文字(音仮名)として当てる書記法と、『万葉集』の多くの巻のように、漢字の訓の定着を前提にした訓仮名をも混用する書記法とが成立する。意味はもちろんのこと、読みの伝達も重視される韻文では、結局は『万葉集』巻一七以降がそうしたように、記紀方式のほうが安心でき、この延長上に「ひら仮名」による書記法が位置づけられる。

いっぽう散文については、日本語の語順を重視してテニヲハを省く書記法や、宣命のように音仮名でテニヲハを加える方法が試みられはしたものの、結局は漢文に習熟するのが、最も確実な内容伝達法であることがわかった。そうでなければ、何を言わんとするかが斜め読みでも誤解なく伝わるような行政文書を記せないからであり、この点では表意文字としての漢字以上のものは得られなかったからである。

この時代に漢文による散文の文筆能力（リテラシー）が飛躍的に向上したことについては、正倉院文書に残された下級官人たちの書簡を見る限りでは不安がぬぐえないが、『唐大和上東征伝』を繙《ひもと》けば、淡海《おうみの》三船《みふね》のような「文人の首」クラスなら、十分に身につけていることがわかる。たとえ鑑真の弟子思託《したく》による『大和上伝』が下敷きにされているとは言っても、よくこなれた文章でありながら迫真性と記録性とを備えた作品に仕上がっていると言えよう。

結局、情報の内容に応じて、これを伝達するのに適した書記法が確立・採用され、これによって記された作品のみが後世に写し伝えられていったのであって、文意を汲み取るのに苦労し、後世の模範とならないようなものは淘汰されていったように思えるのである。

美意識と歴史認識の規準

しかし、単に書記法だけで残存のあり方が決まってしまったわけではないだろう。むしろ残された作品のほとんどが、天皇をいただく朝廷の権威と密着していることにこそ注目すべきなのかもしれない。朝廷を構成する貴族官僚の共通の価値観によって編まれたものだから残った、あるいは、共通に持つべき美意識や歴史認識として具体的な形が提示され、それが規準と見なされたからこそ残ったのではないか、と見るのである。

大伴家持が、

大伴と　佐伯の氏は　人の祖《おや》の　立つる言立《ことだて》　人の子は　祖の名絶たず　大君に　まつろふものと　言ひ継げる　言《こと》の官《つかさ》ぞ

と歌った時(『万葉集』巻一八、四〇九四番)、まだ彼の脳裏には、大伴氏や佐伯氏固有の祖先伝承が残っていた。なぜなら彼は、この歌で自らの祖を「大久米主《おおくめぬし》」と表現しているが、これは記紀とは異なるからである。しかし記紀が、特に『日本書紀』が編まれ、そして普及することによって「祖の名」が保障された時、その代償として、固有の氏族伝承の生命は、静かに終末を迎えたのではあるまいか。家持があえて「大久米主」と表現したことの背後に、どうしようもない流れの中で薄れゆく固有氏族伝承への愛惜を見るのは穿《うが》ちすぎであろうか。

土臭い豪族が、洗練された貴族に転身し、自負と自己主張によって保持してきた地位の継承が、制度と恩寵とに委ねられていく。豪族連合として成立したヤマト政権は、ここにようやく権威の源泉の、心性の深部に達するまでの一元化を成し遂げたのである。

仏に帰依する神々

平城京の時代が始まった頃、天皇の君主たる所以は、神祇信仰によって強力に支えられていた。全国の大小の神社からは、その神宝が天皇のもとに差し出されており、その代わりとして、全国の神社から神祇官に呼びつけられた祝部《はふりべ》に、天皇から幣帛《へいはく》という形で、新たに神宝たるべきものが配られ（「班幣《はんぺい》」）、それを持ち帰らせて祭らせる。神祇令に規定された祈年祭《きねんさい》や月次祭《つきなみさい》における「班幣」の制度は、いわば全国の神々を天皇のもとに服属させる仕組みと言うことができ（大津透『古代の天皇制』第四章）、この仕組みを通じて天皇は、豊穣を、ひいては国家の安泰を約束する唯一の存在となりおおせたのであった。

ところが、地方の神社の中に、仏教信仰の浸透が見え始める。その典型的な例は、延暦七（七八八）年に成立した『多度神宮寺資財帳《たどじんぐうじ》』に見えており、そこには、天平宝字七（七六三）年に、伊勢国桑名郡に鎮座する多度大神が、「永く神の身を離れんがために、三宝に帰依《きえ》せんと欲す」という託宣をくだしたとある。鹿島大神（常陸）、賀茂大神（山城）等も、次々に仏道への帰依を願っており、こうした場合、神社に添えて神宮寺が建てられていく場合が多い。

ただ、神が仏に帰依するという現象は、地方社会でというよりは、むしろ朝廷の方で率先して創り出した面も否定できない。現御神《あきつみかみ》たるべき聖武天皇が、「三宝の奴」として仏前に額づいたのは、天平感宝元（七四九）年四月のこと。同年の一二月には、宇佐の八幡大神が大仏の造立への助力を申し出ている。在来の神祇信仰は、地域社会の秩序を支えてきた郡司層の動揺という事態を前に不安定なものとなり、天皇以下が仏教の論理でその支配を正当化しようとするに際して、仏教との整合性を求めることを余儀なくされたのであった。地域社会で起こっていることした事態を反映して、宝亀六(七七五)年六月には、班幣に参集しない祝部を解任せよという命令が出されている(『類聚三代格』巻一)。せっかく天皇から配られる幣帛を、受け取らなくとも構わないとする神社が、徐々に増えてきたのである。

もちろん、聖武朝から称徳朝にかけての崇仏は、そのままの形で光仁・桓武朝へと引き継がれるわけではない。平城京から長岡京へ、そして平安京へと遷都した桓武の意図の一端に、南都の諸大寺との関係の調整があったことは想像に難くないが、いっぽうで称徳朝に創始された大極殿での御斎会は、以後も連綿として催されていく(吉川真司「大極殿儀式と時期区分論」)。

こうしたさまざまな紆余曲折はあるものの、仏教が王権を支える論理の一つとして確固たる地位を占めることは、平城京の時代に始まり、以後の前近代の日本を貫いたのである。

おわりに――平城京の時代をどう見るべきか

二〇世紀後半の歴史学の展開の中で、平城京の時代の位置づけについては、ある程度の共通認識ができてきたように思う。それは、この時代が、それより前の時代の国家や社会のありようの必然的な展開の結果として説明しつくせるものではないこと、そして、そうであるが故にと言うべきであろうか、この時代は特殊な時代であるから、以後の時代から規範とされることの少ない時代であったこと、こうまとめられるだろう。その際、こうした特殊な時代相をもたらした大きな要因として国際的契機を挙げることも、大方の認めるところとなっている。

こうした見方が行き着くところ、この時代を夾雑物《きょうざつぶつ》のように扱おうとする傾向さえ現れている。一種の戦時体制というわけであり、なるほどそう捉えることで説明できることが多いことも疑いない。しかし、戦時体制というたとえを用いるならば、日本の近現代史研究における戦前と戦後の連続説・非連続説の応酬に見られるように、戦時体制が戦後日本の枠組みを形作ったという言い方も十分にできるのであって、平城京の時代がその後の日本の国家・社会に残した遺産については、その後の時代に生きた人々の目を通し、彼らの見方を祖述することで済ますのではなく、歴史学の研究の結果として示さなければならないだろう。

そうした観点から見るならば、平城京の時代が現在にまで残した最大の遺産は、日本国家の「枠組み」である。最初に空間的な面を言うならば、周辺に多少曖昧なところは残ったものの、日本国の版図は言うまでもなく、その内側をどういう単位で区分するかということについても、国レベルはおろか郡レベルまで、基本的に平城京の時代に確定し、その後はほとんど変化しなかった。この時代に付けられた嘉字二つを用いた国郡名とその範囲は、辺境を除けば、前近代を通じて用いられたのである。

もっともこれは、そうした地域区分が、自然環境に逆らわないという意味で合理的だったから、自然環境が大きく変化しないかぎり生き続けるのが当然であるという言い方もできる。したがってより大きな問題は、そこに住む人々の方に、この時代が何を遺したかにあると言わざるを得ない。

平城京の時代、人々は戸籍に登録され、さまざまな負担を課されていた。問題は、家族の輪郭すら曖昧な古代日本で、曲がりなりにもそれが成り立ったのは何故か、ということであろう。端的に言えば、この時代が始まるころには、共同体に数え上げてもらえなければ、生きていけなかったのである。当時の農業生産は、重層性をもつ共同体を前提にしなければ成り立たない。共同体から離れて生きていけたのは、官人や特殊な技能を持つ人々など、極めて限られていたし、その人々がみな、共同体から離れる前より良い生活が送れたかは疑問である。

平城京の時代、国家はこうした共同体を上から把握して成り立った。しかし、国家の施策は、こうした共同体なしでも暮らせる状況を生みだしてしまったし、共同体の共同性を破壊する方向でも機能した。生産の基盤の整備は、共同体が生産に占める役割を減殺してしまった。知恵と勇気があれば、眼前の共同体から離れて有力者のもとに走り、そこで国家の直接の干渉から逃れることもできたし、自分の能力で大規模な経営を始めることもできた。国家は、確かに公民の最低限の生活を保障する仕組みを作り上げた。しかし、それでは満足できない人々が活路を見出す方途も、同時に用意してしまったのであった。

この過程の中で、人、特に成人男子を把握することを基本に据える支配のあり方は、変容を迫られることになった。この方法は、六世紀半ばの段階で、屯倉《みやけ》に派遣された使者に「田部《たべ》の丁籍《ていせき》」を調査させるという史料があるように、由緒正しい、かつその時点では先進的な支配のあり方であったが、律令国家は、本文でも述べたように、土地を帳簿と地図とのセットで体系的に把握しようと努めた。これが用意されることによってはじめて、土地を媒介とする支配・従属関係が成立し得るのであって、前近代日本を貫く田文《たぶみ》・検田帳・検地帳を基礎とする支配は、平城京の時代の工夫の産物なのである。平城京の時代より前には、記紀の系譜を典型とするように、血縁の言葉で支配・従属関係を表現していたが、この時代より後には、土地所有権の言葉で支配・従属関係を表現するようになっていった。人から土地へと対象を転換することで、より深部まで上級権力の、ひいては国家の支配が及ぶことになる。律令国家は、このための手段を用意したのである。

支配の技術という点から見れば、計算能力・文筆能力・規格や用語の統一性など、律令国家から後世への遺産は巨大なものがあると言うことができる。しかし、具体的な個々の技術ばかりあげつらうべきではない。北条泰時《やすとき》が御成敗式目《ごせいばいしきもく》を編んだとき、「律令のおきて聊《いささ》かも改まるべきにあらず候也」と、強烈な自負をもって記しているのは有名だが、律令の存在を前提にしているからこそ、安心して自らの法を示し得たのである。この際、律令の実効性は問題とならない。これまで存在し、これからも存在し続けるだろう法として、格式や新制にまとわりつかれた律令が認識されており、それとの関係で己の法を説明できたことのほうを重視したい。この場合律令は、「枠組み」とも座標軸とも言え、それ自体の位置は問われることがない。そういうものとして律令は必要とされ、存在し続けたのであった。

その「枠組み」の中に、天皇がしっかり嵌《は》め込まれたのも、平城京の時代ということができる。平城京の時代、天皇はいかにあるべきか、かなりの振幅をもって揺れ続けたと言ってもよいだろう。動揺しながら新たに身にまとったり、あるいは脱ぎ捨てたりしたものもある。特に仏教との関係は、その後の時代に大きな課題を残すことにはなった。しかし、ともかくも新しい統治技術と矛盾しない形で天皇は存在し続け、この時代が過ぎたとき、「系譜と神話」を中核に据え続けたまま、「法と制度」の外皮にもしっかりと守られることになっていたのである。

平城京の時代に、転換期直前の古代人の心性、滅びゆく氏族制・共同体の記憶は、かなり洗練された書記法で、辛うじてこれを紙の上に書きとどめることができた。その内容は、ある意味では経学に偏した解釈が加えられる前の『詩経』国風の世界に通じるものがあり、その後の、例えば平安時代の「文章経国」を唱えるいわゆる文人たちには、逆立ちしても生み出し得ない古韻を響かせている。特定の時代には、その時代特有の心性があり、それを背景にした芸術が生まれる一証である。

吉田孝は七～八世紀を「日本の歴史の青春時代」と呼んでいるが（『飛鳥・奈良時代』）、平城京の時代は、文字をあやつることをおぼえ、自我が育ってきた時期という意味では、むしろ少年時代――ちょうど興福寺の阿修羅像に面影を伝えるような――と呼んだ方がよいのかもしれない。二度と戻れない少年時代を懐かしがるか、ほろ苦く思い出すか、思い出したくもないか、人それぞれだろうが、平城京の時代が、思い出すよすがに恵まれた、日本で最も古い時代であることは間違いないだろう。

岩波新書／最新刊から

1993 **親密な手紙** 大江健三郎 著

渡辺一夫をはじめ、サイード、井上ひさし、武満徹、オーデンなどを思い出とともに語る魅力的な読書案内。『図書』好評連載。

1994 **社会学の新地平**
―ウェーバーからルーマンへ― 佐藤俊樹 著

マックス・ウェーバーとニクラス・ルーマン――産業社会の謎に挑んだふたりの社会学の巨人。彼らが遺した知的遺産を読み解く。

1995 **日本の建築** 隈 研吾 著

都市から自然へ、集中から分散へ。モダニズム建築とは異なる道を歩み、西欧の建築に影響を与え続けた日本建築の挑戦を読み解く。

1996 **文学が裁く戦争**
―東京裁判から現代へ― 金ヨンロン 著

一九四〇年代後半から現在まで、戦争裁判をテーマとした主要な作品を取り上げて、戦争を裁き直そうとした文学の流れを描く。

1997 **ドキュメント 異次元緩和**
―10年間の全記録― 西野智彦 著

あのとき何が起きていたのか。当局者たちの知られざる水面下の動きを仔細に再現、黒田日銀による異例ずくめの政策を総括する。

1998 **文化財の未来図**
―〈ものつくり文化〉をつなぐ― 村上 隆 著

水や空気のように、私たちに欠かせない文化財。それらを守り、学び、つなげて、真の「文化の国」をめざすために必要なこととは。

1999 **豆腐の文化史** 原田信男 著

昔から広く日本で愛されてきた不思議な白い食べ物の魅力を歴史的・文化的に描く。食文化史研究の第一人者による渾身の書下ろし。

2000 **耳は悩んでいる** 小島博己 編

加齢による聞こえ方の変化、幅広い世代に増えている難聴。耳の構造、病気、予防を解説し、認知症との関連など最新の知見も紹介。

(2024.1)

岩波新書より

日本史

読み書きの日本史　八鍬友広
日本中世の民衆世界　三枝暁子
森と木と建築の日本史　海野聡
幕末社会　須田努
江戸の学びと思想家たち　辻本雅史
上杉鷹山　「富国安民」の政治　小関悠一郎
藤原定家『明月記』の世界　村井康彦
性からよむ江戸時代　沢山美果子
景観からよむ日本の歴史　金田章裕
律令国家と隋唐文明　大津透
伊勢神宮と斎宮　西宮秀紀
百姓一揆　若尾政希
給食の歴史　藤原辰史
大化改新を考える　吉村武彦
江戸東京の明治維新　横山百合子
戦国大名と分国法　清水克行

東大寺のなりたち　森本公誠
武士の日本史　髙橋昌明
五日市憲法　新井勝紘
後醍醐天皇　兵藤裕己
茶と琉球人　武井弘一
近代日本一五〇年　山本義隆
語る歴史、聞く歴史　大門正克
義経伝説と為朝伝説　日本史の北と南　原田信男
出羽三山　山岳信仰の歴史を歩く　岩鼻通明
日本の歴史を旅する　五味文彦
一茶の相続争い　高橋敏
鏡が語る古代史　岡村秀典
日本の近代とは何であったか　三谷太一郎
戦国と宗教　神田千里
古代出雲を歩く　平野芳英
自由民権運動　〈デモクラシー〉の夢と挫折　松沢裕作
風土記の世界　三浦佑之

京都の歴史を歩く　小林丈広／高木博志／三枝暁子
蘇我氏の古代　吉村武彦
昭和史のかたち◆　保阪正康
「昭和天皇実録」を読む　原武史
生きて帰ってきた男　小熊英二
遺骨　戦没者三一〇万人の戦後史　栗原俊雄
在日朝鮮人　歴史と現在　水野直樹／文京洙
京都〈千年の都〉の歴史　高橋昌明
唐物の文化史◆　河添房江
小林一茶　時代を詠んだ俳諧師　青木美智男
信長の城　千田嘉博
出雲と大和　村井康彦
女帝の古代日本◆　吉村武彦
コロニアリズムと文化財　荒井信一
特高警察　荻野富士夫
古代国家はいつ成立したか　都出比呂志
渋沢栄一　社会企業家の先駆者　島田昌和

岩波新書新赤版一〇〇〇点に際して

ひとつの時代が終わったと言われて久しい。だが、その先にいかなる時代を展望するのか、私たちはその輪郭すら描きえていない。二〇世紀から持ち越した課題の多くは、未だ解決の緒を見つけることのできないままであり、二一世紀が新たに招きよせた問題も少なくない。グローバル資本主義の浸透、憎悪の連鎖、暴力の応酬——世界は混沌として深い不安の只中にある。

現代社会においては変化が常態となり、速さと新しさに絶対的な価値が与えられた。消費社会の深化と情報技術の革命は、種々の境界を無くし、人々の生活やコミュニケーションの様式を根底から変容させてきた。ライフスタイルは多様化し、一面では個人の生き方をそれぞれが選びとる時代が始まっている。同時に、新たな格差が生まれ、様々な次元での亀裂や分断が深まっている。社会や歴史に対する意識が揺らぎ、普遍的な理念に対する根本的な懐疑や、現実を変えることへの無力感がひそかに根を張りつつある。そして生きることに誰もが困難を覚える時代が到来している。

しかし、日常生活のそれぞれの場で、自由と民主主義を獲得し実践することを通じて、私たち自身がそうした閉塞を乗り超え、希望の時代の幕開けを告げてゆくことは不可能ではあるまい。そのために、いま求められていること——それは、個と個の間で開かれた対話を積み重ねながら、人間らしく生きることの条件について一人ひとりが粘り強く思考することではないか。その営みの糧となるものが、教養に外ならないと私たちは考える。歴史とは何か、よく生きるとはいかなることか、世界そして人間はどこへ向かうべきなのか——こうした根源的な問いとの格闘が、文化と知の厚みを作り出し、個人と社会を支える基盤としての教養となった。まさにそのような教養への道案内こそ、岩波新書が創刊以来、追求してきたことである。

岩波新書は、日中戦争下の一九三八年一一月に赤版として創刊された。創刊の辞は、道義の精神に則らない日本の行動を憂慮し、批判的精神と良心的行動の欠如を戒めつつ、現代人の現代的教養を刊行の目的とする、と謳っている。以後、青版、黄版、新赤版と装いを改めながら、合計二五〇〇点余りを世に問うてきた。そして、いままた新赤版が一〇〇〇点を迎えたのを機に、人間の理性と良心への信頼を再確認し、それに裏打ちされた文化を培っていく決意を込めて、新しい装丁のもとに再出発したいと思う。一冊一冊から吹き出す新風が一人でも多くの読者の許に届くこと、そして希望ある時代への想像力を豊かにかき立てることを切に願う。

（二〇〇六年四月）

坂上康俊

1955年生まれ．東京大学大学院博士課程中退
現在―九州大学名誉教授
専攻―奈良・平安時代史
著書―『唐令拾遺補』(共編，東京大学出版会)
『律令国家の転換と「日本」』(講談社)
『摂関政治と地方社会』(吉川弘文館)
『古代中世の日本』(共著，放送大学教育振興会)
『唐法典と日本律令制』(吉川弘文館) ほか

平城京の時代
シリーズ 日本古代史④　　岩波新書(新赤版)1274

2011年5月20日　第1刷発行
2024年1月25日　第10刷発行

著　者　坂上康俊《さかうえやすとし》

発行者　坂本政謙

発行所　株式会社 岩波書店
〒101-8002 東京都千代田区一ツ橋 2-5-5
案内 03-5210-4000　営業部 03-5210-4111
https://www.iwanami.co.jp/

新書編集部 03-5210-4054
https://www.iwanami.co.jp/sin/

印刷・理想社　カバー・半七印刷　製本・中永製本

ISBN 978-4-00-431274-1　　Printed in Japan

索　引

あ 行

さ 行

た 行

ま 行

や 行

略年表

西暦	和暦	出来事
690	持統 4	9 庚寅年籍の作成を命じる
692	6	9 庚寅年籍により，四畿内に班田する
694	8	12 藤原京に遷都
697	文武元	8 持統天皇譲位，軽皇子即位(文武天皇)
698	2	・渤海建国
699	3	この年，隼人，朝廷が派遣した使節を脅迫
700	4	6 隼人の反乱を筑紫惣領に鎮圧させる
701	大宝元	1 整備された朝賀の儀を行う．約 30 年ぶりの遣唐使に粟田真人らを任じる(翌年出航)　3 対馬島，金を貢上(のち偽物と判明)，大宝と建元し，大宝令を施行する
702	2	8 薩摩・多褹で，隼人の反乱．以後戸籍に組み入れ，官吏を置く(薩摩国の成立)　10 大宝律令を全国に頒下　12 持統太上天皇歿(58)
703	3	1 知太政官事職を設置し，刑部親王を任じる　12 持統太上天皇を火葬し，天武天皇陵に合葬する
704	慶雲元	7 粟田真人ら遣唐使が帰国する
705	2	4 大納言の定員を 2 人に減じ，中納言 3 人を設置する　9 穂積親王，知太政官事に
706	3	2 七条の事を制する(官吏の任期を 6 年から 4 年に，庸を半減など)
707	4	4 藤原不比等に 2000 戸の封戸を与え，子孫に伝えさせる　6 文武天皇歿(25)　7 阿閇皇女即位(元明天皇)，「不改常典」の初見．授刀舎人寮を置く
708	和銅元	1 武蔵国より和銅を貢上，これを祝い改元　2 平城の地に新都造営の詔　5 和同開珎(銀銭)の発行　8 和同開珎(銅銭)の発行．この年以降，薩摩・大隅の「隼人郡」で調庸の代わりに隼人を貢上
709	2	3 蝦夷を討つため陸奥に軍を派遣　8 銀銭の禁止
710	3	3 平城京に遷都　9 再び銀銭の禁止
711	4	10 蓄銭叙位令を定める
712	5	1 太安万侶，『古事記』を撰上　9 出羽国を設置する
713	6	4 丹後・美作・大隅の諸国を設置する　5 諸国に『風土

		記』の編纂を命じる
714	7	6 首皇子，立太子
715	霊亀元	9 元明天皇譲位し，氷高内親王即位(元正天皇)
716	2	5 薩摩・大隅の貢上する隼人を6年交替とする　8 多治比県守らを遣唐使に任じる(翌年出航．藤原宇合，阿倍仲麻呂，吉備真備，僧玄昉ら，唐に)
717	養老元	4「小僧行基」の活動を禁圧する　10 藤原房前を参議に任じる．この年，郷里制施行
718	2	5 能登・安房・石背・石城の諸国を設置する
720	4	2 隼人，大隅国守を殺害　3 征隼人持節大将軍として大伴旅人を派遣　5 舎人親王ら，『日本書紀』を撰上　8 右大臣藤原不比等歿(62)．舎人親王，知太政官事に　9 陸奥国で蝦夷が按察使を殺害．多治比県守，持節征夷将軍に．東国兵士を動員し鎮圧
721	5	12 元明太上天皇歿(61)
722	6	2 養老律令の編纂に携わった学者を褒賞　閏4 100万町歩開墾計画発布
723	7	4 田地開墾のため，三世一身の法を出す　11 奴婢の口分田の支給年齢を12歳に引き上げる．この年までに『常陸国風土記』が成立する
724	神亀元	2 元正天皇譲位，首皇子即位(聖武天皇)．長屋王，左大臣に　3 蝦夷の反乱　4 藤原宇合を持節大将軍に任じる．この年，陸奥国に多賀城設置
727	4	9 渤海からの使節，出羽に到着，一部蝦夷に殺害される　閏9 藤原光明子，皇子基(？)王を出産　11 基(？)王，立太子　12 渤海使入京
728	5	8 中衛府設置，藤原房前，大将に就任　9 聖武と藤原光明子の皇子基(？)王歿　12『金光明最勝王経』を書写させ，諸国に頒下
729	天平元	2 長屋王，謀反の疑いで窮問され，自殺(46)　3 藤原武智麻呂を大納言に任じる　8 聖武天皇夫人藤原光明子を皇后に立てる　9 大宰府，調綿10万屯の京進を始める
732	4	1 天皇初めて冕冠をかぶって朝賀に臨む　8 多治比広成を遣唐大使に任じる(翌年出航)．東山・東海・山陰・西海の各道に節度使を置く

		・渤海が唐の登州を攻撃する
733	5	・唐が対渤海戦争での新羅の参戦を命じる
734	6	1 光明皇后，母橘三千代の一周忌を機とし，興福寺西金堂を造立．国ごとに出挙すべき本稲の量を定める．公出挙の本稲を大税に一本化する(官稲混合) 4 諸道の節度使を停止する
735	7	2「王城国」と名乗る新羅国使者を強制的に帰国させる 4 吉備真備，僧玄昉，唐より『唐礼』『太衍暦経』，『開元釈経録』を持ち帰る．この年，疫病が流行する ・新羅，唐から大同江以南の領有を認められる
736	8	5 天竺僧菩提僊那，唐僧道璿ら，大宰府に到着する 11 葛城王に母の姓の橘宿禰を賜り，王は諸兄と改名する
737	9	1 遣新羅使が入京する．大使は対馬で病歿 2 遣新羅使，新羅の失礼を報告する 3 陸奥・出羽間の新道が開かれる 9 筑紫にいる東国防人に帰還命令を出す(翌年帰郷)．鈴鹿王，知太政官事に 12 大倭国を大養徳国に改める．玄昉により快癒した藤原宮子，聖武と対面する．この年，疫病大流行．藤原房前，麻呂，武智麻呂，宇合，多治比県守ら，相次いで死去
738	10	1 阿倍内親王立太子．橘諸兄を右大臣に任じる
739	11	5 三関国(伊勢・美濃・越前)，陸奥，出羽，越後，長門，大宰府管内以外の諸国で，兵士の徴集停止．この年，郷里制廃止
740	12	2 天皇，河内国の智識寺で盧舎那仏を拝する 5 光明皇后の写一切経(五月一日経)願文成る 6 国ごとに法華経を写させ，七重塔を建てさせる 9 吉備真備と玄昉を除くことを求め，藤原広嗣が反乱を起こす 11 広嗣，斬殺される．この間，聖武天皇，伊賀・伊勢・美濃・近江等を経て山背国に至る．恭仁宮の造営開始
741	13	2 諸国の国分寺・国分尼寺建立の詔 7 吉備真備，東宮学士に
742	14	1 大宰府を廃止 8 近江国の紫香楽村に離宮造営
743	15	5 墾田永年私財法を出す 10 盧舎那仏金銅像の造立を発願，紫香楽で工事が始まり，行基が協力する 12 恭仁宮の造営を停止する

744	16	閏1 安積親王歿する　2 難波宮を皇都とする
745	17	1 行基を大僧正とする　4 紫香楽宮周辺で火事多発　5 都を平城に戻す　6 大宰府を復活する　8 大養徳国の金光明寺に大仏を造り始める　11 玄昉を筑紫に左遷し，観世音寺を造らせる．諸国に公廨稲を置く
746	18	9 恭仁宮の大極殿を山背国分寺に施入する　12 諸国の兵士を再び徴集する
747	19	9 東大寺大仏の鋳造を始める
748	20	4 元正太上天皇歿(69)
749	天平感宝元 天平勝宝元	2 行基歿．百済王敬福，陸奥国小田郡で採れた黄金を貢上する　4 天皇，東大寺に行幸し，「三宝の奴」として盧舎那仏を礼拝，黄金を献上する　7 聖武天皇譲位，阿倍内親王即位(孝謙天皇)　8 藤原仲麻呂，紫微中台の長官・紫微令に任じられる．この年，藤原仲麻呂，中衛大将を兼ねる
750	2	1 吉備真備，筑前守に左遷される　9 藤原清河・大伴古麻呂らを遣唐使に任じる(翌々年出航)
752	4	4 聖武太上天皇・光明皇太后・孝謙天皇，東大寺に行幸する．大仏の開眼供養　6 新羅の王子金泰廉ら拝朝
753	5	1 唐・長安での朝賀の儀に，遣唐副使大伴古麻呂参列．唐側が新羅の席次を日本より上にしたとして抗議，逆転させる　8 新羅国王，日本使人(小野田守)の引見を拒否
754	6	1 遣唐副使大伴古麻呂，唐僧鑑真らを伴い帰朝　4 鑑真，聖武太上天皇・光明皇太后・孝謙天皇に菩薩戒を授ける
755	7	5 桑原荘券第一成る ・唐で安禄山・史思明の乱起こる(～763)
756	8	2 左大臣橘諸兄辞職　5 聖武太上天皇歿(56)．遺詔により道祖王立太子　6 国家珍宝帳
757	天平宝字元	3 皇太子道祖王を廃する　4 大炊王立太子．孝謙天皇，家ごとに孝経を所蔵させ孝行を奨励　5 藤原仲麻呂，紫微内相となり，内外諸兵事を掌握．養老律令を施行　7 藤原仲麻呂殺害の謀議が発覚し，橘奈良麻呂・大伴古麻呂らを処刑．藤原豊成を大宰員外帥に左遷　閏8 大宰府の防人に坂東諸国の兵士を送るのをやめ，代わりに陸奥国に鎮兵を置く　10 公廨稲の配分比率を定める

758	2	8 孝謙天皇譲位．大炊王即位(淳仁天皇)．藤原仲麻呂を大保に任じ，恵美押勝の名を賜う．官名を唐風に改める 12 遣渤海使小野田守，安禄山の乱の勃発を奏上
759	3	1 大伴家持，『万葉集』最後の歌を詠む 6 大宰府に命じ，対新羅用の行軍式を作成させる 8 鑑真が唐招提寺を建立する 9 新羅征討のための造船を命じる 12 中衛府から授刀衛独立
760	4	1 藤原仲麻呂を大師に任じる 6 光明皇太后歿(60)
762	6	6 孝謙太上天皇，淳仁天皇を非難して，国政の大事と賞罰の決定を掌握する 12 多賀城碑成る
763	7	5 鑑真歿 9 少僧都慈訓，解任され，道鏡がその職に 12 伊勢国で多度神宮寺を創建
764	8	1 吉備真備，造東大寺司長官に 9 藤原仲麻呂，氷上塩焼の即位を謀り反乱．孝謙太上天皇方と戦い，近江に敗死(59)．道鏡，大臣禅師となる．唐風官名をもとにもどす 10 淳仁天皇を廃して淡路に配流．孝謙太上天皇重祚(称徳天皇)
765	天平神護元	3 寺院以外の新墾田を禁止 8 和気王ら，謀反の疑いで誅殺される 10 淡路廃帝(淳仁天皇)歿(33) 閏10 道鏡，太政大臣禅師になる
766	2	10 道鏡，法王に，藤原永手，左大臣に，吉備真備，右大臣になる
767	神護景雲元	3 法王宮職を置く 10 陸奥国に伊治城完成
768	2	2 筑前国に怡土城完成
769	3	9 和気清麻呂，道鏡即位を否とする宇佐神宮の神託を報じ，大隅に配流される
770	宝亀元	8 称徳天皇歿(53)．白壁王，立太子．道鏡を造下野国薬師寺別当に左遷 9 大隅から和気清麻呂を召還 10 白壁王即位(光仁天皇) 11 井上内親王立后．この年，唐で阿倍仲麻呂歿
771	2	1 他戸親王，立太子 2 左大臣藤原永手歿
772	3	3 光仁天皇を呪詛したとして，井上皇后を廃する 5 連坐して他戸親王廃太子 10 墾田を解禁する

773	4	1 山部親王立太子．この年，唐で藤原清河歿？
774	5	7 陸奥国で蝦夷の反乱，鎮守将軍大伴駿河麻呂ら鎮圧
775	6	4 井上内親王・他戸親王，同日に歿　6 佐伯今毛人らを遣唐使に任じる(出航は翌々年で，今毛人は下船)　10 吉備真備歿(81)
779	10	淡海三船，『唐大和上東征伝』を著す
780	11	2 結果的に最後となった新羅使が帰国の途につく　3 陸奥国伊治郡大領の伊治呰麻呂，反乱を起こし，按察使紀広純を殺す．多賀城陥落．以後 30 年以上にわたり蝦夷との間に戦争が続く ・新羅で，恵恭王夫妻暗殺事件起こる
781	天応元	4 光仁天皇，病のため譲位．山部親王即位(桓武天皇)．早良親王立太子　12 光仁天皇歿(73)
782	延暦元	閏1 氷上川継ら，謀反露れ，配流される　6 左大臣藤原魚名，氷上川継に連坐して罷免される．大伴家持を陸奥鎮守将軍とし，蝦夷征討を準備する
783	2	4 藤原乙牟漏立后
784	3	5 遷都のため，藤原種継らを山背国長岡村に派遣する　6 長岡宮造営に着工　11 長岡京に遷都
785	4	9 藤原種継，暗殺される．皇太子早良親王を廃する　10 廃太子，淡路に流される途中で歿する　11 安殿親王立太子
787	6	11 桓武天皇，交野で上帝を祀る
789	8	5 良と賤との間の子は良とすることに改める　6 アテルイが蝦夷征討軍を破る
791	10	9 平城宮の諸門を長岡宮に移築させる
792	11	6 陸奥・出羽・佐渡・大宰府管内以外の兵士を廃止
794	13	10 平安京に遷都
797	16	2『続日本紀』完成
800	19	12 薩摩・大隅両国で班田収授実施
801	20	6 五畿内の班田を 12 年に一度とする．隼人の貢上を停止する
804	23	7 遣唐使船が五島列島を出航
805	24	1 隼人の風俗歌舞奏上停止，隼人の公民化

806	大同元	3 桓武天皇歿(70)，安殿親王即位(平城天皇)
809	4	4 平城天皇譲位，神野親王即位(嵯峨天皇)
810	弘仁元	9 薬子の変(平城太上天皇の変)．平城上皇，都を平城京に戻そうとして失敗

参考文献

第 1 章

石上英一「古代国家と対外関係」歴史学研究会・日本史研究会編『講座日本歴史 2』東京大学出版会，1984

榎本淳一「律令賤民制の構造と特質」池田温編『中国礼法と日本律令制』東方書店，1992

尾形勇「中国古代における帝位の継承」『史学雑誌』85-3，1976

北村秀人「朝鮮における「律令制」の変質」井上光貞他編『東アジア世界における日本古代史講座 7』学生社，1982

佐伯有清「山上氏の出自と性格」『日本古代氏族の研究』吉川弘文館，1985．初出 1978

坂上康俊「東宮機構と皇太子」九州大学国史学研究室編『古代中世史論集』吉川弘文館，1990

坂上康俊「古代の法と慣習」『岩波講座日本通史 3　古代 2』岩波書店，1994

坂上康俊「大宝律令制定前後における日中間の情報伝播」池田温編『日中文化交流史叢書 3　法律制度』大修館書店，1997

鈴木拓也『蝦夷と東北戦争』吉川弘文館，2008

東野治之『遣唐使』岩波新書，2007

永山修一『隼人と古代日本』同成社，2009

西嶋定生「皇帝支配の成立」『西嶋定生東アジア史論集　第 1 巻　中国古代帝国の秩序構造と農業』岩波書店，2002．初出 1970

濱田耕策「聖徳王代の政治と外交」『新羅国史の研究』吉川弘文館，2002．初出 1979

春名宏昭「太上天皇制の成立」『史学雑誌』99-2，1990

古畑徹「日渤交渉開始期の東アジア情勢」『朝鮮史研究会論文集』23，1986

森公章「遣唐使の時期区分と大宝度の遣唐使」『遣唐使と古代日本の対外政策』吉川弘文館，2008．初出 2006

吉田孝「「律令国家」と「公地公民」」『律令国家と古代の社会』岩波書店，1983

吉村武彦「古代の王位継承と群臣」『日本古代の社会と国家』岩波書店，1996．初出 1989

第2章

青木和夫「雇役制の成立」『日本律令国家論攷』岩波書店，1992．初出 1958
愛宕元「両京郷里村考」『唐代地域社会史研究』同朋舎出版，1997．初出 1981
阿部武彦「古代族長継承の問題について」『日本古代の氏族と祭祀』吉川弘文館，1984．初出 1954
阿部義平「律令期集落の復元」『国立歴史民俗博物館研究報告』22，1989
大津透「律令国家と畿内」『律令国家支配構造の研究』岩波書店，1993．初出 1985
大津透「中国における畿内制」『律令国家支配構造の研究』(前掲)
大津透「貢納と祭祀」『古代の天皇制』岩波書店，1999．初出 1995
大津透「唐西州高昌県粟出挙帳断簡について」『日唐律令制の財政構造』岩波書店，2006．初出 1998
鎌田元一「日本古代の人口について」『律令公民制の研究』塙書房，2001．初出 1984
鎌田元一「郷里制の施行と霊亀元年式」『律令公民制の研究』(前掲)．初出 1991
鎌田元一「律令制的土地制度と田籍・田図」『律令公民制の研究』(前掲)．初出 1996
菊池英夫「山上憶良と敦煌遺書」『国文学』28-7，1983
北村優季「京戸について」『史学雑誌』93-6，1984
坂上康俊「奈良平安時代人口データの再検討」『日本史研究』536，2007
坂上康俊「唐代の都市における郷里と坊の関係について」東北亜歴史財団編『八世紀の東アジアの歴史像』ソウル・東北亜歴史財団出版部，2011
佐々木恵介「律令里制の特質について」『史学雑誌』95-2，1986
佐藤全敏「正倉院文書からみた令制官司の四等官制」『平安時代の天皇と官僚制』東京大学出版会，2008
滋賀秀三「「課役」の意味及び沿革」『中国法制史論集』創文社，2003．初出 1949
滋賀秀三『中国家族法の原理』創文社，1967
下向井龍彦「日本律令軍制の基本構造」『史学研究』175，1987
鈴木拓也『蝦夷と東北戦争』(前掲)

須原祥二「八世紀の郡司制度と在地」『古代地方制度形成過程の研究』吉川弘文館，2011．初出 1996
関晃「律令国家の展開」『関晃著作集 4　日本古代の国家と社会』吉川弘文館，1997．初出 1952
寺崎保広「考課木簡の再検討」『古代日本の都城と木簡』吉川弘文館，2006．初出 1989
虎尾達哉「参議制の成立」『日本古代の参議制』吉川弘文館，1998．初出 1982
中村治兵衛「唐代の郷」『中村治兵衛著作集 3　中国聚落史の研究』刀水書房，2008．初出 1964
橋本裕「衛士制の運用をめぐって」『律令軍団制の研究　増補版』吉川弘文館，1990．初出 1976
三谷芳幸「律令国家と校班田」『律令国家と土地支配』吉川弘文館．初出 2009
宮崎市定「古代中国賦税制度」『宮崎市定全集 3　古代』岩波書店，1991．初出 1933
宮崎市定「中国における村制の成立」『宮崎市定全集 7　六朝』岩波書店，1992．初出 1960
宮崎市定『宮崎市定全集 1　中国史』岩波書店，1993．元版 1977
村井康彦「公出挙制の変質過程」『古代国家解体過程の研究』岩波書店，1965．初出 1960
山中敏史「古代地方官衙の成立と展開」『古代地方官衙遺跡の研究』塙書房，1994
吉川真司「奈良時代の宣」『律令官僚制の研究』塙書房，1998．初出 1988
吉川真司「律令体制の形成」歴史学研究会・日本史研究会編『日本史講座 1』東京大学出版会，2004
吉田孝「律令時代の氏族・家族・集落」『律令国家と古代の社会』岩波書店，1983
渡辺晃宏「律令国家の稲穀蓄積の成立と展開」笹山晴生先生還暦記念会編『日本律令制論集　下』吉川弘文館，1993

第 3 章

青木和夫「古事記撰進の事情」『白鳳・天平の時代』吉川弘文館，2003．初出 1997
石井正敏「日本・渤海交渉と渤海高句麗継承国意識」『日本渤海関係

史の研究』吉川弘文館，2001．初出 1975
大津透『天皇の歴史 01　神話から歴史へ』講談社，2010
小澤毅「平城宮中央区大極殿地域の建築平面」『日本古代宮都構造の研究』青木書店，2003．初出 1993
鎌田元一「郷里制の施行と霊亀元年式」(前掲)
鎌田元一「紀年考」『律令国家史の研究』塙書房，2008．初出 2003
河内祥輔『古代政治史における天皇制の論理』吉川弘文館，1986
坂上康俊「古代の法と慣習」(前掲)
栄原永遠男「律令国家と日本古代銭貨」『日本古代銭貨流通史の研究』塙書房，1993．初出 1972
笹山晴生「中衛府の研究」『日本古代衛府制度の研究』東京大学出版会，1985．初出 1957
鈴木拓也『蝦夷と東北戦争』(前掲)
関和彦『風土記と古代社会』塙書房，1984
妹尾達彦『長安の都市計画』講談社選書メチエ，2001
角田文衛「不比等の娘たち」『角田文衛著作集 5　平安人物志　上』法蔵館，1984．初出 1964
寺崎保広『長屋王』吉川弘文館，1992
東野治之「元正天皇と赤漆文欟木厨子」『日本古代史料学』岩波書店，2005．初出 1998
野村忠夫『律令官人制の研究　増訂版』吉川弘文館，1970
松尾光「元正女帝の即位をめぐって」『白鳳天平時代の研究』笠間書院，2004．初出 1996
溝口睦子『アマテラスの誕生』岩波新書，2009
宮本救「編成される郷里」『日本古代の家族と村落』吉川弘文館，2006．初出 1970
森公章「平城京左京三条二坊の邸宅と住人」『長屋王家木簡の基礎的研究』吉川弘文館，2000．初出 1995
森博達『日本書紀の謎をとく』中公新書，1999
山口英男「郡領の銓議とその変遷」笹山晴生先生還暦記念会編『日本律令制論集　下』吉川弘文館，1993
渡辺晃宏「二条大路木簡と皇后宮」奈良国立文化財研究所『平城京左京二条二坊・三条二坊発掘調査報告書　本文編』1995

第 4 章
大平聡「皇太子阿倍の写経発願」『千葉史学』10，1987

河上麻由子「聖武・孝謙・称徳朝における仏教の政治的意義」『古代アジア世界の対外交渉と仏教』山川出版社，2011．初出 2010
坂上康俊「律令国家の法と社会」歴史学研究会・日本史研究会編『日本史講座 2』東京大学出版会，2004
佐々木恵介「律令里制の特質について」(前掲)
佐藤信「長門長登銅山と大仏造立」『出土史料の古代史』東京大学出版会，2002
杉本一樹「蠟燭文書と塵芥雑帳」『日本古代文書の研究』吉川弘文館，2001．初出 1996
塚本善隆「国分寺と隋唐の仏教政策並びに官寺」『日支仏教交渉史研究』弘文堂書房，1944．初出 1938
寺崎保広『長屋王』(前掲)
寺崎保広「「若翁」木簡小考」『古代日本の都城と木簡』吉川弘文館，2006．初出 1991
東野治之「鳥毛立女屛風下貼文書の研究」『正倉院文書と木簡の研究』塙書房，1977．初出 1974
東野治之『鑑真』岩波新書，2009
早川庄八「公廨稲制度の成立」『日本古代の財政制度』名著刊行会，2000．初出 1960
原秀三郎「荘園形成過程の一齣」静岡大学『人文論集』18，1967
舟尾好正「出挙の実態に関する一考察」『史林』56-5，1973
皆川完一「光明皇后願経五月一日経の書写について」坂本太郎博士還暦記念会編『日本古代史論集　上』吉川弘文館，1962
村井康彦「公出挙制の変質過程」『古代国家解体過程の研究』岩波書店，1965．初出 1960
山中敏史「古代地方官衙の成立と展開」(前掲)
吉川真司「東大寺の古層」『南都仏教』78，2000
渡辺晃宏「平安時代の不動穀」『史学雑誌』98-12，1989
William Wayne Farris, *Population, disease, and land in early Japan 645–900*, Harvard University Press, 1985

第 5 章

青木和夫『日本の歴史 3　奈良の都』中央公論社，1965
石井正敏「初期日本・渤海交渉における一問題」『日本渤海関係史の研究』吉川弘文館，2001．初出 1974
伊藤博『万葉集の構造と成立　上・下』塙書房，1974

参考文献

大津透『古代の天皇制』岩波書店，1999
坂上康俊『律令国家の転換と「日本」』講談社学術文庫，2009．元版 2001
酒寄雅志「八世紀における日本の外交と東アジアの情勢」『渤海と古代の日本』校倉書房，2001．初出 1977
鈴木拓也『蝦夷と東北戦争』(前掲)
瀧川政次郎「紫微中台考」『律令諸制及び令外官の研究』角川書店，1967．初出 1954
瀧川政次郎「法王と法王宮職」『律令諸制及び令外官の研究』(前掲)．初出 1954
吉川真司「大極殿儀式と時期区分論」『国立歴史民俗博物館研究報告』134，2007
吉川真司『聖武天皇と仏都平城京』講談社，2011

おわりに

吉田孝『飛鳥・奈良時代』岩波ジュニア新書，1999

図版出典一覧

図 1-1：写真提供＝(財)大阪市博物館協会大阪文化財研究所
図 1-2：写真提供＝奈良文化財研究所
図 1-3：写真提供＝奈良文化財研究所
図 1-4：著者撮影
図 1-5：東野治之『遣唐使』岩波新書，2007，一部改変
図 1-6：上原真人他編『列島の古代史 1　古代史の舞台』岩波書店，2006 を参考に作成
図 1-7：同前
図 2-1：正倉院宝物
図 2-2：正倉院宝物
図 2-3：写真・図版提供＝佐賀県教育委員会
図 2-4：日本史広辞典編集員会編『日本史広辞典』山川出版社，1997
図 2-5：写真提供＝国立歴史民俗博物館
図 2-6：写真提供＝深谷市教育委員会
図 2-7：新疆社会科学院考古研究所編『新疆考古三十年』新疆人民出版社，1983
図 2-8：正倉院宝物
図 2-9：写真提供＝奈良文化財研究所
図 2-10：写真提供＝奈良文化財研究所
図 2-11：写真提供＝奈良文化財研究所
図 2-12：正倉院宝物
図 2-13：写真提供＝大刀洗町教育委員会
図 3-1：著者作成
図 3-2：『大遣唐使展』奈良国立博物館，2010
図 3-3：小澤毅『日本古代宮都構造の研究』青木書店，2003
図 3-4：同前
図 3-5：写真提供＝奈良文化財研究所
図 3-6：1. 写真提供＝(財)大阪市博物館協会大阪文化財研究所
2. 写真提供＝下関市立長府博物館
3. 『大遣唐使展』前掲書(中国・陝西歴史博物館蔵)
図 3-7：小澤毅前掲書，一部改変
図 3-8：同前

図 3-9：『大遣唐使展』前掲書
図 3-10：傅熹年『中国古建築史論叢書　傅熹年建築史論文集』文物出版社，1998
図 3-11：著者撮影
図 3-12：『昭和 60 年度平城宮跡発掘調査部発掘調査概報』奈良国立文化財研究所，1986
図 3-13：正倉院宝物
図 3-14：安倍辰夫・平川南編『多賀城碑　その謎を解く』雄山閣出版，1989
図 3-15：笹山晴生『古代国家と軍隊』講談社学術文庫，2004．元版，中公新書，1975
図 3-16：写真提供＝奈良文化財研究所
図 4-1：新日本古典文学大系『続日本紀』二，岩波書店，1990
図 4-2：小澤毅前掲書，一部改変
図 4-3：正倉院宝物
図 4-4：『黄金山産金遺跡』宮城県涌谷町，1994
図 4-5：正倉院宝物
図 5-1：著者作成
図 5-2：写真提供＝奈良文化財研究所
図 5-3：『多賀城・大宰府と古代の都』東北歴史博物館，2010